北部边疆文物考古
调查与考论

李树国　著

远方出版社

图书在版编目（CIP）数据

北部边疆文物考古调查与考论 / 李树国著 . -- 呼和
浩特 : 远方出版社，2019.5
ISBN 978-7-5555-1146-5

Ⅰ . ①北… Ⅱ . ①李… Ⅲ . ①文物 – 考古 – 中国 – 文
集 Ⅳ . ① K870.4–53

中国版本图书馆 CIP 数据核字（2018）第 179848 号

北部边疆文物考古调查与考论
BEIBU BIANJIANG WENWU KAOGU DIAOCHA YU KAOLUN

著　　者	李树国
责任编辑	刘洪洋
责任校对	刘洪洋
装帧设计	韩　芳
出版发行	远方出版社
社　　址	呼和浩特市乌兰察布东路 666 号　　邮编 010010
电　　话	（0471）2236473 总编室　　2236460 发行部
经　　销	新华书店
印　　刷	内蒙古爱信达教育印务有限责任公司
开　　本	170mm×240mm　　1/16
字　　数	295 千
印　　张	19.5
版　　次	2019 年 5 月第 1 版
印　　次	2019 年 5 月第 1 次印刷
标准书号	ISBN 978-7-5555-1146-5
定　　价	60.00 元

前言

这本《北部边疆文物考古调查与考论》是我多年来的学术研究成果汇编而成的，包括考古发掘和调查报告、专题研究论文和文物考古随笔等。

本书分为"调查与发掘""文物保护与研究""古生物化石探索""考古随笔"四部分。

第一部分"调查与发掘"收入8篇考古发掘简报和遗址调查报告，主要记录了我参加的内蒙古自治区赤峰市、通辽市和乌兰察布市的考古发掘及调查情况。田野考古工作中调查与发掘是两项不可缺少的工作。调查，即在不破坏遗存的情况下，取得该遗存的相关资料。发掘，即考古发掘，是指为了历史学和考古学的科学研究，经国家级文物部门的批准，根据田野考古发掘计划，对计划内指定的不可移动文物进行发掘文物的工作。

这部分收入《赤峰松山区初头朗镇三座店村栋梁东区石城址调查简报》《赤峰松山区水地乡大南沟石城调查简报》2篇赤峰地区夏家店下层文化石城遗址调查报告，1篇通辽地区夏家店下层文化遗址发掘简报《通辽市奈曼旗薄等沟遗址发掘简报》。在北方地区发现的鲜卑文化遗存中墓葬较多，而鲜卑人的村落遗址却不多见，故收入《通辽市扎鲁特旗达米花村鲜卑村落遗址调查报告》。通辽地区的主流文化为契丹文化，这部分收入《通辽市奈曼旗东梁遗址发掘简报》《通辽市科尔沁左翼后旗伊和浩坦塔拉遗址发掘简报》2篇发掘简报。乌兰察布地区的遗存以金元遗存为主，故收入《乌兰察布市集宁区白海子镇白海子村辽金时期墓葬发掘简报》《乌兰察布市卓资县围堡村元代壁画墓发掘简报》2篇发掘简报。

第二部分"文物保护与研究"由10篇文物保护方面的论文组成，意在从文物保护层面上，展示我参与的以乌兰察布地区为主的文物保护工作。文物保护是指对具有历史价值、文化价值、科学价值的历史遗留物（包括可移动文物和不可移动文物）采取的一系列防止其受到损害的措施。加强文物保护有利于保护历史文化，能给后人留下宝贵的文化财富，促进精神文明建设，促进当地经济发展。2017年，习近平总书记对文物工作做出重要指示，强调文物承载灿烂文明，传承历史文化，维系民族精神，是老祖宗留给我们的宝贵遗产，是加强社会主义精神文明建设的深厚滋养。保护文物功在当代、利在千秋。

这部分收入《乌兰察布市不可移动文物概述》一文，介绍了乌兰察布市境内古生物遗址和从旧石器时代至近现代不同时期的不可移动文物。在文物鉴定及研究方面，收入《乌兰察布市博物馆馆藏清代蒙古文银质乘驿牌考释》《馆藏银质乌兰察布盟长印探讨》2篇论文，以清代的文物为例，考释和探讨清朝为更好地控制乌兰察布地区而采取的政策。《内蒙古地区蒙元时期墓葬的初步研究》对内蒙古地区2011年以前发现的蒙元时期墓葬进行了初步研究。《乌兰察布市历代长城的现状与保护管理探讨》一文，对乌兰察布地区现存历代长城的基本情况做了阐述，对保护长城提出了一些个人的看法和建议。《乌兰察布市辉腾梁西汉长城与九十九泉遗址》讲述了九十九泉遗址被认定为西汉长城的过程，详细介绍了九十九泉遗址的组成部分和现状。《论乌兰察布市明代长城——兼谈长城防御体系视野下的明蒙关系》一文，通过乌兰察布地区明长城的个案，探讨明蒙关系。《论现代高科技在田野考古中的应用——以Microsoft Access软件、GPS的应用为例》一文探讨了微型计算机在田野考古中的使用办法和所起的作用。《鲜卑铜鍑的铸造工艺考察及其技术变迁的讨论》对不同地区同一个时期青铜器的制造工艺做了探讨。《论纸质文物保护中使用糨糊的制作》一文，初步探讨了纸质文物保护工作中所用的糨糊的制作问题。

第三部分"古生物化石探索"收入《乌兰察布地区古生物化石》《乌兰察布地区古生物化石产地》2篇论文，对乌兰察布地区发现的古生物化石进行了探索和研究。

第四部分"考古随笔"收入《我的文物考古研究之旅》一篇文章。这篇文章梳理了我在20多年田野考古工作学到的田野考古基本知识和收获的工作经验，希冀为初学田野考古者提供有益的参考。

我是一名基层文博工作者，多年来致力于北部边疆地区文物考古工作，在田野考古工作中取得了一些成绩，便希望将多年来撰写的文章汇编成册。收于"调查与发掘"部分的考古发掘简报和调查报告，是与黄莉、李凤举、陈莎莎、陈东旭等同行同仁合作撰写的；《鲜卑铜鍑的铸造工艺考察及其技术变迁的讨论》一文是我在北京大学学习期间与北京大学考古文博学院刘彦棋先生合作完成的。在此感谢一直帮助、激励我的同仁和老师们！

我要特别感谢我的导师薄音湖先生，感谢先生在我在内蒙古大学攻读硕士学位期间对我学习、生活上的关心和帮助。承蒙先生对我学业上的严谨的指导，在我撰写毕业论文《内蒙古地区蒙元时期墓葬的初步研究》期间，多次修改指正，使我得以顺利完成此文。此文经过修改和增补后，也收入本书。

本书中凡在期刊上发表过和被收入其他图书出版过的文章、论文，均在文末注明了期刊名称、发表时间和期数，或者是图书名称、出版社和出版时间，以供读者参考。

作　者

2018年2月8日

目录
contents

调查与发掘

文物保护与研究

古生物化石探索

考古随笔

...调查与发掘

赤峰市松山区初头郎镇三座店村
东梁东区石城址调查简报

2005年8月中旬，为配合三座店水利枢纽工程建设，在赤峰市松山区初头郎镇三座店村洞子山石城址参加抢救性发掘期间，我们利用工余时间考察了三座店村东梁石城址。洞子山东西并列分布着两处夏家店下层石城遗址，我们将其分为东区和西区两个遗址，因东区遗址保存状况很好，故我们对其进行了多次详细的踏查。

一、地理位置与遗址概况

三座店东梁东区古城址（代号：2005CSD；采集物代号：2005CSDC：X；X=1，2……；图中简称：DC），位于三座店行政村三座店自然村东梁东南角一个突起的小山丘山顶及其南坡，西北距赤峰40千米（图一）。遗址处阴河左岸，海拔高度716～726.5米，GPS测定遗址北部最高中心点为北纬42° 21′ 415″，东经118° 37′ 577″。

石城址西侧由一条浅沟将其与西侧的另一处面积更大的夏家店下层石城址（暂称为三座店村东梁西区遗址）分开。遗址东侧是"V"形沟壑，当地人称小东沟。城址南侧是临河断崖，北连山顶平缓的主体山冈。石城址面积约4800平方米，遗迹现象比较清楚，从平面布局上看可分为内城、外城（北城墙和内城北城墙中间）。外城面积约1000平方米，北城墙保存较好，未发现东城墙。内城东、西、北三面有石砌的城墙，北墙保存较好，未发现南城墙。内城南坡分布较多小

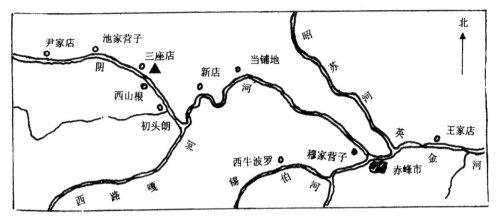

图一 遗址位置示意图

型石圈。南部边缘坡度较陡的地方发现鱼鳞状护坡。从整个城的布局来看，鱼鳞状建筑遗迹起到了南城墙和护坡作用。地表上能看见的遗迹有石砌的圆形建筑基址、半圆形建筑基址、城墙、石墙、积石堆、壕沟等。另外在城东南35～40米处石堆地山东南坡发现大量的灰土层（灰土带）。

二、遗迹

地表上能看见的遗迹有城墙、城墙马面（半圆形建筑）、单圈石墙遗迹、双圈石墙遗迹、积石堆、灰土带、壕沟等。

（一）城墙

城墙用大小不一的自然石块垒砌而成，现今可见内城北、东、西三面环有城墙，外城仅发现北、西两道城墙，东侧巨岩陡立，可作为天然屏障。内、外两城北城墙之间距离约30米。

1．北城墙。外城北墙总长84米，按城墙走向可分5段，分别介绍如下。西段，方向100°，存长15米，宽2.5～2.8米；存高0.6～0.8米；再向东折为东北—西南走向，方向65°，长26米，宽2.6～3米；再折向东南，方向148°，长23米，宽2.5～3.1米，存高0.6～0.9米；然后折向东，方向100°，长12.5米，宽1.2～1.4米，存高0.5～0.6米。墙东侧7.5米处为断崖。城墙外侧修筑马面。

内城北墙平面呈"一"字形，总长32.5米，存宽2.3～2.6米，存高1.6～2.5米，用大小不一的自然石块平砌而成，与西城墙相接，构成一个完整的防御体系。其与西城墙夹角为143°。城墙北侧修筑马面。

2．西城墙。外城墙接于北墙西段7.5米处另接有一段北—南向墙，方向208°，仅存残长9.5米，宽1.4～1.6米，存高0.4～0.8米。

内城西城墙总长46米。用大小不一样的自然石块平砌而成。依山势由高到低修筑，因西侧坡度较陡，所以在这里修筑了数量较多的马面，以起防护的作用。按城墙走向将城墙分为3段，分别介绍如下：南段，方向10°，存长13.5米，宽2.1～2.3米，存高1.1～1.5米；中段，方向72°，长10米，宽2.2～2.4米，存高1.2～1.6米；北段，方向48°，长22.5米，宽2.3～2.4米，存高1.2～1.6米，城墙南北两端高差10米。

3．东城墙。外城未发现东城墙。

内城东城墙平面呈"一"字形。东城墙走向由北向南184°，存长42米，宽1.5～1.8米，存高0.6～1.5米。

（二）城墙马面

调查过程中发现有9个半圆形的马面建筑于城墙外侧。外城北墙外发现2个马面，位于向东南方向拐折的一段墙体的外侧，其中北侧马面直径5.1米，用自然石块垒砌而成，直接贴附于主城墙外侧，残高2.5～2.7米。内城北墙外面发现2个马面，分别建于城墙两端，西端马面直径2～3米，存高1～1.5米；东端马面直径9.5米，存高2～3.5米。内城西城墙发现的马面数量最多，因遗址西侧坡势较陡，马面建筑小而紧密，由于地表散乱石块较多，遗迹现象不很明确。附于西城墙的马面约略分辨出5个，直径在2～3米，残高1.4～1.6米。这些马面西侧还发现几处似马面的环状石墙，从暴露遗迹现象分析，西城墙的马面建筑形式可能采取鱼鳞状连接方式，起防御、护坡双重作用（图二）。

（三）圆形建筑基址（房址或石圆圈）

圆形建筑基址是本次调查中发现最多的一类遗存，成排布列。大部分分布于内城址内，少部分分布于外城。墙体用石块砌筑，遗址所在的山头本身就是一座玄武岩凸露的石山，砌墙的石块皆就地取材。砌石之间有的用草拌泥黏合，有的则似乎是直接垒砌，也有的墙体为土石混筑，并发现少许壁面上抹泥的现象。这类遗存有双圈石墙和单圈石墙两种建造形式。双圈（图三）发现1处，位于内城北部，外圈直径8～12米，外围用石块砌成圆形平台，使石圈阶梯状高起，南侧发现台阶。单圈建筑的面积略小，直径3～5

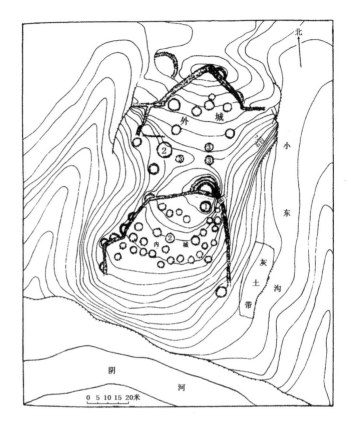

图二　城址遗迹分布图

1.双圈石墙遗迹　2.单圈石墙遗迹　3.积石碓

米；地表发现41处，其中内城内发现31处，外城发现10处。

（四）积石堆

调查中发现3座积石堆，分布于外城南部，系用自然石头堆积而成。积石堆平面成圆形，直径2.5～3.10米，地面高度0.30～0.60米。东南角一座积石堆被盗墓者扰动，扰土石中发现有红色夹砂陶片和散乱的动物骨骼及少量人骨。

（五）灰土带

灰土带即是当时山城里生活的古人类留下的生活垃圾堆积层（见图二）。本次调查中发现的灰土带位于石城址东南，小东沟西坡，距内城东城墙直线距离20～30米。山东南坡坡度为26～42°，越往上越陡。灰土带分布的面积大概有

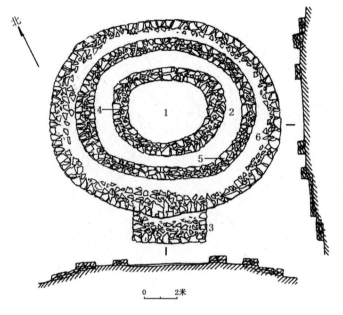

图三　双石圈遗迹平剖面图

1. 主室　2. 回廊　3. 台阶　4. 内圈墙　5. 外墙圈　6. 平台

1000平方米（20米×50米）。灰土带堆积层由山下到山上渐薄，从山下断面上看，最厚处约3.8米。

（六）壕沟

环壕遗迹仅在内城北城墙外发现，距城墙1.5～2米处；长35米，宽3～5米。地表观察到一条环状东西向凹带。

（七）城门

在北城墙南段东端与东城墙北端之间有一个缺口，缺口宽9.6米，方向94°，应是该城的城门。

（八）石臼

在遗址外城东侧巨岩之上，发现人工凿磨的石臼1处、圆形石窝2处。石臼直径20厘米，深15厘米。圆形石窝直径8～10厘米，深5厘米。

三、遗物

本次调查采集的遗物主要是陶片和石器。可以分成夏家店下层文化遗物和夏家店上层文化遗物。

（一）夏家店下层文化遗物

1. 陶器。器型有瓮、罐、鬲、尊等。

2005CSDC：1 罐口部，泥质，灰色陶。敞口，圆唇，窄缘，短领，唇部

饰一周凹弦纹（图
四：1）。

2005CSDC：2
瓮口部，泥质，磨光
红褐色陶，素面。直
口，方唇，宽缘，直
领，鼓肩。陶片胎土
为红褐色，胎外抹有
一层深褐色细泥，复
经磨光（图四：2）。

2005CSDC：3
罐口部，泥质，灰色
陶，素面。敞口。方
唇（图四：3）。

2005CSDC：4
罐口部，夹砂，黑皮
陶。敞口，圆唇，宽
缘，短颈，缘下有制

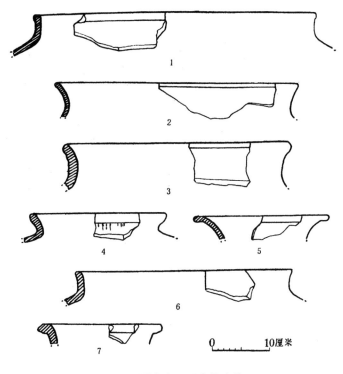

图四　夏家店下层文化陶片

1、3、4.陶罐（DC：1、DC：3、DC：4）
2、6.陶瓮（DC：2、DC：6）
5.陶鬲（DC：5）　7.陶尊（DC：7）

作陶器时候留下的堆纹（图四：4）。

2005CSDC：5　鬲口部，夹砂，磨光黑皮陶。大敞口，圆唇，折沿（图四：
5）。

2005CSDC：6　罐口部，夹粗砂，灰色磨光陶。小敞口，尖唇，直领，罐外
部磨光，内外有轮修痕迹（图五：6）。

2005CSDC：7　尊口部，夹砂，灰色陶。直口，圆唇，折沿（图四：7）。

2005CSDC：8　罐口部，夹细砂，素面黑皮陶。敞口，圆唇，陶器内外为黑
色，光滑，胎土红褐色（图五：2）。

2005CSDC：9　罐口部，夹细砂，黄褐色陶。敞口，圆唇，口沿外翻明显，

口沿外部有轮修痕迹（图五：1）。

2005CSDC：10　罐口部，泥质，素面灰色陶。直口，方唇（图五：3）。

2005CSDC：11　罐口部，泥质，黄褐陶。敞口，圆唇，窄缘（图五：4）。

2005CSDC：12　鬲腿部，夹砂。绳纹，绳纹比较密而规范（图五：5）。

2005CSDC：14　瓮口部，夹砂，褐陶。直口，圆唇外凸，小口沿（图五：6）。

2005CSDC：16　夹砂素面红陶罐罐底，罐底较平，罐底内部有手工加工的凹凸痕迹（图五：7）。

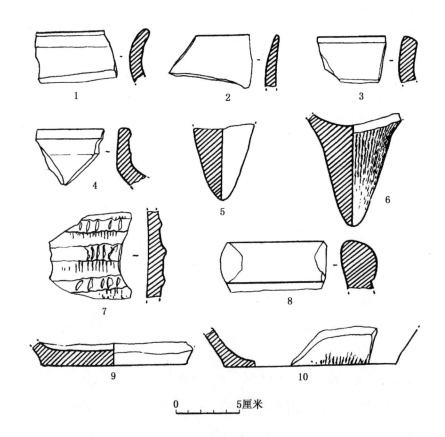

图五　夏家店下层文化陶片

1 ~ 4. 陶罐（DC：9、DC：8、DC：10、DC：11）

5 ~ 6.（DC：19、DC：12）　7. 陶罐（DC：20）

8. 陶瓮（DC：14）　9 ~ 10. 陶罐（DC：16、DC：17）

2005CSDC：17　罐底，夹砂，灰色陶。平底，器物外部有绳纹（图五：8）。

2005CSDC：19　鬲腿，夹砂，褐陶。无纹饰，制作时留下手捏的痕迹（图五：9）。

2005CSDC：20　罐腹部，夹砂，红陶。纹饰为附加堆纹加指甲纹（图五：10）。

2005CSDC：21　瓮腹部，泥质，黄褐陶。陶质比较硬，附加堆纹加指甲纹（图六：1）。

2005CSDC：22　罐腹部，夹砂，黑皮陶。陶片内外为黑色陶皮；陶胎呈红褐色，弦断绳纹，绳纹细而规范（图六：2）。

2005CSDC：23　罐腹部，泥质，黑皮陶。附加堆纹加指甲纹。外为磨光

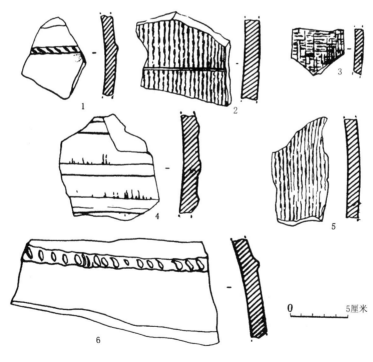

图六　夏家店下层文化陶片

1～6.陶罐（DC：21～26）

9

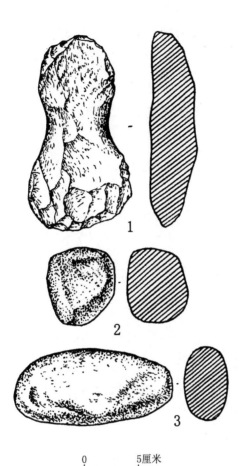

0　　　　5厘米

图七　夏家店下层文化石器

1.石斧（DC：27）　2.石球（DC：28）

3.石磨棒（DC：29）

黑色陶皮，内为灰色陶胎（图六：3）。

2005CSDC：24　罐腹部，夹砂，灰陶。陶片上有3条附加堆纹（图六：4）。

2005CSDC：25　罐腹部，夹砂，褐陶。交错绳纹，用陶拍交错拍打而成（图六：5）。

2005CSDC：26　鬲腹部，夹砂，黑皮陶。绳纹（图六：6）。

2. 石器

2005CSDC：27　压腰石斧，石料凝灰岩，长16.2厘米，宽7厘米，打磨结合制成，压腰处磨光，压腰处宽5.9厘米，弧刃，长10厘米，有使用痕迹（图七：1）。

2005CSDC：28　石球，打制、磨光结合制成，直径5.4～6.8厘米（图七：2）。

2005CSDC：29　石磨棒，打制、磨光结合制成，长15厘米，宽7厘米，有使用痕迹（图七：3）。

（二）夏家店上层文化遗物

在外城南部被当地老百姓扰动的石积堆中部盗坑采集到夏家店上层文化陶片。

2005CSDC：13　罐口部，素面，红褐色陶，敞口，方唇。陶土夹细砂及云母（图八：1）。

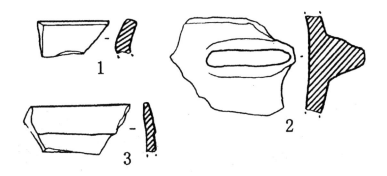

图八　夏家店上层文化陶片

1、3.陶罐（DC：13、DC：18）　2.鋬耳（DC：15）

2005CSDC：15　罐腹部，夹粗砂，红陶板耳，素面。板耳后有泥条加固的痕迹（图八：2）。

2005CSDC：18　罐口部，夹砂，红陶。直小敞口，圆唇，宽缘，缘是后外压帖（图八：3）。

四、结语

三座店东梁东区山城遗址属夏家店下层文化的山城类型，通过对其周边地区7处夏家店下层石城遗址的调查，该城址属于其中规模较小的城址类型，可能与其西侧面积颇大的三座店东梁石城址组成一大一小的配套组合。该遗址基本未经扰动，最大限度地保留着它的初始状态。此外，从采集遗物看，其时代应为夏家店下层文化的晚期。从地势情况看，内城地势陡峭，外城地势较平坦，从远处看整个山体呈马鞍状。南部地势渐趋陡峭，遗迹分布比较密集，有的石圈的坡度能达到45°。城门位置设于较陡峭的东北部。该石城址应是一座防御能力较强的石城遗址。

根据外城南部的石积堆、所采集的物品和遗迹现象来看，该处的石积堆应该是夏家店上层文化时期的墓葬。

赤峰境内的英金河和老哈河水系发达，支流众多，尤其是阴河沿河的两侧台地及附近的山头上，分布着密集的夏家店下层文化石城址，无论数量和类型都甚为可观。但由于考古发掘工作做得较少，对夏家店下层文化石城址的了解不够多。有幸的是2005年我们参加了内蒙古考古研究所在赤峰市松山区三座店洞子山石城遗址[1]的发掘工作，对这种类型的遗址有了一些粗浅的认识。学术界对夏家店下层文化石城址的看法很多。根据调查情况，我们认为，三座店村东梁东区石城址是夏家店下层石城遗址中规模较小的一种，其西侧紧邻另一座规模很大的夏家店下层石城遗址，两者之间必然有某种联系。从两者地势看，西侧的大城比较平坦开阔，土层深厚，比较适宜于人类生活；石堆地石城地势狭窄，周围坡度陡峭，不便于人类活动。这种性质的石城是居址还是祭祀址，有待在今后的考古发掘工作中予以证实。

本次调查得到内蒙古文物考古研究所塔拉所长和郭治中老师的支持，在写作过程中得到了郭治中老师和索秀芬老师的多方指教，在此顺致敬意。

（原文发表于《内蒙古文物考古》2007年第1期）

---

［1］ 郭治中，黄莉．赤峰市松山区三座店洞子山石城址发掘［N］．中国文物报，2005-12-16（1）．

赤峰松山区水地乡大南沟石城遗址调查简报

2004年6月至8月，配合赤峰至通辽高速公路建设工程考古项目中，在发掘陈家营遗址时，考古发掘队对遗址周邻区域进行了田野考古调查工作。调查中发现大南沟石城遗址，调查情况如下。

一、地理位置及遗址概况

大南沟石城遗址位于赤峰市松山区水地乡水地村东南约2.7千米处（图

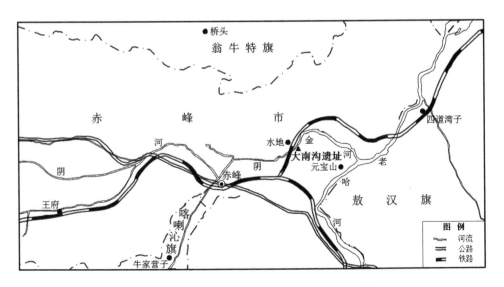

图一　赤峰松山区水地乡大南沟石城遗址位置示意图

一）。遗址地理坐标为东经119°12′13.8″、北纬42°20′57.6″，海拔605米。遗址坐落于老哈河支流英金河流域东南部丘陵地带，西距英金河2千米。遗址处于较平缓的山丘上，周围山丘环绕，西邻大南沟，沟深12米；其余三面冲沟环绕，深3～8米。依山丘地势形成不规则倒三角形的分布（图二）。遗址东西长128米，南北宽70米，总面积约7000平方米。遗址地势东南高、西北低。在遗址西部有一条西南—东北走向的现代用推土沟，沟宽2～3.5米，深1.5～2米，长24.5米。

遗址以周边的沟沿上部筑石墙围绕，残存石墙长316米，宽1～1.5米，残高1～1.2米。用自然石块垒砌而成，形制规整。在遗址东部地表发现石砌圆形墙房址遗迹11处。从现代推土沟的剖面还发现土筑半地穴式房址遗迹。

二、地层关系与房址

根据遗址内的推土沟，做了剖面壁的切面并进行了实际测量（图三）。

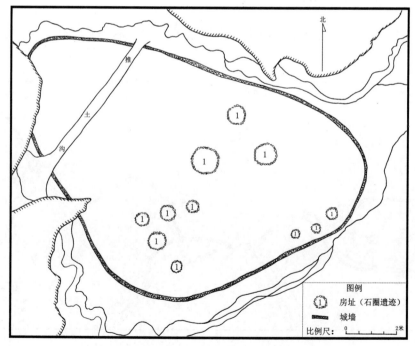

图二　赤峰松山区水地乡大南沟石城遗址遗迹分布图

地层堆积及遗迹单位情况：

①层　土色黄褐色。土质松软的粉沙土，内含大量的植物根茎。本层下没有开口遗迹现象。

②层　土色灰褐色。土质细腻，内含少量的陶片及红烧土块。本层下开口遗迹有H1、H2和F2、F4。H1打破F2、F3；H2打破F2、F4和③层。

③层　土色黄褐色。土质较硬，不含任何遗物。本层下开口遗迹单位有F1、F3、F5、F6。F5打破F6。

其中，F1、F2、F3、F6为半地穴式房屋遗迹，F4、F5为石头垒砌墙体。

三、遗迹

石城遗址地面暴露有石围墙及11处石圈房址遗迹。地表发现的11处遗迹编号为2005DNSQ：X（X=1，2，3，…，11），以下简称05SQ：X（X=1，2，3，…，11）。

石圈房址遗迹均为平面呈圆形，用大小不一的自然石块砌筑，依编号顺序介绍如下：

05SQ：1　石圈遗迹直径540厘米，墙宽42厘米，地表以上残存高5～13厘米。

05SQ：2　石圈遗迹直径810厘米，墙宽46厘米，地表以上残存高3～15厘米。

05SQ：3　石圈遗迹直径680厘米，墙

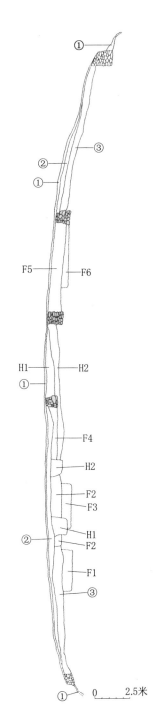

图三　遗址现代推土沟东壁剖面图

15

宽46厘米，地表以上残存高8~20厘米。

　　05SQ：4　石圈遗迹直径446厘米，墙宽44厘米，地表以上残存高0~18厘米。

　　05SQ：5　石圈遗迹直径500厘米，墙宽60厘米，地表以上残存高5~18厘米。

　　05SQ：6　石圈遗迹直径540厘米，墙宽52厘米，地表以上残存高8~15厘米。

　　05SQ：7　石圈遗迹直径600厘米，墙宽46厘米，地表以上残存高3~20厘米。

　　05SQ：8　石圈遗迹直径320厘米，墙宽42厘米，地表以上残存高5~23厘米。

　　05SQ：9　石圈遗迹直径220厘米，墙宽40厘米，地表以上残存高5~18厘米。

　　05SQ：10　石圈遗迹直径260厘米，墙宽42厘米，地表以上残存高5~13厘米。

　　05SQ：11　石圈遗迹直径380厘米，墙宽42厘米，地表以上残存高5~21厘米。

四、采集遗物

　　盆口沿　GC：1，夹砂灰褐陶，厚圆唇，侈沿，直弧上腹，饰划凹弦断绳纹，纹络较浅，火候较高，口径18厘米，残高6.5厘米（图四：3）。GC：8，泥质黄陶，厚方圆唇，斜弧腹，素面，残高4厘米（图四：5）。

　　尊口沿　GC：2，泥质灰褐陶，小喇叭口，圆唇，直弧腹，素面磨光，残高6.8厘米（图四：1）。GC：5，泥质灰陶，圆唇，喇叭口，直弧腹，素面，残高3.5厘米（图四：7）。

　　瓮口沿　GC：3，泥质灰陶，方圆唇，侈沿，素面磨光，残高4.6厘米（图四：4）。GC：4，泥质褐陶，方圆唇，直口，素面，残高3厘米（图四：13）。GC：6，泥质褐陶，方圆唇，直沿，弧腹，素面磨光，残高4.4厘米（图四：12）。GC：10，泥质褐陶，厚方唇，敞口，斜弧腹，素面磨光，残高5厘米（图四：9）。

　　罐口沿　GC：7，泥质灰陶，微卷沿，直环腹，素面磨光，残高4.4厘米（图四：8）。GC：12，夹砂黑陶，圆唇，侈沿，弧腹，肩部以上磨光，下部饰弦断绳纹，口径9厘米，残高9.2厘米（图四：6）。GC：14，夹砂黑灰陶，斜鼓腹，平底，器身饰有直绳纹、断线和压印附加堆纹、弦断绳纹，标本残高6.4厘米，底径14厘米（图四：16）。GC：16，泥质灰陶，素面，敞口，方圆唇，素面，残高4.4厘米（图四：14）。

　　鬲口沿　GC：9，泥质灰陶，圆唇，直领，鼓上腹，腹部饰有细绳纹，残高6
厘米（图四：15）。GC：11，夹砂灰褐陶，锥状足类，饰细绳纹，实心残高16.7厘

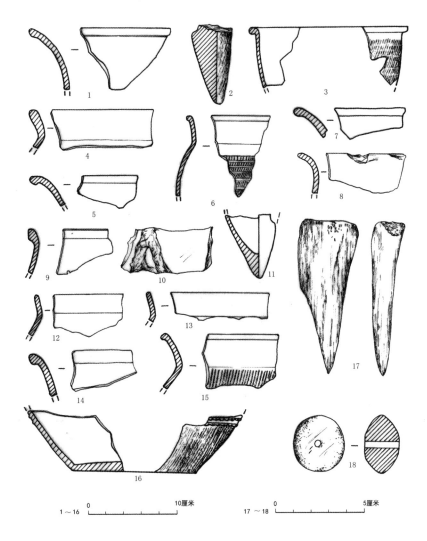

图四　遗址采集遗物

1、7.尊口沿（GC：2、GC：5）　　2、11.鬲足（GC：11、GC：13）

3、5、6、8、14.盆口沿（GC：1、GC：8、GC：12，GC：7、GC：16）

4、9、12、13.瓮口沿（GC：3、GC：10、GC：6、GC：4）

10.甗裆部残片（GC：15）　15.鬲口沿（GC：9）

16.罐底（GC：14）　17.骨锥（GC：18）　18.纺轮（GC：17）

米（图四：2）。GC：13，泥质灰陶，锥状袋足，素面，残高7厘米（图四：11）。

鬲裆部残片　GC：15，夹砂褐陶，裆隔鼓线，饰绳纹，残高5厘米（图四：10）。

骨锥　GC：18，使用牲口（牛）跖骨打磨而成，长8.4厘米，宽3.5厘米，厚1.8厘米（图四：17）。

纺轮　GC：17，褐陶，平面圆形，剖面呈平行边椭圆形，中心带部饰有指甲堆纹一圈，直径3厘米，厚1.8厘米，中间孔径0.4厘米（图四：18）。

四、结语

赤峰松山区水地乡大南沟石城遗址属夏家店下层文化中的石城类型，通过调查可知，该石城遗址是附近的石城中规模较小的一处。在地表所发现的遗迹现象，圆形石圈房屋遗迹在辽宁北票市康家屯城址[1]、赤峰市松山区三座店遗址[2]、赤峰市上机房营子西梁石城址[3]等夏家店下层文化类型遗址中都有出现并基本相同，且在大南沟石城遗址中采集到的陶尊、陶盆、陶罐、鬲等器物残片及骨器、纺轮等在辽宁北票市康家屯城址[4]、内蒙古喀喇沁旗大山前遗址[5]、赤峰市陈家营遗址[6]等遗址出土遗物中均可以找到相同的器型。所以可以认定该石城遗址的时代为夏家店下层文化中晚期。

（原文发表于《草原文物》2015年第1期）

［1］　辽宁省文物考古研究所. 辽宁北票市康家屯城址发掘简报［J］. 考古，2001（8）.

［2］　内蒙古文物考古研究所. 赤峰市松山区三座店遗址2005年度发掘简报［J］. 内蒙古文物考古，2006（1）.

［3］　吉林大学边疆考古研究中心，内蒙古自治区文物考古研究所. 赤峰上机房营子西梁石城址2006年考古发掘简报［J］. 边疆考古研究2007（1）.

［4］　辽宁省文物考古研究所. 辽宁北票市康家屯城址发掘简报［J］. 考古，2001（8）.

［5］　赤峰考古队. 内蒙古喀喇沁旗大山前遗址1996年发掘简报［J］. 考古，1998（9）.

［6］　内蒙古自治区文物考古研究所. 赤峰陈家营遗址发掘报告［G］∥内蒙古自治区文物考古研究所. 内蒙古文物考古文集：第四辑，北京：科学出版社，2013.

通辽市奈曼旗博等沟遗址发掘简报

为配合巴彦乌拉至新丘铁路建设工程抢救地下文物，内蒙古文物考古研究所组织巴新铁路考古队于2009年4月26日开始对博等沟遗址进行了抢救性考古发掘。博等沟遗址位于通辽市奈曼旗新镇博等沟村西北约100米，距奈曼旗大沁塔拉镇东南约75千米（图一）。

一、发掘概况

遗址处的地势呈南低北高的慢坡状。遗址的西南大部被当地的小学校占用。

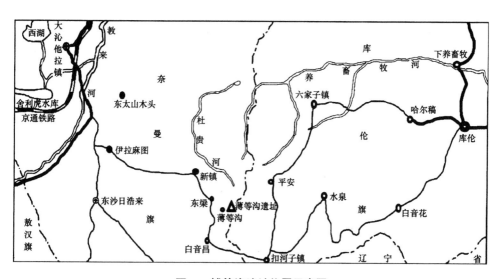

图一 博等沟遗址位置示意图

GPS点坐标为北纬42°33′263.9″、东经121°06′475″，海拔429米。巴新铁路以东南—西北走向从该遗址的东北边缘穿过。为了解即将被破坏地段的文化内涵，我们在此布方，探方规格为10×10平方米，方向为正南北。发掘面积1000平方米。发现了夏家店下层文化类型灰坑3座、灰沟1条，辽金时期灰沟1条，清代墓葬1座。出土有瓷器、陶瓷片和少量石器。根据出土遗物的不同，本遗址的文化遗存可以分为3个不同时期：一期文化遗存为夏家店下层文化遗存，二期文化遗存为辽金时期的文化遗存，三期文化遗存为清代文化遗存。因水土流失，该遗址已没有文化层堆积，遗迹遗物均暴露于地表。

二、一期文化遗存

（一）遗迹

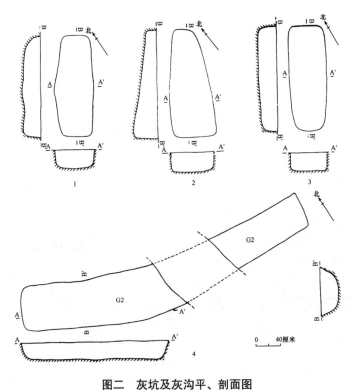

图二　灰坑及灰沟平、剖面图

1.H1　2.H2　3.H3　4.G2

发现灰坑、灰沟等。灰坑3个，基本为长条形，可以分为长方形、不规则长条形、梯形长条形。坑壁有直壁、斜壁两种。坑底有平底、斜底和锅底三种。发现灰沟1条。

H1 平面呈不规则长条形，中间略宽，两端窄，四壁均为斜直，坑底不平，坑壁加工痕迹粗糙，坑口长1.6米、宽0.66米、深0.3米。方向29°。坑内堆积土为灰黑色，质地松软。出土素面、绳纹两种陶片（图二：1）。

H2 平面呈长梯形，四壁竖直，斜平底，坑长1.7米，北端宽0.35米，南端宽0.7米，坑深0.40米，方向30°。坑内堆积呈灰黑色，质地松软。出土少量陶片（图二：2）。

H3 平面呈长方形，四壁竖直，平底，四壁和坑底比较整齐，坑长1.66米、宽0.6米、坑深0.30米。坑内堆土呈色灰黑色，质地松软。出土少量素面陶片（图二：3）。

G2 位于T7东部，呈东南—西北走向，被G1打破。平面呈长条形，两壁斜直，西北深，东南浅。沟长4.8米，宽0.6~0.84米，深0.2~0.3米。坑内堆积土呈灰褐色，质地松软。出土有少量的陶片和3件石器（图二，4）。

（二）遗物

遗物比较多，占本次发掘遗物的主体，有石器、陶器两种。石器共发现4件，其中斧2件、饼形器1件、砍砸器1件。陶器有罐、钵、鬲等。

1. 陶器

出土陶器没有完整器物，均为陶片。器型有罐、钵、鬲等。

陶罐根据口沿的不同，分为A、B两型。

A型 2件，分2个亚型。

Aa型 1件。T5：3，夹砂灰陶，素面，小敞口，圆唇，束颈。残高4.7厘米（图三：2）。

Ab型 1件。T6：1，夹砂褐陶，素面，敞口，束颈。残高3.4厘米（图三：1）。

B型 1件。T3：4，夹砂陶，磨光黑色，直口，平沿，圆唇。残高3厘米（图三：12）。

钵 3件，分为A、B两型。

A型 2件。根据唇部的不同，分Aa、Ab 2个亚型。

Aa型 1件。T3：5，夹砂黑陶，敞口，圆唇，浅腹，外饰细绳纹。残高4.6

厘米（图三：6）。

Ab型　1件。H2：2，夹砂黑陶，直口，尖圆唇。残高4厘米（图三：3）。

B型　1件。T4：1，夹砂黑陶，敞口，尖唇，浅腹。口径17.8厘米，残高6.4
厘米（图三：11）。

鬲　1件。T3：3，夹砂褐陶。残高6厘米（图三：10）。

罐底　3件。素面1件，T7：1，夹砂褐陶，平底内微凹，残高4.8厘米，底径
10厘米（图三：5）。细绳纹1件，T3：1，夹砂褐陶，平底。残高6厘米（图四：

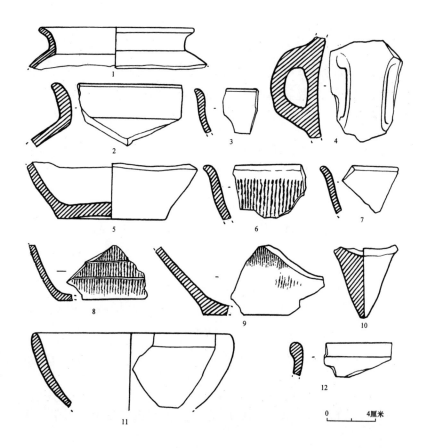

0   4厘米

图三　陶器

1.Ab型罐（T6：1）　2.Aa型罐（T5：3）　3.Ab型钵（H2：2）　4.器耳（T7：3）

5、8、9.罐底（T7：1、T7：2、T3：1）　6.Aa型钵（T3：5）　7.碗（G1：1）

10.鬲足（T3：3）　11.B型钵（T4：1）　12.B型罐（T3：4）

9）。弦断绳纹1件。T7：2，夹砂灰陶，平底、外饰弦断绳纹。残高4.6厘米（图三：8）。

绳纹陶罐腹部片　1件。T6：2，夹砂褐陶，外饰绳纹。残高11.4厘米（图四：1）。T3：5，夹砂褐陶，饰绳纹。残高：6.6厘米（图四：7）。H1：1夹砂褐陶，细绳纹，残高4.8厘米（图四：6）。

器耳　1件。T7：3，夹砂褐陶，耳孔直径2～3.4厘米（图三：4）。

2．石器

石斧　分打制和磨制两种。

打制石斧1件，T5：1，取当地的沉积岩打磨而成；两面脊，两侧刃打磨，直刃，有明显的使用痕迹，长8.6厘米，宽5.6厘米，厚1.5厘米（图四：4）。

磨制石斧1件，G2：3，沉积岩磨制，两面脊，两侧刃打磨平整，平刃。长7厘米，宽4.4厘米，厚1.2厘米（图四：5）。

饼形器　1件。G2：2，灰白色沉积岩磨制，平面呈椭圆形，横断面呈不规则梯形。直径6.4～8厘米，厚3.4厘米（图四：2）。

砍砸器　1件。G2：1，沉积岩打磨而成，平面呈不规则形椭圆形，横断面呈梯形，使用痕迹明显。长8.2厘米，宽6厘米，厚2.7厘米（图四：3）。

三、二期文化遗存

（一）遗迹

发现1条灰沟（G1）。

G1平面呈长条形，中间宽，两头窄，底部圆弧，中间深、两头浅。总长8.8米，最宽0.65米，坑深0.1～0.3米。沟内堆积仅存一层灰褐色土，质地松软，出土少量的泥质灰色陶片及兽骨。

（二）遗物

二期文化遗物发现得不多，主要是泥质灰色陶片，器型有罐、盆、碗等，陶质坚硬，火候较高，制作方法皆为轮制。

碗　1件。G1：1，泥质灰陶，火候较高，陶质坚硬，敞口，圆唇。残高4厘

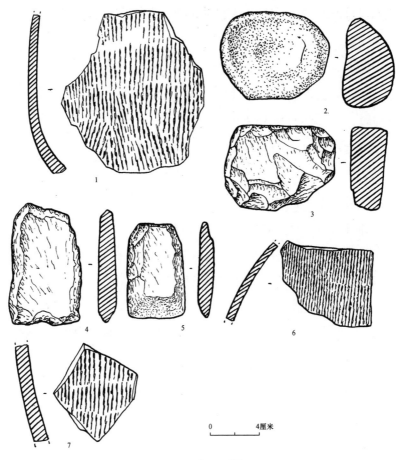

图四　陶、石器

1、6、7.陶罐腹片（T6：2、H1：1、T3：5）　2.石饼形器（G2：2）

3.石砍砸器（G2：2）　3.石砍砸器（G2：1）　4、5石斧（T5：1、G2：3）

米（见图三：7）。

四、三期文化遗存

（一）遗迹

发现 1 座墓葬（M1）。

M1位于T5的东北部，平面呈长方形，土坑竖穴，直壁平底，方向0°。长2.9米，宽2.2米，深0.4米（图五）。人骨架1具，为男性。仰身直肢，头向北，面向上。葬具为木棺，被扰。棺外北部随葬品1件，为酱釉双系瓷罐。

（二）遗物

发现酱釉双系瓷罐1件遗物。

酱釉双系瓷罐 M1：1，灰白色胎，胎质略粗。通体饰酱釉，底部拖釉。敛口，方唇，短颈，鼓腹，斜肩，矮圈足。肩部贴有6朵缠枝莲花。有对称小耳。口径7.4厘米，高9.8厘米，底径7.5厘米（图六）。

五、结语

薄等沟遗址遭严重破坏，遗迹遗物不丰富，其遗存以夏家店下层文化为主体，辽金时期人类又来到这里活动，清晚期又有人被葬到这里。该遗址的发掘，对通辽市奈曼旗地区的历史文化分期和研究该地区生产、生活等方面提供了有价值的实物资料。

［原文载于《内蒙古文物考古文集（第四辑）》，科学出版社，2013年4月第一版］

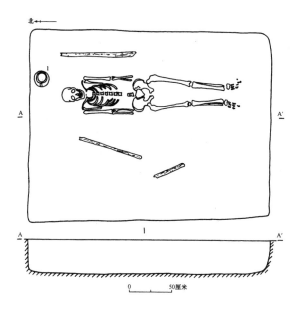

图五　M1平、剖面图

1. 酱釉双系瓷罐

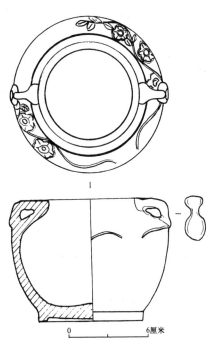

图六　酱釉双系瓷罐（M1：1）

通辽市扎鲁特旗
达米花鲜卑遗址调查报告

2007年6—10月，在内蒙古通辽市扎鲁特旗道老杜苏木南宝力皋吐村发掘南宝力皋吐新石器时代墓地时，利用民工农忙和雨后休息时间，对道老杜苏木达米花村周围的几个遗址点进行了考古调查。现将其中达米花村鲜卑时期村落遗址调查情况报告如下。

一、地理位置与遗址概况

达米花村鲜卑村落遗址（代号：2007TZD；采集物代号：2007TZDC；图中简称：DC）位于通辽市扎鲁特旗道老杜苏木达米花村东北约800米处，西北距扎鲁特旗鲁北镇约35千米，东南距南宝力皋吐墓地约10千米（图一）。地理坐标为东经121°21′、北纬44°26′。海拔高度214~215米。

遗址所处地方当地老乡称为努伦兆（"努伦兆"为蒙古语，"努伦"为"脊梁"的意思，"兆"为"平又宽，少为高坡的地方"）。遗址东北有达米花村所建的村祭祀敖包。遗址东西长约620米，南北宽约410米。地表散落有大量的陶器残片及兽骨。兽骨大多为马骨头，少量为狗骨。地表还能看出来一排排的灰土圈，应是遗址的房址。该遗址保存较好。

二、采集遗物

遗物均采集自地表，主要为陶片。陶片以泥质陶为主，夹砂陶为次；其中灰

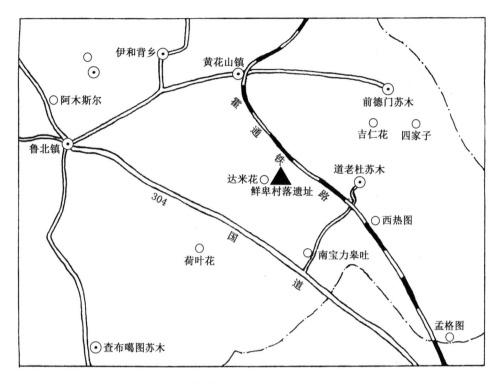

图一　达米花村鲜卑村落遗址地理位置图

色陶片较多，褐色、黑色陶片少见，偶见红陶。火候普遍较高，陶质坚硬，只有少数的火候偏低，陶质较软。纹饰较为复杂，采集陶片中以素面和方格纹为多，以各种几何纹为辅，还见重菱纹、水草纹和暗纹，其中较为特殊的纹饰是奔马纹和走马纹。器型有壶、罐、瓮等。

（一）陶壶根据唇部特征分A、B、C三型

A型　DC：10，陶壶口部，泥质，灰色，喇叭口，叠唇不太明显，上、下唇均为圆唇，上、下唇和口部剖面呈蛇头形。外壁为素面，内侧口下4厘米处有一条弦纹，手制，烧陶火候很高，陶质坚硬，口径24厘米，残高5厘米（图二：2）。

B型　DC：14，陶壶口部，泥质，灰色，喇叭口，大叠唇，素面。手制，烧陶火候很高，陶质坚硬，口径16厘米，残高8厘米（图二：1）。

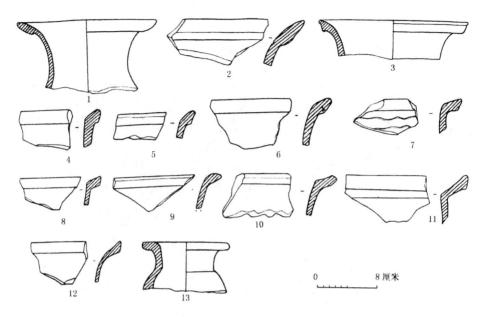

图二　达米花鲜卑遗址陶器

1.B型叠唇壶（DC：14）　　2.A型叠唇壶（DC：10）　　3.C型叠唇壶（DC：18）

4.AⅠ式叠唇壶（DC：19）　　5.AⅡ型叠唇壶（DC：29）　　6.AⅢ式叠唇壶（DC：14）

7.B型叠唇壶（DC：20）　　8.BⅠ式侈口罐（DC：1）　　9.BⅡ式侈口罐　　10.BⅢ式侈口罐

11.A型敛口瓮（DC：15）　　12.BⅣ式侈口罐（DC：3）　　13.BⅤ式侈口罐（DC：17）

　　C型　DC：18，陶壶口部，泥质，灰色，喇叭口，小叠唇，素面，手制，烧陶火候很高，陶质坚硬，口径17厘米，残高4.6厘米（图二：3）。

　　（二）陶瓮根据敛口和敞口分为A、B两型

　　A型　DC：15，陶瓮口部，泥质，褐色，敛口，方唇，折沿，陶质坚硬，火候较高，残高5.2厘米（图二：11）。

　　B型　DC：20，陶瓮口部，夹细砂，褐色，敞口，斜方唇，折沿，手制，烧陶火候不高，陶质较软，颈部两条水波纹，残高4.4厘米（图二：7）。

　　（三）陶罐根据叠唇罐、侈口罐分为两型

　　A型分3式。

　　AⅠ式　DC：19，陶罐口部，夹细砂，褐色，侈口，外叠圆唇，素面，手制，烧陶火候不高，陶质较软，残高4.4厘米（图二：4）。

AⅡ式　DC：29，陶罐口部，夹细砂，褐色，侈口，外叠小三角唇，素面，手制，火候较低，残高3厘米（图二：5）。

AⅢ式　DC：28，陶罐口部，夹细砂，褐色，侈口，外叠射头唇，素面，手制，火候较低，残高6厘米（图二：6）。

B型分5式。

BⅠ式　DC：01，陶罐口部，夹细砂，灰色，侈口，斜方唇，短径，素面，烧陶火候很高，陶质坚硬，残高3.8厘米。（图二：8）。

BⅡ式　DC：02，陶罐口部，泥质，浅灰色，侈口，圆唇，素面，烧陶火候很高，陶质坚硬，残高4厘米（图二：9）。

BⅢ式　DC：11，陶罐口部，夹细砂，灰色，小侈口，盘装沿，斜方唇，素面，手制，烧陶火候很高，陶质坚硬，残高5.2厘米（图二：10）。

BⅣ式　DC：03，陶罐口部，泥质，灰色，侈口，斜方唇，素面，烧陶火候很高，陶质坚硬，残高5厘米。（图二：12）

BⅤ式　DC：17，陶罐口部，泥质，灰色，侈口，圆唇，束颈，素面，手制，烧陶火候很高，陶质坚硬，罐口直径12厘米，残高5.4厘米（图二：13）。

（四）陶片可分为泥质和夹砂两种

DC：4，陶罐腹部，灰黑皮，浅灰色陶，手制，烧陶火候很高，陶质坚硬，陶片内外均有一层灰黑色陶衣，内胎为浅灰色泥质。外磨光，外壁纹饰，陶片上半部为素面磨光，中间有一条凹进的弦纹，下面接着是复合形象水草纹。内壁凹凸不平，有明显的手工制作痕迹。陶片长4厘米，宽3.2厘米（图三：2）。

DC：5，陶罐颈部，黑皮灰陶，手制，烧陶火候很高，陶质坚硬，磨光，颈部有上下条状的暗纹。陶片长12厘米，宽11厘米（图三：1）。

DC：16，陶罐腹部，黑皮灰色陶，磨光，内壁凹凸不平，有手工制作痕迹。器表上有4条竖条状暗纹，暗纹下有一条水波弦纹，水波纹下为弦纹，紧挨弦纹下有用滚动器压印下来的复合几何纹。陶片长8.6厘米，宽7.2厘米（图三：8）。

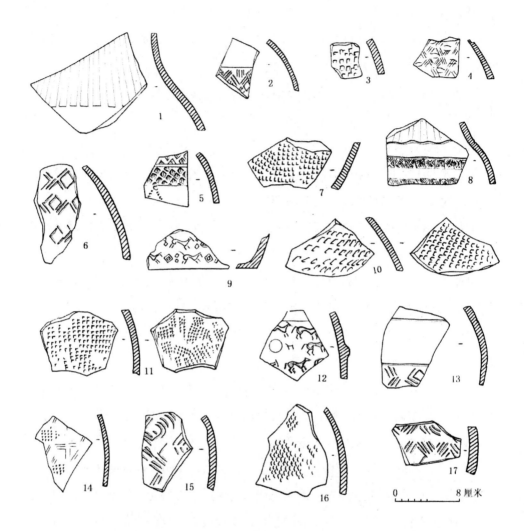

图三 达米花鲜卑遗址出土陶片

1.暗纹（DC：5） 2.复合水草纹（DC：4） 3、7、11.方格纹（DC：7、DC：9、DC：21）

4.重菱形纹加指甲戳纹（DC：8） 5、8.组合压印纹（DC：25、DC：16）

6.重菱形纹（DC：6） 9.奔马饰纹（DC：12） 10.外饰麦粒状戳文、内饰方格纹（DC：13）

11.内外方格纹（DC：21） 12.走马纹饰（DC：22）

13.弦纹、重菱形纹组合纹饰（DC：30） 14.短线与戳纹组合纹饰（DC：26）

15.短线复合纹饰（DC：27） 16.方格纹与素面结合（DC：23）

17.短线几何纹饰（DC：24）

DC：22，陶罐腹部，灰白皮灰色陶，陶质坚硬，手工制作，外壁有一乳钉纹，乳顶周围有6匹走马纹饰，上有1条弦纹。陶片长7.2厘米，宽2～7.2厘米（图三：12）。

DC：12，陶罐底，灰白皮灰色陶，平底，手制，烧陶火候低，陶质松软，外壁磨光。纹饰由1条奔马纹、1条回形纹、2条小菱形纹组成，排列有序，像一匹奔跑的马。罐底直径16厘米，残高4厘米（图三：9）。

DC：7，陶罐腹部，灰色，手制，烧陶火候不高，陶质松软，外有压印方格纹。陶片呈正方形，边长4厘米。（图三：3）。

DC：8，陶罐腹部，红色，手制，烧陶火候不高，陶质松软，由短线交叉重菱形纹和括号形指甲压印纹相加组成。陶片长4.5厘米，宽4.2厘米（图三：4）。

DC：9，陶罐腹部，灰色，手制，烧陶火候很高，陶质坚硬，外有用陶排打出来的方格纹。方格纹布满陶片外壁，有时互相打破，并排时最多6个格，最少3个格。陶片长9厘米，宽5厘米（图三：7）。

DC：13，陶罐腹部，灰色，手制，烧陶火候低，陶质较软，外壁有麦粒状的戳纹，内壁有方格纹陶排排打的方格纹，方格纹布满陶片内壁。陶片长9厘米，宽6厘米（图三：10）。

DC：21，陶罐腹部，灰色，手制，烧陶火候很高，陶质坚硬。外壁有用陶排大出来的方格纹，方格纹有时互相打破，方格纹较小而密集。内壁凹凸不平，有比外壁更小的方格纹，也是用陶排排打出来的。陶片长8.2厘米，宽6.2厘米（图三：11）。

DC：23，陶罐腹部，泥质，灰色，手制，烧陶火候很高，陶质坚硬，陶片外壁素面和方格纹组合，方格大小不同。陶片长9厘米，宽1.6～7.6厘米（图三：16）。

DC：24，陶罐腹部，黑色，手制，烧陶火候很高，陶质坚硬，陶片外壁有短线组合重"八"字形几何纹饰。陶片长7.6厘米，宽4厘米（图三：17）。

DC：26，陶罐腹部，褐色，手制，烧陶火候很高，陶质坚硬，陶片外壁有短线复合纹饰和戳纹组合的纹饰。陶片长8厘米，宽5厘米（图三：14）。

DC：27，陶罐腹部，浅灰色，烧陶火候很高，陶质坚硬，陶片外壁有短线组合复合纹饰。陶片长8厘米，宽5厘米（图三：15）。

DC：30，陶罐腹部，灰色，手制，烧陶火候很高，陶质坚硬。上有2道弦纹，两条弦纹距离4.2厘米，下有重菱形纹。陶片长8.4厘米，宽4～7.5厘米（图三：13）。

DC：06，陶罐腹部，夹粗砂，灰皮黑陶，手制，烧陶火候很高，陶质坚硬，外壁磨光，重菱形纹。陶片长10厘米，宽5厘米（图三：6）。

DC：25，陶罐腹部，夹细砂，黑皮灰陶，手工制作，火候很高，陶质坚硬，外皮磨光，有方格纹、弦纹、圆圈纹。陶片长5.6厘米，宽：4厘米（图三：5）。

三、结语

达米花村鲜卑村落遗址面积较大，采集到的标本比较单纯，虽没有明显的纪年的遗物，但时代特征比较明确。陶罐、陶壶、陶瓮分别与科尔沁左翼中旗北玛尼吐鲜卑墓群[1]、六家子鲜卑墓群[2]出土的陶器及陶器纹饰有相同之处。科左中旗北玛尼吐鲜卑墓群和六家子鲜卑墓群为东汉早期，所以，达米花村鲜卑村落遗的年代与上述两个墓地年代相当。

（原文发表于《内蒙古文物考古》2009年第1期）

［1］　钱玉成，孟建仁. 科左中旗北玛尼吐鲜卑墓群［G］∥内蒙古自治区文物考古研究所. 内蒙古文物考古文集：第一辑. 北京：中国大百科全书出版社，1994；张柏忠. 内蒙古科左中旗六家子鲜卑墓群［J］. 考古，1989（5）.

［2］　张柏忠. 内蒙古科左中旗六家子鲜卑墓群［J］. 考古，1989（5）.

通辽市奈曼旗东梁遗址发掘简报

东梁遗址位于通辽市奈曼旗新镇博等沟村，东梁自然村向东1.5千米处的漫岗缓坡上。西北距奈曼旗大沁塔拉镇东南约70千米（图一）。地势大致呈北高南低，坡度较为平缓，与遗址的临近地带大部分已辟为农田。

为配合巴彦乌拉至新丘铁路建设工程，内蒙古自治区文物考古研究所会同奈曼旗王府博物馆联合组成巴新铁路考古队，于2009年4月26日至5月31日对东梁遗址进行了抢救性考古发掘。该遗址占铁路线的总面积为3000平方米，布方规格5×5平方米，方向为正南北，发掘面积750平方米。遗址编号为09TNXD。发现遗

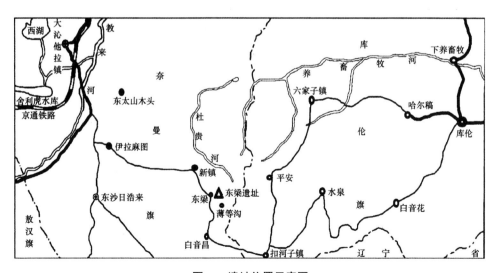

图一　遗址位置示意图

迹现象有灰坑1座、灰沟3条等。出土有大量陶器、瓷器残片和有少量的铁器、兽骨、骨料等。现将发掘主要收获报告如下。

一、地层堆积

东梁遗址地层堆积较为简单，文化层分为两层。文化层遭自然侵蚀较严重，大部分已损毁。现以DT0205的东壁剖面（图二）为例说明地层堆积情况。

第一层：表土层（耕土层），土色呈黄褐色，土质疏松，夹杂大量植物根茎、现代生活垃圾及少量陶片、瓷片，厚15～18厘米。本层下开口遗迹单位有G2。

第二层：土色呈灰黑色，土质松软，夹杂大量炭灰及红烧，出土少量兽骨、

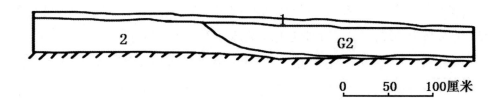

图二　T0205东壁剖面图

1.表土层（耕土层）　2.灰黑色堆积

陶片、瓦片、瓷片等。距地表15～18厘米，厚32～36厘米。

二、遗迹

此次发掘遗迹主要有灰坑、灰沟。现以H1、G1、G2来说明本遗址的遗迹情况。

（一）灰坑

H1：位于09TNDT0106东南部，平面呈圆形，斜壁，坑底凹凸不平，坑壁、坑底加工比较粗糙。口径145厘米，坑深52～60厘米（图三）。

坑内堆积共分两层：

第一层：土呈黄褐色，土质较松软，距地表深约10厘米厚25～40厘米，内夹

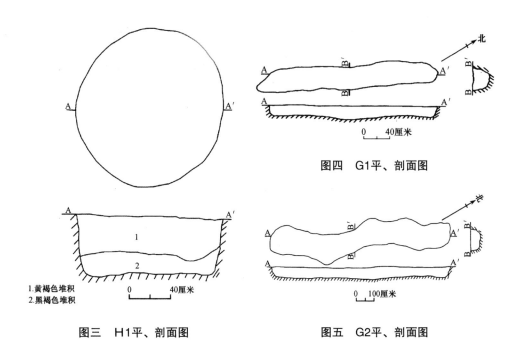

图四　G1平、剖面图

1.黄褐色堆积
2.黑褐色堆积

图三　H1平、剖面图

图五　G2平、剖面图

大量的草木灰、红烧土块及木炭，出土有大量陶片、兽骨及少量瓷片。

第二层：土呈黑灰色，土质松软，内夹大量的草木灰、木炭，厚10～22厘米，出土有大量陶片、布纹瓦片、兽骨、红烧土块及少量瓷片。器型有罐、盆等。

（二）灰沟

G1：长条形，跨T0205、T0105、T0206三个探方。平面呈不规则长条形，斜壁，底部不平，沟壁和沟底加工比较粗糙。东北至西南走向，方向30°。长840厘米，宽100～150厘米，坑深10～50厘米（图四）。沟内堆积呈黑灰色，厚10～50厘米，夹杂大量草木灰、木炭及红烧土块。出土大量陶片、布纹瓦片、兽骨及瓷片。在T0205坐标275厘米×62厘米−40厘米处出土有铁镞，坐标150厘米×40厘米−48厘米处出土有铁钉。

G2：跨T0204、T0205、T0305、T0306四个探方。平面呈不规则长条形，斜壁，加工比较粗糙，沟底凹凸不平，东北至西南走向，方向39°。长1330厘米，宽200～220厘米，深58厘米（图五）。堆积呈黑灰色、土质松软，内夹杂大量草木灰、木炭及红烧土块。出土有大量陶片、布纹瓦片、兽骨、瓷片等。从出土陶片看器型有瓮、罐等。从出土瓷片看器型有碗、盘等。在T0205沟内出土有一件铁骨朵（残）G2：2（坐标：240厘米×100厘米−25厘米）。

三、出土遗物

因发掘工作只限于铁路征地范围内，所以发掘面积较小，出土遗物不多，完整器物更少，器型有陶器、铁器、瓷器、骨料等。现将出土遗物器物及标本分类叙述。

（一）陶器

有罐、盆、瓮、棋子4种，均为泥质陶，多为灰色，制法皆为轮制；火候较高，质地坚硬。

1. 罐

3件。根据口沿变化不同分A、B、C三型。

A型　G2：11，敛口、口沿外折，方圆唇，直领。残高4.9厘米（图六：9）。

B型　G2：9，敞口、口沿外折，圆唇。残稿5.4厘米（图六：6）。

C型　H1：3，敛口，圆唇，溜肩，鼓腹。口径20厘米，残高8厘米（图六：3）。

2. 盆

2件，根据口沿变化不同共分A、B两型。

A型　H1：2，泥质灰陶、沿面下斜，中部有一道弦纹。敞口，折沿，尖圆唇。口径50厘米，残高4.8厘米（图六：1）。

B型　G2：12，敞口，卷沿，尖圆唇。口径46厘米，残高9.2厘米（图六：7）。

3. 瓮

1件。G2：10，泥质灰陶。敞口，卷沿，尖圆唇，溜肩。口径42厘米，残高

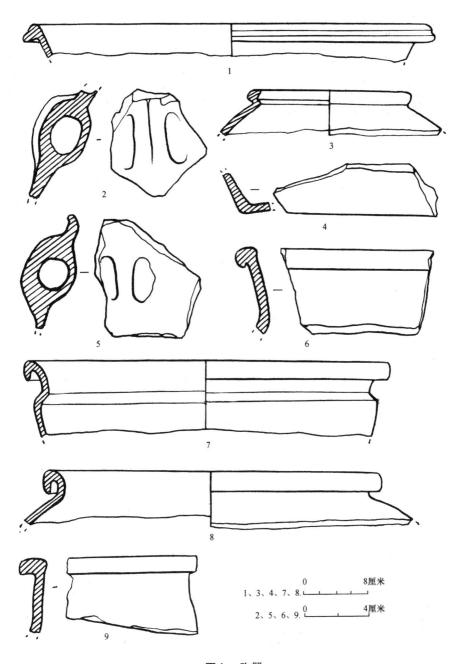

图六　陶器

1.A型盆（H1：2）　　2、5.罐耳（G2：7、G2：5）　　3.C型罐（H1：3）　　4.瓮底片（G2：8）

6.B型罐（G2：9）　　7.B型盆（G2：12）　　8.瓮（G2：10）　　9.A型罐（G2：11）

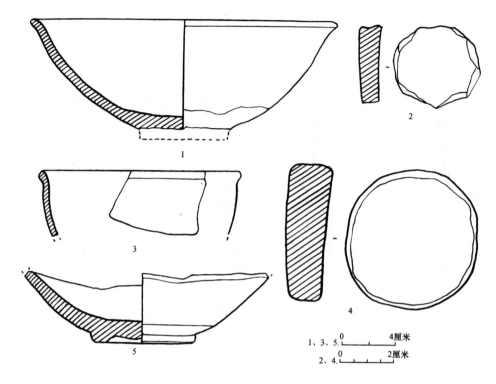

图七　瓷器、棋子

1.瓷碗（G2：1）　2.陶片制棋子（G1：2）　3.钵（H1：6）

4.瓦当制棋子（H1：5）　5.碗底（G2：6）

6.2厘米（图六：8）。

4. 罐耳

2件，G2：5，泥质灰陶，圆形耳孔。残高7厘米（图六：5）。G2：7，泥质灰陶，桥形耳孔。残高7厘米（图六：2）。

5. 瓮底片

1件。G2：8，泥质灰陶，内凹底。残高5.2厘米（图六：4）。

6. 棋子

2件。一件由陶器残片制作，另一件由布纹瓦当残片磨制。

陶片制棋子，G1：2，泥质灰陶，平面呈圆形。直径3，厚0.7厘米（图七：2）。

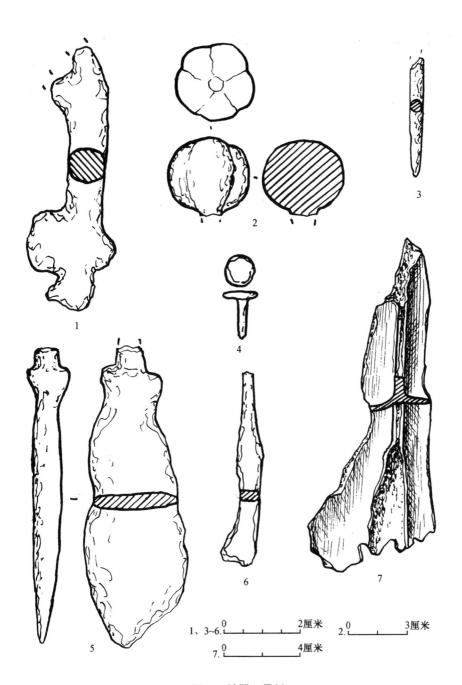

1、3～6. ⊢—0————————2厘米—⊣   2. ⊢—0————————3厘米—⊣

7. ⊢—0————————4厘米—⊣

图八 铁器、骨料

1.A型铁镞（G2：3） 2.铁骨朵（G2：2） 3、6.C型铁镞（H1：5、G2：4）

4.铁钉（G1：3） 5.B型铁镞（G1：1） 7.骨料（H1：4）

瓦当制棋子，H1：1，灰陶，平面圆形，一面饰有布纹。直径5厘米，厚1.2～1.6厘米（图七：4）。

（二）瓷器

有碗、钵两种。

1. 瓷碗

1件。G2：1，灰白胎，乳白釉。敞口、唇略外翻，斜壁，碗底留有4个支钉痕迹，足残。口径22.4厘米，残高8厘米（图七：1）。

2. 碗底

1件。G2：6，灰白胎，乳白釉，圈足。残高5厘米，底径7.4厘米（图七：5）。

3. 钵

1件。灰白胎，乳白釉。口径14.8厘米，残高4.6厘米（图七：3）。

（三）铁器

共6件。4件铁镞，1件猴骨朵，1件铁钉。

1. 铁镞

据锋、铤的不同共分为A、B、C三型。

A型：G2：3，三叉形锋，铤残。残存长6.7厘米（图八：1）。

B型：G1：1，铲形锋，圆铤。残长7.6厘米（图八：5）。

C型：G2：4，残，方形锋，圆锥铤。残长5厘米（图八：6）。H1：5，圆铤，残长3厘米（图八：3）。

2. 骨朵

G2：2，残，五瓣组成南瓜形，柄残。直径4厘米（图八：2）。

3. 铁钉

G1：3，残，平帽、圆钉。残长1.2厘米（图八：4）。

（四）骨料

出土有不少的兽骨。其中H1：4，牛骨，有明显的锯割加工痕迹，横断面呈扇形，长17厘米（图八：7）。

四、结语

根据上述遗迹遗物的综合分析，初步推断东梁遗址应为辽代中期村落遗址。该遗址的发掘为通辽市奈曼地区的历史分期提供了有价值的实物资料，为研究通辽市奈曼旗辽代时期人类的生活方式、经济类型及文化面貌等提供了新的信息。

［原文载于《内蒙古文物考古文集（第四辑）》，科学出版社，2013年4月第一版］

通辽市科尔沁左翼后旗
伊和浩坦塔拉遗址发掘简报

伊和浩坦塔拉遗址位于通辽市科尔沁左翼后旗阿都沁苏木伊和浩坦塔拉村东北约0.5千米处，距通辽市科尔沁区东南约65千米，距科尔沁左翼后旗甘旗卡镇东北约120千米。长春—深圳高速公路穿过遗址东北部，公路标段号为K259+753段处（图一）。遗址东西长约1.5千米，南北宽约1千米。遗址发掘地点处在林带与庄稼地之间；长年的农作物耕种对遗址的破坏很严重；地表东北高西南底；地表上有大量的陶片、沟纹砖、板瓦等遗物。这段地貌是科尔沁沙地和科尔沁草原地带的交接之处，往北是辽河流域的平原地带，往南是典型的科尔沁沙地的特征。

发掘工作开始于2009年4月，结束于2009年6月。分Ⅰ区，Ⅱ区两个发掘地点，布5米×5米探方49个，编号09THYT001～09THYT044，09THYⅡT001～09THYⅡT005；探方方向正南—北。共发掘1225平方米。根据土质土色及包含物的不同，分为第一阶段遗存和第二阶段遗存。第一阶段遗存中发现22个灰坑、5处房址、1处窖藏、3条灰沟、1处渗水井、2座窑址。第二阶段遗存遗迹和遗物发现较少，仅发现1个灰坑。

遗址根据土质、土色、包含物的不同该遗址的堆积层分为两层。

第1层：表土层，厚约20厘米。黄褐色土，土质松软，内含大量的草木根茎、残砖、碎瓦。

第2层：距地表约20厘米，厚20～25厘米。黑褐色土，土质较松软，内夹有大量的草木灰、木炭及少量的红烧土、砖瓦块。出土有大量的陶片及少量的瓷

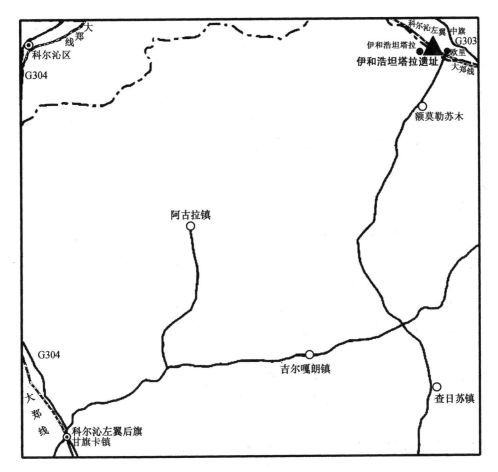

图一　遗址位置示意图

片、兽骨等。

一、第一阶段遗存

本阶段遗迹现象共发现34个遗迹单位，其中22个灰坑、5处房址、1处窖藏、3条灰沟、1处渗水井、2座窑址。

（一）遗迹

1. 房址

共发现5座，均遭到不同程度的破坏，其中F1、F2保存较好。现以F1（图二）和F2（图三）为例做说明。

F1　位于发掘区西南部，房址的主体在T035内，跨T022、T023、T034、T035四个探方。方向154°，地面建筑，夹板夯筑墙，平面呈"凸"字形，长11.35米，宽8.15米（图二）。共4个隔间，一开两进，中堂为廊。后设靠近墙体的椭圆形存物龛，斜壁平底，长径1.7米，短径1.15米，深0.65米。东、西屋内，各有一铺长方形环回"川"字形烟道炕体。后有东、西各一屋互通，西屋空；东屋为冶铁作坊（编号为Y1），平面呈"6"字形，直壁平底，直径2.75米，深0.30米；内西侧设坑灶，灶圆形，斜壁平底，外径1米，内直径0.90米，深0.50米；出烟口土坯垒砌，长1.7米，宽0.75~0.80米，深0.10~0.40米。冶铁坊内堆积黑灰色，土质较软，内含少量的草木灰和木炭、大量的红烧土块，出土有大量的残砖碎瓦残块，有少量的铁渣和不成形

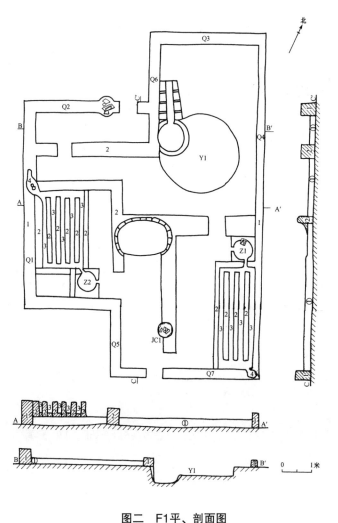

图二　F1平、剖面图

1.墙　2.隔墙　3.烟道　4.出烟道　①居住面

的锈蚀铁条。房屋内设2灶。Z1位于东屋北侧，Z2位于西屋南侧。Z1方形灶台，圆形灶坑，灶台边长0.80米，灶坑直径0.60米，深0.15米。Z2方形灶台，圆形灶坑，灶台边长0.95米，灶坑直径0.60米，深0.20米。土炕有两盘炕。炕一（K1）长3.5米，宽1.20米；有3道烟道，烟道宽0.20米，深0.20米。炕二（K2）长2.55米，宽1.80米；有4道烟道，烟道宽0.15～0.20米，深0.20米。有7道主体墙。墙

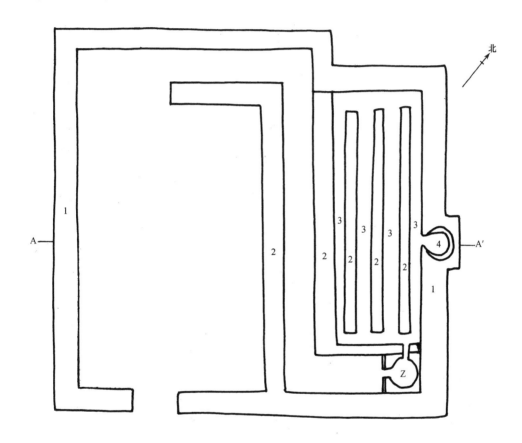

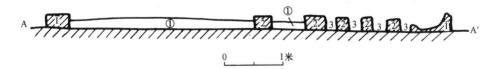

图三　F2平、剖面图

1.墙　2.隔墙　3.烟道　4.出烟道　①居住面

一（Q1）长6.8米，宽0.40米，高0.20米。墙二（Q2）长4.6米，宽0.45米，高0.20米。墙三（Q3）长3.55米，宽0.40米，高0.20米。墙四（Q4）长11.35米，宽0.25米，高0.20米。墙五（Q5）长2.95米，宽0.45米，高0.20米。墙六（Q6）长2.25米，宽0.35米，高0.20米。墙七（Q7）长5米，宽0.30米，高0.20米。有5道隔墙，宽0.35～0.65米。进出6门，主门宽0.50米，进门靠中墙部位发现一座窖穴；后门宽0.55米，内设门分别为0.50米、0.60米、0.85米、0.50米。屋内堆积为灰褐色，土质松软，内夹少量的草木灰、红烧土及少量的陶片，器型为盆，另有纺轮和石夯、贝壳等。

F2　位于发掘区中西部，房址的主体在T013内，跨T001、T012、T014、T025四个探方。方向139°。地面夹板夯筑墙体，平面呈"凸"字形，长6.6米，宽6.25米（图三）。开一门，设回廊，拐进东屋；西侧为堂屋。主体墙壁，北墙为"之"字形，总长6.6米，在4.35米处折拐，宽0.30～0.45米；南墙长6.6米，宽0.35～0.45米；西墙长6.2米，宽0.40米；东墙长5.7米，宽0.4米，存高0.2米。两屋之间设一拐把隔墙，拐把1.5米，直墙长5.0米，宽0.35米，高0.2米。门设在南墙，从东往西4.55米处，门宽0.75米。房内堆积为灰褐色，土质松软，内夹少量的草木灰、红烧土及少量的陶片，器型有盆等。

2. 灰坑

发现22个灰坑，形状有圆形、圆角长方形、椭圆形及不规则的长条形，多为直壁、平底坑，少数为锅底坑和斜壁平底坑。坑壁、坑底加工得比较规整。

H15　平面呈椭圆形，斜壁，平底。坑壁加工比较规整，坑底平整，方向

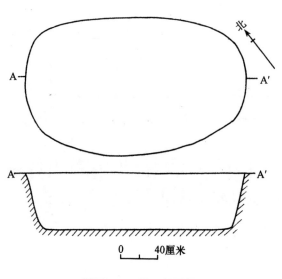

图四　H15平、剖面图

310°。口径140～235厘米，深55厘米（图四）。坑内堆积灰褐色土，土质松软，夹杂有大量的草木灰、木炭、红烧土、土坯，包含陶片、瓷片和猪、牛、羊动物骨骼。

H14 平面呈圆形，直壁，平底。坑壁加工的比较规整，底部平整，光滑，口径95厘米，深70厘米（图五：1）。坑内堆积黑灰土，土质松软，夹杂有大量的草木灰、木炭、红烧土、土坯块，含有大量的陶片、瓷片和猪、牛、羊等动物骨骼。

H7 平面呈圆角长方形，直壁，平底。坑壁加工比较规整，坑底平整，方向331°。长130厘米，宽90厘米，深30厘米（图五：2）。坑内堆积灰褐土，土质松软，夹杂有大量的草木灰、木炭、红烧土、土坯块，包含陶片、瓷片和猪、牛、羊等动物骨骼。

H18 平面呈椭圆形，直壁，平底。坑壁加工比较规整，坑底平整，方向90°。口径90～170厘米，深45厘米（图五：3）。坑内堆积灰褐土，土质松软，夹杂有大量的草木灰、木炭、红烧土、土坯，包含陶片、瓷片和猪、牛、羊等动物骨骼

3. 窑址

发现2座窑址，一座是F1屋内冶铁窑址，一座是制陶器窑址。

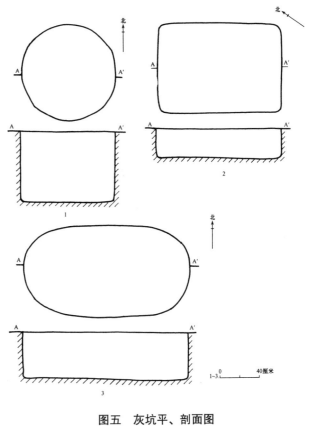

图五 灰坑平、剖面图

1.H14 2.H7 3.H18

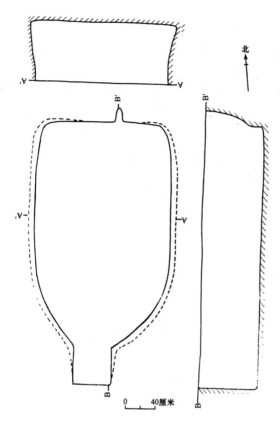

图六　ⅡY1平、剖面图

ⅡY1位于Ⅱ区T003。制作陶器窑址，平面呈球拍状，圆形袋装，窑顶坍，平底。窑坑口通长3.3米。窑口长0.48米，宽0.5米，深0.75米。窑室长2.82米，宽1.8米，深0.76米。窑底部长2.82米，宽1.95米，方向5°。窑壁烧结面厚0.01米。烟道位于窑室的北部中段，烟道从窑底向上0.15米斜向伸出，长0.18米，宽0.08米，高0.55米。窑址内堆积呈黑灰色土，土质较软，内含少量的草木灰和木炭、大量的红烧土块和碳渣，出土有少量陶片。

（二）遗物

本阶段遗迹出土有大量的陶片，少量的瓷器、石器、铁器、铜器、银器、蚌器、建筑构件、骨器，另有一些动物骨骼等。

1. 陶器

多数为泥质陶，轮制，火候较高，质地坚硬。以素面为主，有少量的陶器横向压光。纹饰有弦纹、附加堆纹、篦点纹等。器型有罐、盆、瓮、甑等。

（1）罐

分为4型。

A型　口沿标本，分为2个亚型。

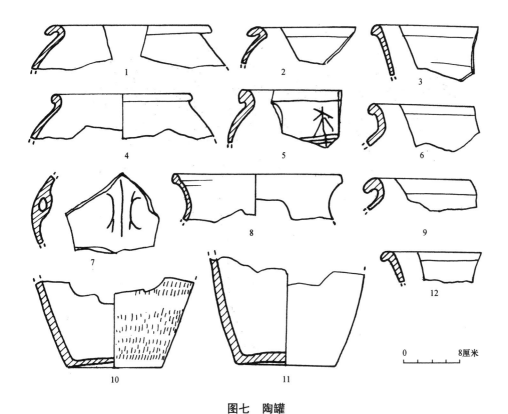

图七　陶罐

1.Aa型（H16：4）　　2.Aa型（H17：2）　　3.Cb型（H23：2）　　4.Ba型（G3：4）

5.Bb型（F1：1）　　6.Ca型（F2：2）　　7.罐耳（F1：6）　　8.D型（H17：11）

9.Bc型（H17：4）　　10.罐底（H14：1）　　11.残陶罐（JC1：1）　　12.Cc型（H17：10）

Aa型　1件。H16：4，罐口部及外部施横向压光痕。敞口，平沿，圆唇。残高5.5厘米（图七：1）。

Ab型　1件。H17：2，敞口，平沿，沿面中心微鼓，尖圆唇，素面，火候较高，陶质坚硬。残高3厘米（图七：2）。

B型　分3个亚型。

Ba型　1件。G3：4，敞口，平沿，圆唇，束颈，溜肩，肩部有一周弦纹，器表横向压光，火候较高，陶质坚硬。残高6厘米（图七：4）。

Bb型　1件。F1：1，敞口，平沿，方圆唇。陶质坚硬，火候较高。残高6.5

厘米（图七：5）。

Bc型　1件。H17：4，夹细砂灰陶，敞口，外卷沿，尖圆唇。残高2厘米（图七：9）

C型　分3个亚型。

Ca型　1件。F2：2，泥质褐陶，陶质坚硬，火候较高，敞口，平沿，方圆唇，短领，素面，轮制。残高4.5厘米（图七：6）。

Cb型　1件。H23：2，敞口，平沿，尖圆唇，高领，素面，陶质坚硬，火候较高。残高5.3厘米（图七：3）。

Cc型　1件。H17：10，敞口，平沿，圆唇，高领。残高3.6厘米（图七：12）。

D型　1件。H17：11，泥质灰陶，盘口，圆唇，束颈，肩部有篦点纹，陶质坚硬，火候较高。残高5.5厘米（图七：8）。

陶罐其他部位标本共3件。

罐耳，1件。F1：6，泥质灰陶。罐耳呈桥状，罐壁内凹。残高8.5厘米（图七：7）。

罐底，1件，H14：1，泥质灰陶。平底内凹，满饰长短不一的篦点纹。底径14厘米（图七：10）。

残陶罐，JC1：1，泥质灰陶。鼓腹，素面，平底。底径14.5厘米，残高17.5厘米（图七：11）。

（2）盆

可复原陶盆2件，其余均为盆口沿、底部残片。根据器型分7型。

A型　1件。H16：1，夹细砂灰陶，口沿部位横向压光痕明显。敞口，平沿，尖唇。残高6.6厘米（图八：12）。

B型　1件。H23：4，泥质灰陶，陶质坚硬、火候较高。敞口，折沿，尖唇，盆内、外均横向压光。残高4.5厘米（图八：9）。

C型　4件。有1件可复原，其余为口沿标本。根据沿部和唇部的不同共分4个亚型。

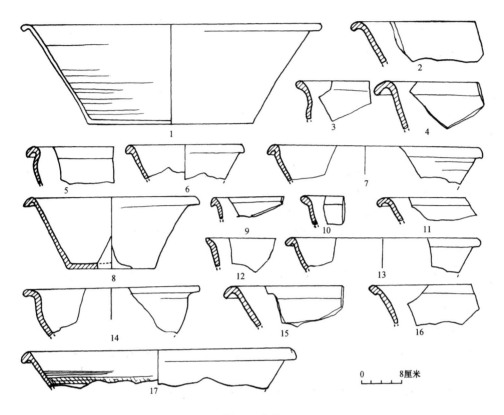

图八 陶盆

1.Ca型（IIH1：1） 2.Ed型（H17：3） 3.Cc型（H23：5） 4.Fb型（F4：1）

5.GbⅡ式（IY1：4） 6.Da型（H16：6） 7.GbⅠ式（IY1：5） 8.Eb型（H17：1）

9.B型（H23：4） 10.Cd型（H23：3） 11.Fa型（IY1：2） 12.A型（H16：1）

13.Db型（IY1：3） 14.Ea型（H6：1） 15.Ec型（H4：6）

16.Cb型（H23：1） 17.Ca型（F1：8）

　　Ca型　IIH1：1，可复原。泥质灰陶。敞口，平沿，圆唇，斜直腹，平底。口径58.4厘米，底径33厘米，高19.4厘米（图八：1）。

　　Cb型　H23：1，泥质灰陶，火候较高，陶质坚硬。敞口，平沿，尖唇，口沿部位横向亚光。残高7.5厘米（图八：16）。

　　Cc型　H23：5，泥质灰陶。敞口，平沿，沿面鼓，尖圆唇。残高7.5厘米（图八：3）。

Cd型　H23：3，泥质褐陶。敞口，平沿，方唇。残高5厘米（图八：10）。

D型　2件，分2个亚型。

Da型　H16：6，泥质灰陶。敞口，平沿，沿面鼓，圆唇。残高6.5厘米（图八：6）。

Db型　IY1：3，泥质灰陶，火候较高，陶质坚硬。敞口，平沿，方唇，轮制。残高5.6厘米（图八：13）。

E型　4件，其中1件可复原。分4个亚型。

Ea型　H6：1，泥质灰陶，陶质坚硬，火候较高。敞口，平沿，沿面微上斜，方唇，浅腹。残高9.4厘米（图八：14）。

Eb型　H17：1，可复原。泥质灰陶，敞口，卷沿，尖圆唇，斜直壁，浅腹，平底。口径36厘米，底径18.4厘米，高14厘米（图八：8）。

Ec型　H4：6，泥质灰陶，敞口，卷沿，方唇。口沿部位横向亚光，沿下有一道凹弦纹，其下饰间距0.5厘米的暗纹。残高9.2厘米（图八：15）。

Ed型　H17：3，泥质灰陶，火候较高，陶质坚硬。敞口，圆唇，口部下有一道折棱，横向压光。残高8.4厘米（图八：2）。

F型　2件，分2个亚型。

Fa型　IY1：2，泥质灰陶，敞口，小卷沿，方唇。残高4.9厘米（图八：11）。

Fb型　F4：1，泥质灰陶，火候较高，陶质坚硬。敞口，卷沿，方圆，斜直腹。残高9.2厘米（图八：4）。

G型　3件，分2个亚型。

Ga型　1件。F1：8，泥质灰陶，敞口，平沿，沿面鼓，圆唇，浅腹，腹部有两道并行的弦纹，其下方有方格暗纹。残高11厘米（图八：17）。

Gb型　2件，根据唇部的不同分2式。

I式　IY1：5，泥质灰陶，火候较高，陶质坚硬。敞口，卷沿，圆唇，素面，轮制。残高7.2厘米（图八：7）。

II式　IY1：4，泥质灰陶，火候较高，陶质坚硬。敞口，卷沿，尖圆唇，口沿部横向亚光，轮制。残高6厘米（图八：5）。

（3）瓮

分4型。

A型　2件，分2个亚型。

Aa型　IY1：1，夹细砂褐陶，敞口，卷沿，圆唇，沿面横向亚光痕迹明显。残高5厘米（图九：7）。

Ab型　G3：3，夹细砂灰陶，火候较高，陶质坚硬。敞口，卷沿，方圆唇。残高3厘米（图九：4）。

B型　3件，分3个亚型。

Ba型　H17：6泥质灰陶，火候较高，陶质坚硬。敞口，卷沿，圆唇，溜肩，肩部有一圈泥条附加堆纹。残高13.5厘米（图九：3）。

Bb型　IY1：6，泥质灰陶，敞口，卷沿，圆唇，束颈，溜肩，肩部有两道泥条附加堆纹。残高15.5厘米（图九：1）。

Bc型　F1：7，泥质灰陶，敞口，卷沿，圆唇。残高11.5厘米（图九：8）。

C型　F2：3，泥质灰陶，敛口，卷沿，圆唇，陶质坚硬，火候较高。残高8厘米（图九：6）。

D型　1件。H4：7，泥质灰陶，质坚硬，火候较高。敛口，圆唇。残高5厘米（图九：2）。

（4）甑

1件。H18：1，甑底，泥质褐陶，火候较高，陶质坚硬。甑底上的孔大小不一，最小者直径2.5厘米，最大者直径5.5厘米（图九：5）。

（5）建筑构件

有砖、各式瓦等。

沟纹砖　H17：8，砖面有5道平行的沟纹，沟纹是绳纹压印的，中间距离不等。残长20.6厘米，宽16.5厘米，厚6厘米（图十：1）。

滴水　H16：2，平面呈半圆形，背素面，内饰布纹，边缘用手指压印呈绞索状，上饰粗线纹分段，下面饰波浪纹。残长13厘米（图十：2）。

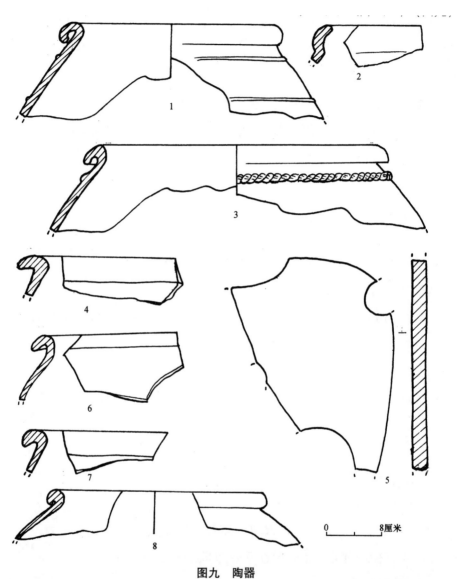

图九　陶器

1.Bb型瓮（IY1：6）　2.D型瓮（H4：7）　3.Ba型瓮（H17：6）　4.Ab型瓮（G3：3）
5.甑（H18：1）6.C型瓮（F2：3）　7.Aa型瓮（IY1：1）　8.Bc型瓮（F1：7）

筒瓦　H5：6，泥质灰陶，外光滑，内布纹。残长10.5厘米（图十：5）。

板瓦　H5：5，泥质，瓦面光滑，瓦面部有斜划平行划纹，内侧为布纹。残长8厘米（图十，4）。

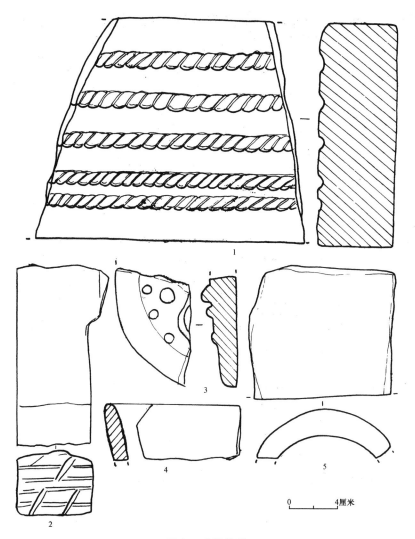

图十　建筑构件

1.沟纹砖（H17：8）　2.滴水（H16：2）　3.瓦当（H5：1）

4.板瓦（H5：5）　5.筒瓦（H5：6）

瓦当　H5：1，泥质灰陶，兽面联珠纹，残瓦当面仅存一须和3个联珠、1个乳钉（图十：3）。

2.石器

有夯、磨盘、魔棒、饼形器等

夯　F1：2，灰色砂岩，平面呈椭圆形。直径20厘米，中心孔直径3.6厘米，高13.5厘米（图十一：6）。

磨盘　H17：7，砂质岩，磨盘底及外壁有凿痕。盘沿高4厘米，厚3.5厘米，

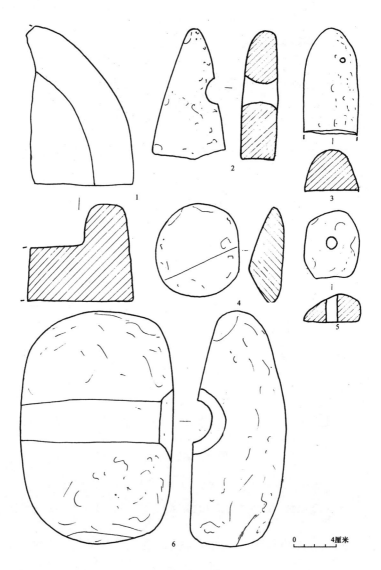

图十一　石器

1.磨盘（H17：7）　　2、5.穿孔石器（F1：4、F1：5）　3.魔棒（G3：2）

4.饼形器（G3：8）　6.夯（F1：2）

底厚5厘米（图十一：1）。

磨棒　G3：2，花岗岩，使用面部光滑平整。残长10厘米，宽1.8～4.2厘米，厚2.5～3厘米（图十一：3）。

饼形器　G3：8，砂岩，平面呈椭圆形。直径7～8.5厘米（图十一：4）。

穿孔石器　F1：5，砂岩，平面呈不规则圆形，中心有孔。直径4.7～5厘米（图十一：5）。F1：4，砂岩，锥状，平面呈三角形。长11厘米，厚3厘米。右侧有一孔，直径2.8厘米（图十一：2）。

3. 瓷器

以黄白色胎粗瓷为主，施黄白釉，有少量的青瓷和白瓷，器型有碗和盘等。

盘底　1件。H4：4，仿定窑白瓷，盘底有刻画，圈足（图十二：5）。

碗底　H4：3，白胎，施青黄色釉，圈足。碗内底有支烧时留下的支钉。残高6.5厘米（图十二：2）。H4：2，褐色胎，较粗，施黄白釉，圈足，内底有涩圈，底径6.2厘米（图十二：4）。H4：1，黄白色胎，较粗，圈足，碗底内有涩圈，底径6.8厘米（图十二：3）。

碗　G3：1，可复原，黄白胎，略粗，施乳白釉。敞口，圆唇，浅腹，圈足，碗底部涩圈。口径19.2厘米，底径6.4厘米，高6.8厘米（图十二：1）。

4. 骨器

兽骨有牛、羊、猪、狗等动物的骨骼。G3：6，牛肩胛骨，有啃咬痕迹。通长19.5厘米（图十三：2）。H5：2，牛头骨，存牛右角心及面骨一部分，角尖残（图十三：1）。H4：8，牛距骨（图十四：12）。

距骨棋子　出土于JC1中的动物距骨，共出161块，装在泥质灰色陶罐内，有的经加工，有的没有加工。其中牛距骨7块（6个磨平），根据牛距骨大小、磨平的厚度，可以分出3对，编号JC1：6（图十四：14）。猪距骨43块（20个大型，12个中型，11个小型）；羊距骨111块，其中山羊距骨33块，绵羊距骨78块。JC1：9中心钻一孔，直径0.4厘米，两面对钻孔；JC1：10钻两个孔，直径0.2厘米。

牛距骨骨器　JC1：2，牛距骨上下两面磨平，平面呈四角星形，侧面呈圆角

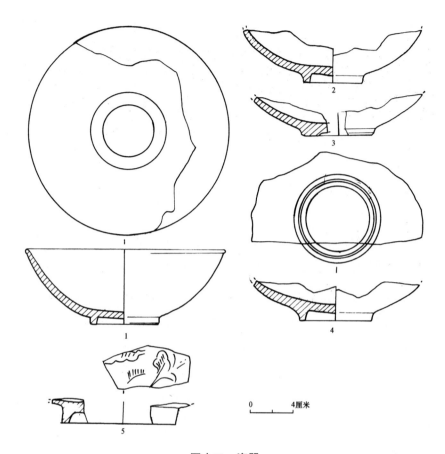

图十二　瓷器

1.碗（G3：1）　　2～4.碗底（H4：3、H4：1、H4：2）　　5.盘底（H4：4）

长方形状，上面比较平，上面上残存有铁铆钉，下面磨成弧形。长5～6厘米，宽3～3.8厘米，厚1～1.5厘米（图十四：2）。JC1：3，长4.7～6厘米，宽3.2～3.7厘米，厚1～1.8厘米（图十四：4）。JC1：4，长4.8～5.9厘米，宽3.2～4厘米，厚1.1～2.3厘米（图十四：14）。JC1：5，长4.8～6.2厘米，宽3.2～3.7厘米，厚1.7～2.2厘米（图十四：8）。JC1：7，长4.5～5.6厘米，宽3～3.7厘米，厚1.3厘米（图十四：6）。JC1：8，残长5厘米，宽4厘米，厚1.2厘米（图十四：7）。

　　羊距骨骨器　C1：9，单孔羊距骨骨器，中心孔直径0.4厘米（图十四：15）。JC1：10，有2孔，孔直径0.2厘米（图十四：3）。

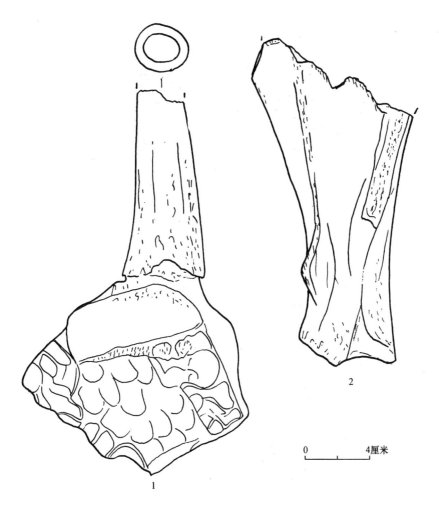

图十三　兽骨

1.牛骨头（H5：2）2.牛肩胛骨（G3：6）

绵羊距骨，JC1：13（图十四：11）。大猪距骨，JC1：12（图十四：9）、JC1：11（图十四：10）。牛距骨，JC1：6（图十四：13）。

5. 铁器

马蹬　F1：9，残件，腐朽严重。蹬踏宽9厘米，厚1.5厘米（图十五：4）。

锅把手　G3：9，平面呈上方形。残长8厘米，宽6厘米，厚0.8厘米（图十五：7）。

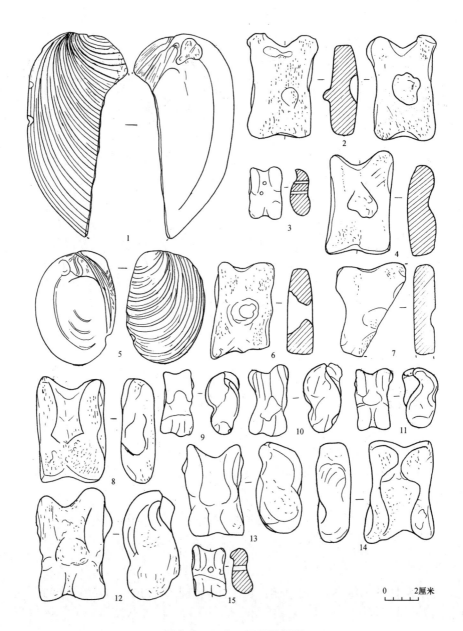

图十四　贝壳、距骨及骨器

1、5.贝壳（H8：1、F1：3）

2、4、6~8、14.牛距骨骨器（JC1：2、JC1：3、JC1：7、JC1：8、JC1：5、JC1：4）

3.双孔羊距骨骨器（JC1：10）　9、10猪距骨（JC1：12、JC1：11）

11.绵羊距骨（JC1：13）　12、13.牛距骨（H4：8、JC1：6）　15.单孔羊距骨骨器（JC1：9）

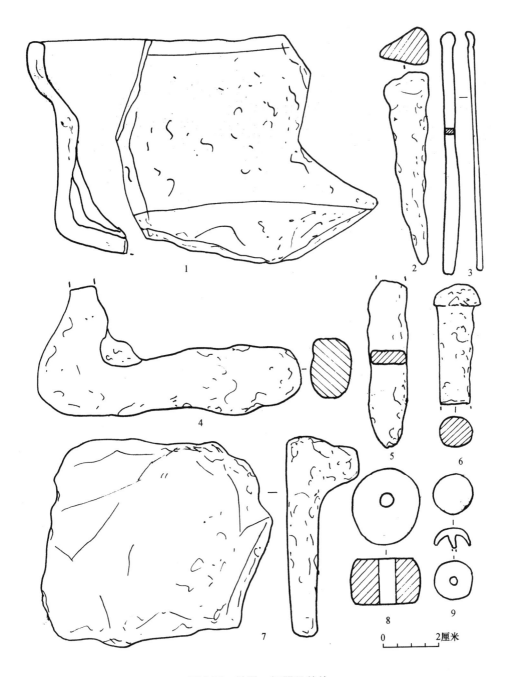

图十五　铁器、银器及其他

1.铁盆（F2：1）　2、6铁钉（F5：1、F5：6）　3.银钗（F5：2）　4.铁马镫（F1：9）

5.铁刀（F5：5）　7.铁锅把手（G3：9）　8.陶纺轮（F5：4）　9.铜泡钉（F5：3）

盆　F2：1，残。敞口，方唇，斜直腹，平底微外鼓。高7.6厘米（图十五：
1）。

钉　F5：1，平帽，圆锥形钉身，长7厘米（图十五：2）。F5：6，伞形
钉帽，圆形钉身。钉帽直径2厘米。钉身圆形，直径1.1厘米，残长4厘米（图
十五：6）。

刀　F5：5，残。长5.9厘米，宽1.2厘米（图十五：5）。

6. 银器

银钗　F5：2，残。扁圆形头，扁长身。残长8.3厘米，宽0.2～0.4厘米，厚
0.1厘米（图十五：3）。

7. 铜器

泡钉　F5：3，伞形冒，铆钉。帽直径1.4厘米，铆钉长0.6厘米（图十五：
9）。

8. 贝壳

2件。一大一小。H8：1，长12厘米（图十四：1）。F1：3，长6.1厘米（图
十四：5）。

9. 其他

纺轮　F5：4，泥质灰陶，圆形，直径2.7厘米，厚1.4厘米，中心孔直径0.6
厘米（图十五：8）。

二、第二阶段遗存

（一）遗迹

本阶段遗迹仅发现1座灰坑，即09THYT033H1。灰坑平面呈圆形，直壁，平
底，壁与底加工比较规整。口径65厘米，深45厘米。坑内堆积灰土，土质较松
软，内夹大量的草木灰及土坯块，出土有大量的瓷器残片及少量的兽骨。

（二）遗物

主要以青花瓷为主，有少量的白瓷、青瓷。

青花瓷碗底　H1：1，白瓷胎，施青釉，圈足。足底露胎，内底绘有葵花

纹。底径6厘米（图十六：2）。H1：3，灰胎，施青釉，圈足。内底有圆形点状
纹，底径5.2厘米（图十六：3）。H1：7，白胎，较粗，施青釉，圈足。底青花
双圈内有"福"字图案，外底有青花方框式款。底径5.8厘米（图十六：4）。
H1：8，灰白色胎，施青白釉，内底有叠烧涩圈。足径5.6厘米（图十六：5）。
H1：9，灰色胎，质地较粗，圈足，施青釉，足内底露胎，绘有放射性的葵花

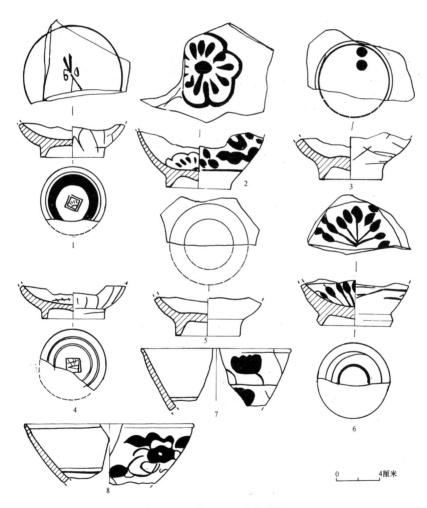

图十六　第二阶段文化瓷器

1~6.青花碗底（H1：10、H1：1、H1：3、H1：7、H1：8、H1：9）

7、8.青花碗口沿（H1：2、H1：5）

纹。底径6厘米（图十六：6）。H1：10，白色胎，施青白釉，圈足，有叠烧涩圈，外底有方形画框款。足径5.6厘米（图十六：1）。

青花瓷碗口沿　H1：5，白色胎，施青白釉，敞口，圆唇，浅腹，碗外壁绘有花草纹。残高5.8厘米（图十六：8）。H1：2，白色胎，青釉，敞口，圆唇，碗外壁绘制有灵芝。残高5.3厘米（图十六：7）。

三、结语

根据发掘遗迹现象和出土遗物综合分析认为，该遗址初建于辽代中晚期，沿用至清代晚期，未发现金、元时期遗物和遗迹。所以我们认为该遗址第一文化时期是辽代中晚期，随着辽代的灭亡，本遗址也被废弃。晚清时期，随着社会的发展，本遗址迎来了它的第二期文化，即晚清时期文化。该遗址的发掘，为了解这一地区的游牧民族其生产、生活等方面提供了重要资料。

表一　伊和浩坦塔拉遗迹单位及出土遗物统计表（单位：个）

单位编号	探方	开口层位	形状	兽骨					砖块	石器	铁器	瓷片	贝壳	陶片				瓦	
				牛骨	羊骨	马骨	猪骨	狗骨						泥质灰色陶片		磨光陶片		筒瓦残块	板瓦残块
														素面	纹饰	素面	纹饰		
F1	T035	①	长方形	12	13	6	18	12	2	2	1	6	1	18	16	13	10	5	6
F2	T013	①	正方形				1					18		24	1	1	3	1	10
F3	T005	①	长方形		1				2					5		2			
F4	T021	①	正方形	3	3						1	6	10	16				1	
F5	T015	①	方形																
Y1	T023	①	"6"字形											7	1	2			
IIY1	IIT003	①	圆形											34	2				
H1	T033	①	圆形	2	1							26							
H2	T010	①	长方梯形	1			5							8					7
H3	T012	①	长方形	3	6									6					2
H4	T002	①	椭圆形									4		7					2

（续表）

单位编号	探方	开口层位	形状	兽骨					砖块	石器	铁器	瓷片	贝壳	陶片				瓦	
				牛骨	羊骨	马骨	猪骨	狗骨						泥质灰色陶片		磨光陶片		筒瓦残块	板瓦残块
														素面	纹饰	素面	纹饰		
H5	T005	①	椭圆形	6	3			3										1	1
H6	T014	①	圆形	6	2			3											6
H7	T040	①	长方形	2	6		8		4					7					3
H8	T043		椭圆形	2			6							9	2			1	
H9	T025	①	圆形	2										18					3
H10	T012	①	圆形		3		4							12					
H11	T005	①	圆形	4	2		4							6					
H12	T005	①	方形		4									4					
H13	T014	①	梯形			5								2					
H14	T038	①	圆形		3									1					
H15	T039	①	椭圆形	1										7					
H16	T006	①	圆形	28	2	3	2	3	6		3	2		16	1	1			
H17	T006	①	梯形	9	8		6		3		21			7	1	18		1	
H18	T044	①	椭圆形	1										4	3				4
H19	T013	①	椭圆形		2		5							24	1			1	
H20	T034	①	椭圆形	4			6							8					
H21	T009	①	椭圆形		6	4			3					6					1
H22	T042	①	椭圆形				6							23	2				3
IIH1	IIT001	①	长方形	2			6							9					
G1	T022	①	长条形	13	2	5	2							15					
G2	T012	①	长条形	1			3							18				1	1
G3	T041	①	长条形	5							1	16		16					
JC1	T035	①	圆形	7	101		43												

［原文载于《内蒙古文物考古文集（第四辑）》，科学出版社，2013年4月第一版］

乌兰察布市集宁区白海子镇白海子村
辽金时期墓葬发掘简报

2014年6月28日，我馆接到集宁区白海子镇白海子村嘉禾小学施工单位和集宁区有关单位的上报，赶赴现场确认其信息并上报有关管理单位，收到抢救性田野考古发掘的指示。乌兰察布市博物馆组织考古发掘队进行抢救性考古发掘并对周边地区进行田野考古钻探。本次发掘面积共200平方米，清理2座墓葬。现将墓葬发掘情况报告如下。

一、地理位置及墓地概况

墓葬位于乌兰察布市集宁区白海子镇白海子村北部嘉禾小学建设工地中南部，南距110国道约1500米，西南距白海子镇政府约800米，距乌兰察布市政府东北9200米，东南距金元时期土城子古城约3000米（图一）。墓地地势北高南低。东有一条南北向的干河槽，现已经大部分被城市建设垃圾填满，但还能看出河槽的走向（图二）。

二、墓葬形制

此次发掘共清理2座墓葬，其中砖室墓1座、土坑竖穴石室墓1座。以下简要介绍这两座墓葬。

M1 砖室基，墓向135°。该墓早期被盗，现由于施工队推土，墓口开口处深度不详。墓坑平面呈圆角"凸"字形。全长570厘米，由墓道、墓门、墓室组

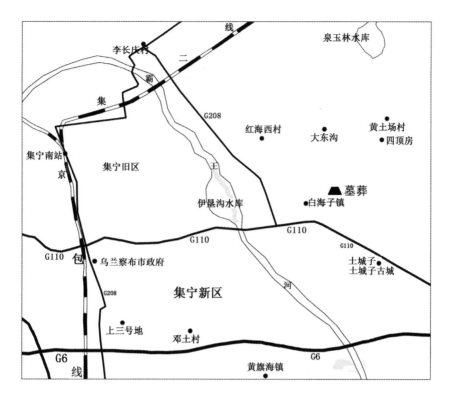

图一　集宁区白海子镇白海子村辽金时期墓葬位置示意图

成（图三）。

墓道为圆角长方形斜坡台阶状，残存长220厘米，宽70～90厘米，深5～92厘米，填土为黄色五花土。

墓门侧视呈拱形，用长方形砖砌筑。砖长33厘米，宽16厘米，厚4厘米。墓门高95厘米，宽110厘米；门洞高80厘米，宽80厘米。甬道长35厘米，宽80厘米。

墓室由墓底、墓壁、墓顶三个部分组成。

墓室底部平面呈不规则椭圆形，长215厘米，宽210厘米，由尸床、墓地面组成。尸床位于墓室北侧，靠北壁，平面呈伞形，长直径210厘米，短直径90厘米，高13厘米。尸床面用长33厘米、宽16厘米、厚4厘米的素面青砖平铺，下垫厚12厘米的一层土。墓地面平面呈伞形，长直径210厘米，短直径120厘米。地面用长33厘米、宽16厘米、厚4厘米的素面青砖平铺而成。

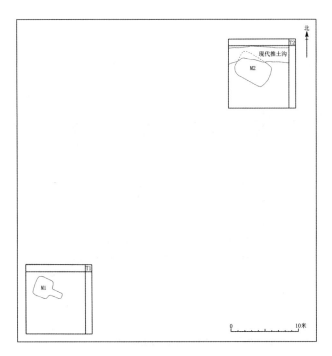

图二　墓葬发掘总平面图

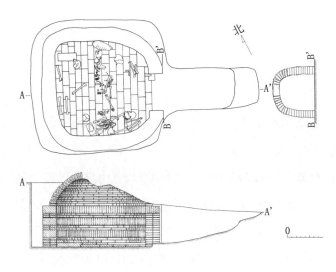

图三　M1平、剖面图

墓壁高85厘米，厚33厘米，用长33厘米、宽16厘米、厚4厘米的素面青砖以一竖两平结构平砌11层。

墓顶为穹隆顶，残高45厘米，厚16厘米，用单层砖斜砌平移垒成券顶。墓顶前半部分因施工被破坏。

墓室内发现3具尸骨。尸床上的尸骨为仰身直肢葬。其他两具尸骨，骨架乱堆，有二次葬造成的痕迹。另外在墓道内发现大的人肢骨、肋骨及羊腿骨等。

根据出土尸骨的头骨和牙齿，初步鉴定尸床上的尸骨为男性，45岁左右；另两具尸骨，也就是墓地面上的尸骨均为女件，年龄一个45岁左右，一个40岁左右（详见人骨鉴定报告：《白海子镇白海子村嘉禾小学墓葬人骨鉴

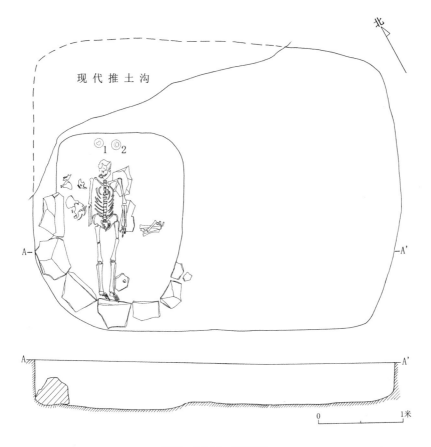

图四　M2平、剖面图

定报告》）。

　　M2　位于M1东北34米处，开口于距地表40厘米处，土坑竖穴石室墓，墓向108°。墓圹平面呈圆角长方形，长407厘米，宽325厘米，残存深35～55厘米（图四）。填土为黄色五花土，内夹大量的大石块。墓葬北部被施工者破坏。

　　石室墙体仅存西南部，用自然大石块垒砌而成。从残存的石墙和墓坑来看，墓室平面呈椭圆形，长直径200厘米，短直径165厘米，残存高30厘米，墙壁厚35厘米。

　　墓葬早期被扰乱。出土有两具尸骨。一具较完整。另一具尸骨部分骨头在填土中被发现，大部分的肢骨被无规则堆放在墓主人左侧。墓主人葬式为仰身直肢，头向 64°，头骨上方出土两件陶器。颈骨附近发现一粒红色料珠。尸床用平板石平铺而成。

三、出土遗物

M1随葬品有瓷器、料器、铁器等5件。M2随葬品有陶器、料器、贝壳、铁器等7件。两座墓葬共出土文物12件。

1. 陶器

陶器出土 4件，其中M1出土 2件，M2出土2件。

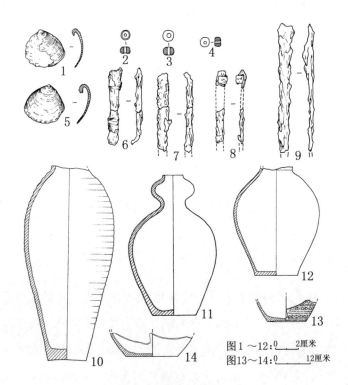

图五　墓葬出土器物

1、5.贝壳（M2：4、M2：7）　2~4.料珠（M1：2、M2：1）

6~8.铁钉（M2：5、M1：5、M2：6）　9.铁刀（M1：4）　10.绿釉鸡腿瓶（M1：3）

11、12.葫芦形陶瓶（M2：2、M2：3）　13.陶罐残件（M1：6）　14.陶盆残件（M1：7）

盆　1件。M1：7，泥质黑陶，素面，口部已残缺，弧线斜腹，平底。底径18厘米，残高8厘米（图五：14）。

罐　1件。M1：6，泥质灰陶，仅剩陶罐下腹部以下，纹饰有平行双线合成几何纹（三角状）和篦点纹，凹底，制陶火候较高。底径16厘米，残高8.5厘米（图五：13）。

瓶　2件。M2：2，泥质黑灰陶，葫芦形，侈口，圆唇，溜肩，曲腹，平底；轮制，火候较高；瓶通高24.7厘米，口径3.5厘米，曲腹上腹直径8厘米，压腰处直径5.6厘米，下腹径16.3厘米，底径7.6厘米（图五：11）。M2：3，口部已残，与M2：2属相同器型的一对器物。残高18.9厘米，腹径15.8厘米，底径8厘米（图五：12）。

2. 瓷器

鸡腿瓶　M1：3，口部已残。束颈，溜肩，长圆腹，小平底。瓶腹部下半部以上施绿釉，釉质粗糙，粗瓷胎厚重，釉面上有不规则的黑色沉积斑点。瓶残高33.5厘米，腹径16.4厘米，底径7.5厘米（图五：10）。

3. 料器

料珠　3件。M1：1，白色，圆柱形，圆柱中心钻孔。珠外表已经氧化，成白色粉末状物。长0.6厘米，直径1厘米，孔径0.12厘米（图五：3）。M1：2，形状质地同M1：1，长0.4厘米，直径0.5厘米，孔径0.1厘米（图五：2）。M2：1，红褐色，圆形，珠状，内出现气泡，中心钻孔。长0.5厘米，直径0.7厘米，孔径0.1厘米（图五：4）。

4. 铁器

铁刀　1件。M1：4，短柄，平刃，棕褐色，锈蚀严重。残长10.6厘米，宽1.3厘米；柄残长4.6厘米，刃长6厘米（图五：9）。

铁钉　3件。棕褐色，表面锈蚀，长条形，圆柱状。M1：5，残长4.3厘米，直径1厘米（图五：7）。M2：5，残长6厘米，直径0.9厘米（图五：6）。M2：6，残长1.9厘米，直径0.5厘米（图五：8）。

5．贝壳

2件　M2：4和M2：7，大小相同，长3.5厘米，宽3.1厘米（图五：1、5）。

四、结语

白海子村辽金时期墓葬在集宁地区为首次考古发现，该墓地所代表的遗存在文化系统上具有浓厚的北方地区少数民族文化的特点，对于揭示集宁地区辽金时期少数民族的文化特征，探讨我国北方地区辽金时期的葬俗、人种、族属等问题都有着十分重要的意义。

这次发掘的两座墓葬，其墓葬形制截然不同，一座为土坑竖穴砖室墓，一座为土坑竖穴石室墓。其中，土坑竖穴砖室墓的形制与河北涿鹿县辽代壁画墓类似。[1]此外，M1出土的绿釉鸡腿瓶（M1：7）与河北宣化辽张文藻墓M7：71相同[2]，具有典型的辽代器物的特点；M2出土的葫芦形陶瓶与沈阳小北街金代墓葬出土的同类器（M1：1）器形基本相同[3]，由此推断这两座墓葬时代应为辽金时期。

从M1中发现的3具人骨的位置及M2填土中的大量大块石头和敛葬的人骨来判断，这两座墓葬早期皆被盗扰过。

从地理位置上看，距该墓地东南约3千米处是土城子古城，该城是一座辽金时期的古城址，本文认为该墓地应是土城子古城普通居民的墓地。

（原文发表于《草原文物》2016年第1期）

---

［1］　张家口地区博物馆．河北涿鹿县辽代壁画发掘简报［J］．考古，1987（3）．

［2］　河北省文物研究所，张家口市文物管理处，宣化区文物管理所．河北宣化辽张文藻壁画墓发掘简报［J］．文物，1996（9）．

［3］　沈阳市文物考古研究所．沈阳小北街金代墓葬发掘简报［J］．考古，2006（11）．

乌兰察布市卓资县梨花镇围堡村
元代壁画墓发掘简报

2015年10月30日，卓资县梨花镇围堡村村民耕作时发现一座墓葬，村民及时上报了相关单位。乌兰察布市博物馆组成调查小组，到卓资县梨花镇刘光窑行政村围堡自然村实地调查。后由内蒙古自治区文物局通知抢救性发掘。现将墓葬发掘情况报告如下。

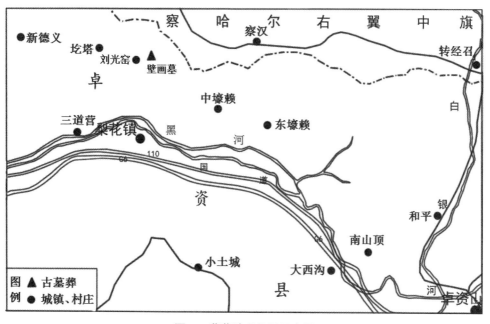

图一　墓葬地理位置示意图

一、墓葬的地理位置及发掘概况

墓葬位于围堡村东北300米处（图一）。围堡村属卓资县梨花镇刘光窑行政村围堡自然村，距卓资县县城西北30千米，距梨花镇北5千米，距元代圪塔古城东南2.5千米。地处北高南低的缓坡地带。东西各有一条南北向的自然山沟，在"农业学大寨"时期，围堡村村民将沟上土地平整后做成梯田。

二、墓葬形制

此次发掘清理土坑竖穴砖室壁画墓1座。以下简要介绍该砖室壁画墓。

墓葬方向200°，由墓穴、墓室、甬道、墓道四部分组成（图二）。

墓室平面呈方形，边长324厘米，深380厘米，由墓室门、墓室地、尸床、墓壁、墓顶组成。

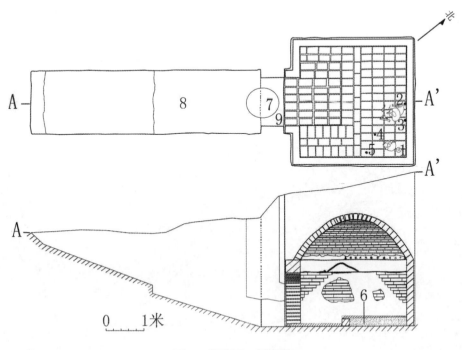

图二　墓葬平、剖面图

1.陶盘　2～3.棺钉　4～5.古钱币　6.垫土　7.盗洞　8.墓道　9.甬道

墓室建在土坑竖穴内，底部平面呈方形，边长300厘米。剖面用素面青砖以平砌交替砌法磊砌。砖长32厘米，宽18厘米，厚6厘米。墓室内的堆积较厚，约140厘米。堆积中发现人骨、瓦片、棺木、陶器残片、古钱币、铁棺钉等。

墓室门正视呈拱形，拱洞内宽120厘米，高140厘米，厚38厘米。青砖垒砌而成，平砌18层砖后开始券起，第33层砖为横竖砖，有白灰抹面的痕迹，均脱落。墓室门用青砖平砌堵死。墙上部发现横打的盗洞，直接进墓室（图三、四）。

墓室地平面呈长方形，长160厘米，宽110厘米，距尸床下深12厘米。位置偏墓室中轴线西10厘米。青砖平砌而成。

尸床平面呈"凹"字状，长300厘米，宽40～190厘米。青砖平砌而成。尸床上发现人头骨2个，因为右侧人头骨下方压有人的盆骨，所以墓葬可能是二次葬造成这种现象。头骨方向20°。残存棺木宽60厘米。左侧头骨被扰动，在距尸床砖面上方36厘米处被发现。头骨下方尸床上发现陶盘口沿残片、灰陶盏托残片及灰陶盘残片各1件。

单面墙墓壁呈梯形和长方形的组合，上呈梯形，下呈长方形。长边300厘米，短边140厘米，通高134厘米。长方形长300厘米，宽96厘米。梯形长边300厘米，短边140厘

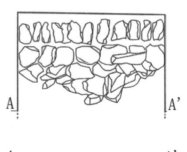

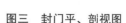

图三　封门平、剖视图

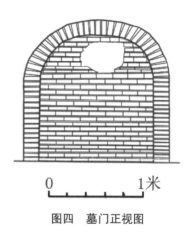

图四　墓门正视图

米，高38厘米。墓壁厚20厘米。用素面青砖平砌交替砌法垒砌。内抹白灰，厚1~1.5厘米，白灰面大部分都脱落，脱落的白灰块上发现绘有壁画，但墓壁上存留的白灰抹面上没发现存留壁画痕迹。

墓顶由墓角顶[1]、券顶组成（图五）。

墓角顶，呈倒锐角三角形，底边长80厘米，东南角和西南角的墓角顶高为54厘米，西北角和东北角的墓角顶高为60厘米。上述墓壁上的梯形墓壁部分连接4个墓角顶。原方形的墓室墙变为八面墙，便于上砌穹窿顶。

券顶，穹窿顶，券顶顶部被破坏，塌陷。塌陷部位呈圆形，直径约80厘米。残存券顶高65厘米。券顶内部用白灰抹面痕迹，基本全部脱落。脱落下的白灰抹面残块发现绘有壁画。

甬道平面呈长方形，长60厘米，宽120厘米。甬道连接墓道和墓室门。甬道底部用自然石块平砌，垒出石头堆状（图三）。石块垒砌时用草拌黄胶泥灌浆，咬合紧密、坚硬。石头堆里发现人肢骨1块。甬道上层被盗洞打破。盗洞平面呈圆形，直径83厘米，直接打到墓室门处，由墓室门上部打进墓室。根据层位关系，该盗洞应该是早期盗洞。

墓道平面呈长方形，宽160厘米，长620厘米，深5~330厘米；剖面呈斜坡阶梯状，有两处台阶。第一层阶梯高5厘米，第二层阶梯高18厘米。墓道内的填土为黄白色五花土。

三、壁画

该墓葬应在墓葬内壁抹有白灰，根据脱落抹面白灰来看，抹面厚1~1.5厘米。白灰面上绘有壁画。该墓壁画基本脱落，仅存券顶下部的题记。题记用黑色墨汁书写，楷体"元贞元年闰四月十二日孙和季□脩讫供墓"，共有18字，其中17个字可辨认（图六至图二十三）。

---

[1] 在四方形墓室四角中部向上用砖叠涩斜筑，形成4个支撑墓室顶部的倒三角形支撑体，连接、固定、支撑墓壁和墓顶的部位。查阅很多元代墓葬的资料，未能找到相关的资料，本人认为可以记为斗拱的演变体，暂叫墓角顶。

该段题记释读如下。

该题记中"元贞元年"应为公元1295年，"元贞"简体为"元贞"，为元成宗的年号，元年为纪年的第一年。"闰四月十二日"为日月段。"孙和季"为和该墓葬有关的人的姓名。其后一字模糊，辨认不清，但是根据残留笔画和题记内容来推测应为"廓"。"廓"做动词时同"扩"。"脩"为"修"。"讫"为"讫"，意思为"完结、终了"。"供墓"意思为"祭祀墓葬"。根据以上得出简体题记："元贞元年闰四月十二日孙和季廓修讫供墓。"

其他壁画基本脱落干净，仅在题记附近保存有波浪纹状的绘画，在券顶及墓角顶中间地区保存有黑色墨汁绘制的直线线条（图五）。

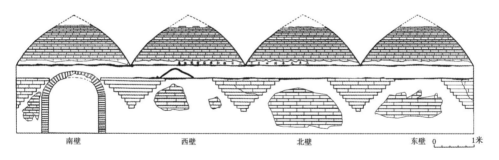

图五　墓葬四壁展开图

图六　"元"字照片

图七　"贞"字照片

图八　"元"字照片

图九　"年"字照片

图十　"闰"字照片

图十一　"四"字照片

图十二　"月"字照片

图十三　"十"字照片

图十四　"二"字照片

图十五　"日"字照片

图十六　"孙"字照片

图十七　"和"字照片

图十八　"季"字照片

图十九　"廓"字照片

图二十　　"脩"字照片

图二十一　　"訖"字照片

图二十二　　"供"字照片

图二十三　　"墓"字照片

四、出土遗物

该墓葬出土陶器12件、铁器6件、古钱币2枚，共出土遗物20件。

（一）陶器

均为残件，可修复复原的3件，其他都是陶片。陶均为泥质陶，有黑皮灰陶和灰陶两种。器型有碗、碟、盆、盏托、罐等。

1. 碗

3件。根据形制差异分为2式。

Ⅰ式　1件。M1：2，泥质黑皮灰陶，直口，圆唇，圆腹，圈足。灰陶外施黑皮，素面，碗内外在轮制旋转摩擦下留下旋转痕。碗底部有早期修复粘接痕

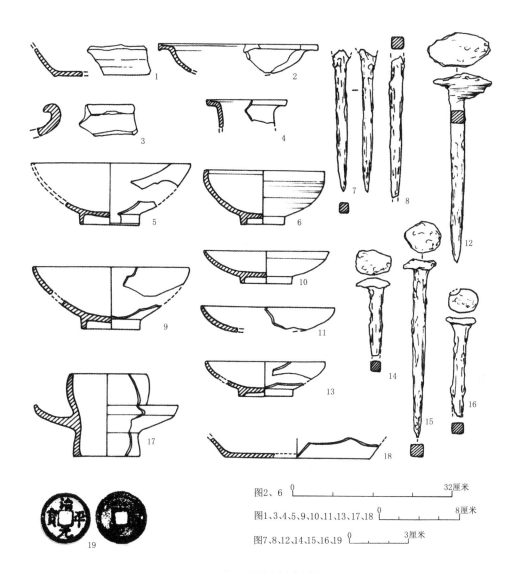

图2、6 0 ————————————— 32厘米

图1、3、4、5、9、10、11、13、17、18 0 ——————— 8厘米

图7、8、12、14、15、16、19 0 ———— 3厘米

图二十四 墓葬出土遗物

1.陶盆底部残片（M1：11）　2.陶盆口沿残片（M1：12）　3.陶罐口沿残片（M1：14）

4.陶罐口沿残片（M1：13）　5.陶碗残片（M1：6）　6.陶碗（M1：2）

7、8、12、14、15、16.铁棺钉（M1：19、M1：20、M1：15、M1：17、M1：16、M1：18）

9.陶碗（M1：7）　10、11、13.陶碟（M1：1、M1：8、M1：9）　17.陶盏托（M1：3）

18.陶罐底部残片（M1：10）　19.治平元宝拓片（M1：4）

迹。口径24厘米，高10.2厘米，足径8厘米（图二十四：6）。

Ⅱ式　2件。

M1：6，泥质黑皮灰陶。敞口，尖唇、深腹，圈足。口径16厘米，高6厘米，足径5.8厘米（图七：5）。

M1：7，黑皮灰陶。敞口，尖唇，深腹，环底，圈足。口径16厘米，高6厘米，足径6厘米（图七：9）。

2. 碟

3件。器型相同。其中1件可复原。

M1：1，泥质灰陶。敞口，尖唇，浅腹，平底，圈足，素面。口径12.8厘米，高3.2厘米，底径5.2厘米（图七：10）。

M1：8，泥质灰陶。敞口，尖唇，浅腹，素面。口径13.2厘米，残高2.4厘米（图七：11）。

M1：9，泥质灰陶。敞口，尖唇，浅腹，平底，圈足，素面。口径12厘米，底径5.4厘米（图七：13）。

3. 盆

2件。

M1：12，泥质灰陶。口沿残片，方唇，平折沿，敞口，腹壁较直，素面。口径32厘米，残高5.6厘米（图七：2）。

M1：11 泥质灰陶。底部残片，腹壁较直，平底，素面。底径14.5厘米，残高2厘米（图七：1）。

4. 陶盏托

1件。残，可复原。

M1：3，泥质灰陶。高托圈，托圈口内微敛，壁外鼓，素面。口径8厘米，高4厘米。托盘，敞口，尖唇，高圈足，无封底，素面。托圈、托盘上下贯通，通高8厘米；托盘圈足高2.4厘米（图七：17）。

5. 罐

3件。均残，根据器物口沿的不同，分为2式。

Ⅰ式　M1：14，泥质灰陶。卷沿，敞口，束颈。残高3.2厘米（图七：3）。

Ⅱ式　M1：13，泥质灰陶。折沿，方唇，敞口，长颈。口径8厘米，残高2.4厘米（图七：4）。

陶罐底部残片，M1：10，泥质灰陶，平底，底径14.5厘米，残高2厘米（图七：18）。

（二）铁器

均为铁棺钉。根据形制不同，分A、B两型。

1．A型

2件。无头钉，无钉帽，细棍形，钉体呈圆角方形，钉尖外表锈蚀。M1：19，长7厘米，直径0.5厘米（图七：7）。M1：20，长7厘米，直径0.5厘米（图七：8）。

2．B型

4件。根据形制不同分Ⅰ、Ⅱ两式。

Ⅰ式　2件。有头钉，钉身短，细棍形，钉体呈圆角方形，无钉尖，外表锈蚀。M1：17，长3.8厘米，直径0.4厘米（图七：14）。M1：18，长4.7厘米，直径0.5厘米（图七：16）。

Ⅱ式　2件。有头钉，钉身长，细棍形，钉体呈圆角方形，外表锈蚀。M1：15，长9.4厘米，直径0.8厘米（图六：12）。M1：16，长8.6厘米，直径0.7厘米（图七：15）

（三）古钱币

2枚。M1：4和M：5，均为治平元宝，青铜铸造，直径2.4厘米，厚0.15厘米，穿孔方形边长0.9厘米，字体为楷体（图七：19）。

五、结语

卓资县围堡子村元墓是乌兰察布地区蒙元墓葬中首次发现的带有确切年号的墓葬，该墓葬的墓葬形制独特，加之出土有陶碗、陶碟、陶盏托组合器物，对研究这一地区蒙元时期的墓葬形制、葬俗、随葬品组合和其制作工艺上都有了一个

基本的认识。

从墓室及甬道内发现的人骨分布来分析，该墓葬早期已经被盗。根据人骨为敛葬的现象来看，该墓葬属于二次葬。对墓葬人骨进行了鉴定，其体质特征与现代亚洲蒙古人种东亚类型和南亚类型接近，但更趋近东亚类型的综合特征。

从该墓葬分布的地理位置上看，其西北2.5千米处是元代圪塔古城，为乌兰察布市第一批重点文物保护单位之一，该墓葬极有可能为圪塔古城居民的墓葬。

（原文发表于《草原文物》2017年第2期）

...文物保护与研究

乌兰察布市不可移动文物概述

乌兰察布市是内蒙古自治区下辖市，地处中国正北方、内蒙古自治区中部，位于北纬39°37′～43°28′，东经109°16′～114°49′。东部与河北省接壤，东北部与锡林郭勒盟相邻，南部与山西省相连，西南部与首府呼和浩特市毗连，西北部与包头市相接，北部与蒙古国交界，东西长458千米，南北宽442千米，总面积5.4万平方千米。辖区有4旗、5县、1市、1区，即察哈尔右翼后旗、察哈尔右翼前旗、察哈尔右翼中旗、四子王旗、化德县、凉城县、商都县、兴和县、卓资县、丰镇市和集宁区。

依据第三次全国文物普查乌兰察布市普查数据，全市共发现古代遗存3091处（不包括古生物化石产地），其中不同时期的古代遗址2477处，占文物总量的80.66%。这些不可移动文物包括古遗址（包括古城址）、古墓葬、古建筑、石刻、近现代重要史迹及代表性建筑。乌兰察布境内的重点文物保护单位，可以分为国家级、自治区级、市级、旗县（市、区）级重点文物保护单位，共有358处。其中，国家级重点文物保护单位7处，内蒙古自治区级重点文物保护单位31处，乌兰察布市级重点文物保护单位47处，乌兰察布市旗县级重点文物保护单位273处。

乌兰察布地区不可移动文物可以分为古生物遗址点，旧石器时代、新石器时代、青铜时代、战国、秦汉、魏晋南北朝、隋唐、辽金、元、明清、近现代等不同时期的不可移动文物。

一、远古时期不可移动文物[1]

乌兰察布地区的新生代均为陆相沉积地层，从古近纪、新近纪至第四纪更新世末各个时期都有出露，是我国北方研究新生代地层古生物、古地理变迁、古气候变化的最理想地区之一，特别是古近纪时期的地层和古生物化石更具代表性和典型性，也是我国研究早期哺乳动物的发祥地之一。乌兰察布地区发现的化石以新生代化石为主，中生代、古生代、元古代、太古代化石发现较少。

（一）古近纪古新世化石（6500万～5650万年前）

古近纪古新世化石以四子王旗脑木根哺乳动物群为代表。脑木根化石群位于四子王旗脑木根苏木，1976年由周明镇教授发现。化石产于脑木根苏木所在地阿曼乌苏、哈留特、公忽洞等地。

（二）古近纪始新世化石（5650万～3200万年前）

乌兰察布地区始新世中期化石较多，以沙拉木伦哺乳动物群为代表。动物群距今4000万年，产自四子王旗白音敖包的乌拉木苏、巴楞少、土格木庙卫井的江岸牧场，脑木根的乌兰希力等地。

（三）新近纪中新世化石（5300万～2330万年前）

乌兰察布地区新近纪中新世化石中最有代表性的是晚中新世二登图化石群（距今800万～500万年）。中新世化石产地主要分布于四子王旗红格尔、阿曼乌苏、供济堂，察右后旗土牧尔台、土城子、石门口、大六号，化德县哈尔敖包、官围子、十三股地大湾，四子王旗乌兰花、布鲁台庙，察右中旗铁沙盖、广益隆、元山子，察右前旗巴音塔拉、红卫、黄旗海、赛汉塔拉，丰镇市红圪塔洼，商都县西房子、章毛乌苏，兴和县大同窑、团结窑，集宁区等地区。

（四）新近纪中新世至上新世化石（2330万～260万年前）

乌兰察布地区分布最为广泛的化石是新近纪晚中新世至上新世哺乳动物化

---

[1] 这部分内容根据李树国《乌兰察布地区古生物化石》（《内蒙古文物考古》2005年第1期）改写而成。

石，距今800万～260万年。晚中新世至上新世化石中最有代表性的是四子王旗乌兰花犀牛动物群，主要产地有四子王旗乌兰花、供济堂、红格尔、布鲁台庙，察右中旗铁沙盖、广益隆、元山子，察右后旗土牧尔台、土城子、石门口、大六号，察右前旗巴音塔拉、红卫、黄旗海、赛汉塔拉，丰镇市红圪塔洼，化德县十三股地、官围子，商都县西房子、章毛乌苏，兴和县大同窑、团结窑，集宁区、卓资县等。

（五）新生代第四纪化石（260万～1万年前）

乌兰察布地区第四纪化石主要发现在晚更新世，距今3万～1万年。化石主要产地有集宁坝王河岸，丰镇市麻迷图、大庄科、元山子，凉城永兴、刘家夭、双古城，商都县六台河、二道洼，兴和县二台乡、大同窑，察右前旗黄旗海，察右中旗得胜乡，察右后旗乌兰哈达，四子王旗大庙，化德县朝阳乡，卓资县旗下营、卓资山等。

20世纪末至21世纪初，乌兰察布市地区古生物化石代表性发现为四子王旗乌兰花镇南梁化石群，本化石群以三趾马、大唇犀、羚羊、轴鹿、麝等属动物的繁盛为特征。

乌兰察布地区是我国乃至世界重要的古生物化石产区，特别在古哺乳动物方面占有相当地位。很多中外著名科学家及国际古生物学界考察团在此开展古生物化石考察与发掘。根据地球上的哺乳动物有相似的演化过程和特征这一基本原则，学者们对中国新生代陆生哺乳动物化石进行了较详细的研究与划分，在所划分的18个哺乳动物期中，以内蒙古地名命名的哺乳动物期就有7个。其中古近纪10期中，以乌兰察布市四子王旗化石地点命名的有始新世阿山头期、伊尔丁曼哈期、沙拉木伦期和渐新世乌兰戈楚期等4个。根据国际上对始新世—渐新世界线划分的研究成果，通过对哺乳动物群的充分分析与对比，论证了我国原认为是早渐新世的乌兰戈楚期和呼尔井期的时代应改定为晚始新世，原认为中渐新世的哺乳动物群改归早渐新世，并以"内蒙古乌兰戈楚动物群"命名，划分出我国哺乳动物排序中的晚始新世较早期乌兰戈楚期。这充分说明了乌兰察布地区在新生代地层、古生物研究中的重要地位，同时也确切地反映了乌兰察布地区丰富的新生代各时期哺乳动物化石所具有的时代特征、区域特点和普遍意义。

二、旧石器时代不可移动文物

乌兰察布市境内的旧石器时代不可移动文物不多，均为旧石器时代遗址点，属古遗址范畴，都在大窑文化遗存范围内。除卓资县三道营乡后营子村、哈大图乡火石窑沟村、四子王旗供济堂乡阿玛乌苏村等遗址[1]，后陆续发现的有卓资县火石坝、坤兑沟、阳坡村、十八台车站北，化德县铜鼎山等十余处。这些旧石器时代遗址点的文化属性均属于大窑文化。

三、新石器时代不可移动文物

乌兰察布市新石器时代不可移动文物，从地理位置及考古学类型学上说是北方干旱地区农业文化区域，即内蒙古中南部黄河流域及环岱海地区的新石器时代文化，主要属于中原地区的仰韶文化和龙山文化序列[1]。主体为古遗址，有少量的古墓葬。

乌兰察布市发现的新石器时代不可移动文物中时间最早的是近年发现的裕民遗址。裕民遗址坐落于丘陵山地，海拔高度1465米。丘陵山地间有川、滩、谷地貌的小平原，其高度落差60～70米。该聚落居民生活在地势较高区域。房址遗迹开口于灰黑色土下，此地层土为黑垆土，其形成于全新世最温暖时期，即高湖面时期，说明裕民遗址的原始文化人群生活在本地区全新世最温暖时期的初期阶段。各地在进入该时期的时间段上亦有差异，综合岱海、黄旗海、科尔沁沙地、毛乌素沙地等地区的环境研究成果，推断该遗址的使用年代不会晚于距今8000年左右[2]。因为此遗址发现的遗物较少，所以文化属性不太明显。

随着年轮转动，乌兰察布大地迎来了第一次繁荣时期，考古学称之为新石器时代。黄河流域的仰韶文化人来到了乌兰察布，以岱海为中心居住生养，给后人

［1］　陈永志. 内蒙古文化遗产概论［M］. 北京：文物出版社，2014.

［2］　包青川，胡晓农，岳够明. 内蒙古化德县发现八千年前村落遗址［N］. 中国文物报，2016-06-03（8）.

留下了以其为代表的不可移动文物遗址点。其代表性的遗址有凉城县石虎山Ⅰ、Ⅱ遗址[1]，被后人命名为仰韶文化—石虎山类型。其年代距今6700~6500年。该文化类型典型代表遗址点在凉城县天成乡双古城村东南，其文化属性主要元素为后岗一期文化。他们是乌兰察布大地上目前知道的最早的农业居民。该文化类型包含多种考古学文化因素，其属性属于仰韶文化早期范畴，主体有枣园类型、下潘汪类型，与北方细石器文化和赵宝沟文化有一定的渊源关系。

6500年前，乌兰察布地区进入仰韶文化红台坡下类型[2]时期，岱海地区红台坡下遗址位于凉城县十三号乡安家营子村。其年代约距今6300年。遗址分坡下和坡上两部分。

6000年前，乌兰察布地区迎来了仰韶时代王墓山下类型文化时期。该类型遗存与关中地区不一样。关中的半坡类型和庙底沟类型泾渭分明，互补混杂。而类似王墓山下这种遗存，可能是半坡晚期和庙底沟早期的人群在沿汾河谷地北上相遇，并且在北上的途中又吸收了当地的土著文化，因而出现了半坡晚期和庙底沟早期两种文化因素混杂的类型。因王墓山坡下遗址发掘的面积较大，遗迹布局清楚，出土遗物丰富，类似遗存在内蒙古中南部普遍存在，故命名为仰韶文化王墓山下类型[3]，有的学者称之为王墓山类型[4]。其年代约距今5800年。该类型典型不可移动文物遗址点位于凉城县六苏木乡泉卜村南的王墓山及商都县章毛乌素遗址二、三期[5]村落遗存。王墓山下类型属于仰韶时代早期向中期过渡性遗

　　[1]　内蒙古文物考古研究所，日本京都中国考古学研究会．石虎山遗址发掘报告[G]∥内蒙古文物考古研究所，日本京都中国考古学研究会．岱海考古（二）——中日岱海地区考察研究报告集．北京：科学出版社，2001．

　　[2]　田广金，郭素新．北方考古论文集[M]．北京：科学出版社，2004．

　　[3]　田广金，郭素新．北方考古论文集[M]．北京：科学出版社，2004：5．

　　[4]　杨杰．内蒙古中南部新石器时代考古学文化命名问题综述[J]．内蒙古文物考古，1994（1）．

　　[5]　内蒙古文物考古研究所，乌兰察布市博物馆，商都县文物管理站．商都县章毛乌素遗址[G]∥内蒙古自治区文物考古研究所．内蒙古文物考古文集：第二辑．北京：中国大百科全书出版社，1997．

存，以王墓山下、白泥窑子BGF1001和包头西园⑤层为代表[1]。乌兰察布市凉城县王墓山遗址同老虎山遗址、园子沟遗址一起被命名为岱海遗址群，于2001年6月25日被公布为国家第五批重点文物保护单位。

约5800年前，乌兰察布大地的气候，从岱海西部老虎山遗址东侧自然沉积剖面看，共发现了距今6900～1900年之间的5个湿润期发育起来的古土壤（均为树轮校正年代。下同），分别为距今6900～6600年、5800～5000年、4800～4500年、3600～3100年、2500（？）～1900年。结合岱海地区其他沉积剖面的研究结果[2]，根据以上可知乌兰察布大地气候变暖，雨水增多，进入庙子沟文化[3]时期。庙子沟文化是内蒙古中南部地域广泛分布的新石器时代仰韶时代晚期文化遗存的总称。该文化不可移动文物点典型遗址在察哈尔右翼前旗新风乡庙子沟遗址，于2001年6月25日被公布为国家第五批重点文物保护单位。

约4500年前，仰韶文化进入尾声，新的一种文化兴起，即新石器时代龙山文化。乌兰察布大地上的庙子沟文化灭亡，进入老虎山文化[4]阶段。该文化遗存，大体年代在距今4500～4300年[5]。老虎山文化中斝式鬲和甗的出现，改变了前一期完全以平底器作为炊具的局面，尤其是与之伴随的石城聚落的出现，显

[1]　田广金，郭素新. 北方考古论文集［M］. 北京：科学出版社，2004：82.

[2]　刘清泗，李华章. 中国北方农牧交错带（岱海—黄旗海地区）全新世环境演变［G］//周廷儒，张兰生，等. 中国北方农牧交错带全新世环境演变及预测. 北京：地质出版社，1992.

[3]　魏坚. 庙子沟与大坝沟有关问题试析［G］//内蒙古文物考古研究所. 内蒙古中南部原始文化研究文集. 北京：海洋出版社，1991；内蒙古文物考古研究所，魏坚. 庙子沟与大坝沟［M］. 北京：中国大百科全书出版社，2003：535.

[4]　田广金. 凉城县老虎山遗址1982—1983年发掘简报［J］. 内蒙古文物考古，1986（1）；田广金. 内蒙古中南部龙山时代文化遗存研究［G］//内蒙古中南部原始文化研究文集. 北京：海洋出版社，1991；崔璇，崔树华. 内蒙古中南部的原始城堡及相关问题［J］. 内蒙古社会科学. 1991（3）；韩建业. 中国北方地区新石器时代文化研究［M］. 北京：文物出版社，2003.

[5]　内蒙古文物考古研究所. 岱海考古（一）——老虎山文化遗址发掘报告集［M］. 北京：科学出版社，2000：500.

示出该地区的文化面貌有了划时代的变革。[1]城是原始聚落发展的较高形式，也是文明产生的重要标志之一。[2]乌兰察布大地进入又一次大变更大发展的阶段。城址的出现表明文明的发展，使用炊具的变化表示饮食结构出现了很大变化，具备有可能出现大的变化因素，是不是以农耕为主的乌兰察布大地已经发成了很大的变化呢？根据考古发现，确实是这样。原来的农耕为主的生活方式的一部分已经被畜牧业替代。初期的农牧交错文化可能在老虎山文化时期开始萌芽。[3]老虎山文化的典型代表不可移动文物点同王墓山遗址、园子沟遗址一起被命名为岱海遗址群，于2001年6月25日被公布为国家第五批重点文物保护单位。

在新石器时代的乌兰察布地区，主要考古学文化命脉由仰韶文化、龙山文化等主体文化以及自身发展起来的王墓山类型、红台坡类型、石虎山类型以及庙子沟文化、老虎山文化等地方特色文化所组成，上起8000年前，下至4000年前，整体上看新石器时代文化内涵非常丰富。其中有些文化，比如老虎山文化的发展因素影响到南面的陶寺文化、东面的西拉木伦河流域红山序列文化和中原地区龙山诸文化，是中华文明发展历程中不可缺少的文化因素，是很重要的一支。

四、青铜时代不可移动文物

青铜时代（或称青铜器时代或青铜文明）在考古学上是以使用青铜器为标志的人类文化发展的一个阶段。青铜时代必须具备这样一个特点：青铜器在人们的生产、生活中占据重要地位，偶然地制造和使用青铜器的时代不能被认定为青铜时代。[4]

青铜时代处于铜石并用时代之后，早于铁器时代之前，在世界范围内的编年

---

[1] 内蒙古文物考古研究所. 岱海考古（一）——老虎山文化遗址发掘报告集［M］. 北京：科学出版社，2000：9.

[2] 魏坚，曹建恩. 内蒙古中南部新石器时代石城址初步研究［J］. 文物，1999（2）：57.

[3] 李兴盛. 乌兰察布文物考古的主要收获［J］. 内蒙古文物考古，2003（1）：50.

[4] 蒋晓春. 中国青铜时代起始时间考［J］. 考古，2010（6）.

范围大约从公元前4000年至公元初年。乌兰察布大地进入早期青铜时代还保持着老虎山文化的传承，经过发展和演变，中心发生了变化，进入朱开沟文化[1]时期。

发掘者命名的朱开沟文化为广义朱开沟文化，该文化不可移动文物遗址点主要集中在内蒙古中南部，分布在黄河河套及其东、北部地区。另外，与其文化面貌类似的考古学遗存，分布范围则更广，南界可能在吕梁山至晋中以北和陕西地区，东界可能在张家口左近，西界当不会跨越贺兰山，北界大约在阴山南麓一线，时间从龙山时期晚期至商代早期。在乌兰察布地区不可移动文物遗址点主要集中凉城县岱海地区，如凉城县毛庆沟、板城、杏树背、双古城、杨厂沟、三道沟及卓资县大坪梁等地。

进入该文化时期，根据环境考古学的研究材料得知，本时期的气候变得寒冷，促进了畜牧业经济的发展。社会组织已经建立起了一种全新的框架，社会发展阶段当处于父权制高度发达的古国文明后期阶段[2]。经过考古发掘证明，以鄂尔多斯青铜器为代表的朱开沟文化，属于商周时期中国北方少数民族的文化遗存，其时代下限距今2500年左右[3]。该文化时代上限，根据其文化第一段主要流行的平面圆角方形的白灰面房址，和内蒙古凉城县老虎山遗址二期房址的造型较为接近[4]，其来源可以追溯到公元前4200年左右，即老虎山文化晚期。

[1]　内蒙古文物考古研究所，鄂尔多斯博物馆. 朱开沟——青铜时代早期遗址发掘报告［M］. 北京：文物出版社，2000：286.

[2]　内蒙古文物考古研究所，鄂尔多斯博物馆. 朱开沟——青铜时代早期遗址发掘报告［M］. 北京：文物出版社，2000.

[3]　田广金. 内蒙古石器时代——青铜时代考古发现与研究［J］. 内蒙古文物考古，1992（Z1）；李逸友. 论内蒙古文物考古［G］//内蒙古自治区文物考古研究所. 内蒙古文物考古文集：第一辑. 北京：中国大百科全书出版社，1994：10；陈永志，吉平，张文平. 乌兰察布文化遗产［M］. 北京：文物出版社，2014.

[4]　内蒙古文物考古研究所，鄂尔多斯博物馆. 朱开沟——青铜时代早期遗址发掘报告［M］. 北京：文物出版社，2000：282.

经过畜牧业的迅速发展，乌兰察布大地进入了毛庆沟文化[1]时期。

毛庆沟文化以乌兰察布市凉城县毛庆沟墓地得名，发掘者命名为"毛庆沟类型"[2]，属北方草原游牧民族文化。主要分布在蛮汗山地区，时间段在春秋至战国。在此时间段，根据史料记载，乌兰察布大地上活动的主要北方民族有狄和楼烦。该文化时期不可移动文物遗存中发现了大量墓葬、极少数的灰坑和制陶窑址，不见居住址。乌兰察布地区主要的不可移动文物点有凉城县后德胜墓地[3]、毛庆沟墓地[4]、饮牛沟墓地[5]、崞县窑子墓地[6]、忻州窑子墓地[7]、小双古城墓地[8]等。根据考古发现资料分析该文化时期前期为半农半牧社会，后经过该文化的过滤和发展，形成了完整的牧业经济形态。

五、各历史时期不可移动文物

自中国历史开始有文字记载开始，乌兰察布地区居住过很多的少数民族，留下了很多的不可移动文物点。它们主要有北狄、林胡、楼烦、匈奴、鲜卑、突厥、契丹、女真、蒙古、满族等。其中匈奴、鲜卑、契丹、女真、蒙古、满族等

---

[1] 乌恩. 东周时期北方少数民族文化遗存试析［J］. 北京文物与考古，1992年（2）：265-284；乌恩. 欧亚大陆草原早期游牧义化的几点思考［J］. 考古学报，2002（4）；王大方. 内蒙古自治区志·文物志［M］. 2014：157.

[2] 内蒙古自治区文物工作队，田广金，郭素新. 鄂尔多斯式青铜器［M］. 北京：文物出版社，1986.

[3] 盖山林. 内蒙古乌盟南部发现的青铜器和铜印［J］. 考古，1986（2）：185.

[4] 内蒙古自治区文物工作队，田广金，郭素新. 鄂尔多斯式青铜器［M］. 北京：文物出版社，1986：227.

[5] 内蒙古自治区文物工作队. 凉城饮牛沟墓葬清理简报［J］. 内蒙古文物考古，198（3）：26；内蒙古文物考古研究所，日本京都中国考古学研究会，岱海地区考察队. 饮牛沟墓地1997年发掘报告［G］∥内蒙古文物考古研究所，日本京都中国考古学研究会. 岱海考古（二）——中日岱海地区研究报告集. 北京：科学出版社，2001：278.

[6] 内蒙古文物考古研究所. 凉城崞县窑子墓地［J］. 考古学报,1989（1）：57.

[7] 内蒙古文物考古研究所. 凉城县忻州窑子墓地发掘简报［J］. 考古，2009年（3）：28.

[8] 内蒙古文物考古研究所. 内蒙古凉城县小双古城墓地发掘简报［J］. 考古，2009年（3）：15.

民族建立了自己的王朝；它们都是北方崛起的少数民族，一定程度上影响着中华文明的发展。南面崛起的华夏族从战国开始往北方扩张。在乌兰察布大地上，战国、秦、汉、唐、辽、金、元、明、清、民国，都在今乌兰察布市范围内建郡设治。

（一）先秦至秦汉时期

从有文字记载以来，乌兰察布大地就是北方游牧民族从事畜牧、狩猎以及农业生产的场所。《史记·五帝本纪》记载，与黄帝同时的北方部族是荤粥，活动区域大约包括今内蒙古中南部。至夏代，荤粥与夏为邻，有密切来往。商周时期，甲骨文记载有土方、鬼方等族。这些游牧部族以鬼方为强者，活动区域包括今天的鄂尔多斯高原、呼和浩特平原及乌兰察布丘陵南部。其中鬼方在今呼和浩特市和乌兰察布市一带[1]。

春秋时期，活动在乌兰察布大地的北方部族主要有林胡、楼烦。林胡、楼烦和春秋时期中原晋、燕等国相邻，主要在今山西北部和内蒙古中南部地区活动。

战国时期，林胡、楼烦、东胡渐渐发展为北方几个主要游牧部族，并称为"三胡"。此时赵国版图已经北扩到了乌兰察布大地。今兴和县南湾村古城，时代为战国时期，该古城为赵国延陵县城址[2]。兴和县大同窑古城为赵国代郡的延陵城址[3]（出现两个赵国延陵城址，需要进一步考证）。其他城镇有卓资县三道营古城址[4]。古墓葬有丰镇市黑圪塔洼乡十一窑子战国墓[5]、丰镇市新城湾乡潘家圪塔战国墓等。其中延陵古城于2014年被乌兰察布市人民政府公布为市第一批重点文物保护单位。

长城是乌兰察布市不可移动文物主要组成部分。乌兰察布大地上最早的长城是战国长城，随后是秦汉长城、北魏长城、金界壕和明长城。战国时期的长城

[1] 谭其骧. 中国历史地图集：第一册［M］. 北京：中国地图出版社，1982：11–12.

[2] 李逸友. 论内蒙古文物考古［G］//内蒙古自治区文物考古研究所. 内蒙古文物考古文集：第一辑. 北京：中国大百科全书出版社，1994.

[3] 李逸友. 中国北方长城考述［J］. 内蒙古文物考古，2001（1）.

[4] 李兴盛. 内蒙古卓资县三道营古城调查［J］. 考古，1992（5）.

[5] 乌兰察布市博物馆. 内蒙古丰镇市十一窑子战国墓［J］. 考古，2003（1）.

在《史记·匈奴列传》中有记载："赵武灵王亦变俗胡服、习骑射，北破林胡、楼烦，筑长城，自代并阴山下，至高阙为塞，置云中、雁门、代郡。"赵武灵王即位于公元前325年，公元前307年赵国的疆土北扩，今阴山山脉南部归入赵国。赵国设云中、雁门、代三郡（云中郡辖地包括今包头市土右旗以东、大青山南的呼和浩特地区及乌兰察布市卓资县以西黄河以北地区。雁门郡所辖包括今内蒙古乌兰察布市黄旗海、岱海以南地区及山西北部数县，治所在善无，在今山西右玉南[1]），筑长城，通称赵北长城或赵长城北线。乌兰察布市境内的赵长城基本呈东—西走向分布，东西横穿乌兰察布中部，呈月牙形，全长约168千米。它从兴和县二十七号村进入乌兰察布市境内，往西北方向延伸，在官子店村西进入察哈尔右翼前旗黄茂营村，经集宁区十六号村北折向西，经察哈尔右翼前旗小土城村进入卓资县东边墙村境，向西经旗下营北进入呼和浩特境内。这条长城主要构筑方式为土夯墙体。基宽一般为3米，残高1～1.5米，在察哈尔右翼前旗、卓资县境内有少量的石筑墙体。在兴和县境内建有举人村障址和高家地障址，在察哈尔右翼前旗境内建有顶兴局障址、高凤营障址、北六洲障址、十二洲障址、西五洲障址[2]，在卓资县境内建有1～6号障址、城关镇1号障城、三道营乡2号障城[3]等。赵北长城于2014年被公布为第五批自治区级重点文物保护单位。

本时期乌兰察布市境内重点不可移动文物遗存除了长城，还有卓资县三道营古城[4]。该城名为梨花镇土城子古城，2006年被公布为第四批自治区级重点文物保护单位。

秦昭襄王为了巩固新辟北土，在陇西、北地、上郡沿边"筑长城以拒胡"[5]。公元前215年，秦国大将蒙恬北击匈奴，筑长城。《史记·蒙恬列传》记载："秦已并天下，乃使蒙恬将军三十万众，北逐匈狄，收河南，筑长城，因

［1］　曹永年. 内蒙古通史：第一卷［M］. 呼和浩特：内蒙古大学出版社，2007：92.

［2］　李逸友. 中国北方长城考述［J］. 内蒙古文物考古，2001（1）.

［3］　李兴盛、郝利平. 乌盟卓资县战国赵长城调查［J］. 内蒙古文物考古，1994（2）

［4］　李兴盛. 内蒙古卓资县三道营古城调查［J］. 考古，1992（5）.

［5］　司马迁. 史记·匈奴列传［M］. 北京：中华书局，1959：2885.

地形用险制塞，起临洮至辽东，延袤万余里。"这是秦始皇统一六国后，在乌兰察布大地上原有的赵长城的基础上筑建的秦长城。秦长城经卓资县、集宁区、察右后旗、商都县进入锡林郭勒盟。秦统一六国后沿用赵国郡制，乌兰察布南部还是属于云中、雁门、代三郡。本时期乌兰察布市境内不可移动文物遗存除了秦长城，还有卓资县城卜子城址[1]、卓资县土城子村遗址[2]等。其中蛮汉山秦汉长城于2014年被公布为第五批自治区级重点文物保护单位。

西汉初期，正是匈奴势力空前强大的时期，在冒顿单于的统领下，"控弦之士"（骑射部队）三十余万众，不断向邻族侵扰。他利用当时楚汉相争、中原内乱时机，南越长城，侵扰现今的冀北、山西、陕西及河套一带，对刚刚建立的西汉王朝造成极大的威胁。[3]现在的乌兰察布市全境属于匈奴管辖。到汉武帝刘彻（公元前156—公元前87年）时，今乌兰察布南部、阴山以南地区属定襄、雁门、代三郡管辖。本时期不可移动文物主体为长城。汉代沿用秦长城并加固改造。秦汉长城自呼和浩特市北郊起，经卓资县、察右前旗、丰镇市，至兴和县地段的遗迹，分布在大青山南麓，全长约260千米。[4]但是从察右前旗呼和乌素乡东西向汉代长城[5]来看，乌兰察布境内的汉长城比秦长城南移了25～30千米。2016年，国家文物局批复确认灰腾梁段西汉长城长46千米。

西汉时期除了在乌兰察布地区筑建了大量的长城，还建造了不少的城址。其中卓资县三道营古城从战国开始使用，沿用到西汉，是西汉定襄郡武要县故城[6]，现内蒙古自治区重点文物保护单位之一。卓资县其他汉代古城有土城村

［1］　内蒙古自治区文物考古研究所、乌兰察布市博物馆．卓资县城卜子古城遗址调查发掘报告［G］//内蒙古自治区文物考古研究所．内蒙古文物考古文集：第三辑．北京：科学出版社，2004；内蒙古师范大学历史文化学院考古系，内蒙古自治区文物考古研究所．卓资县城卜子古城遗址2010年发掘简报［J］．草原文物，2011（1）．

［2］　内蒙古自治区文物考古研究所，乌兰察布市博物馆，卓资县文物保护管理所．卓资县土城子村遗址发掘简报［J］．草原文物，2013（2）．

［3］　林幹．匈奴史［M］．呼和浩特：内蒙古人民出版社，2007：44．

［4］　李逸友．中国北方长城考述［J］．内蒙古文物考古，2001（1）：11．

［5］　乌兰察布市博物馆．208国道扩建工程汉长城抢救性发掘简报［J］．待刊．

［6］　李逸友．中国北方长城考述［J］．内蒙古文物考古，2001（1）：11．

古城、旗下营古城、拐角古城等。凉城县板城古城为西汉雁门郡参合县，双古城古城为雁门郡沃阳县。兴和县南湾古城是代郡延陵县城址[1]。此外，还有凉城县左卫窑古城、大古城城址、索岱沟古城和厂汉营古城，察右前旗口子古城和土城城址、察右中旗永生堂障址、阳湾子边堡，化德县向阳城址。其中，凉城县左卫窑古城、察右前旗口子古城于2006年被公布为内蒙古自治区第四批重点文物保护单位；兴和县南湾古城、凉城县左卫窑古城、凉城县板城古城于2014年被公布为乌兰察布市第一批重点文物保护单位；其他均为旗县级重点文物保护单位。上述古城大多数是西汉汉武帝时期及以后建立。墓葬有凉城县北营子墓葬[2]、察右前旗呼和乌素墓葬[3]等。

东汉初年，乌兰察布地区在匈奴管辖范围内。东汉先沿用西汉时期的郡县制度，公元40年改郡县制为州县制，原乌兰察布大地上的定襄、雁门、代三郡中的定襄、雁门二郡归并州，代郡归幽州。此前，公元36年，匈奴势力逐渐削弱，东汉控制了五原、云中、定襄、朔方、雁门五郡，乌兰察布地区进入短暂的东汉管辖时期。到汉灵帝（公元168—189年）时期，北方战乱增多，东汉王朝对乌兰察布地区的统治彻底结束，乌兰察布地区被南匈奴控制。

匈奴是古代一个游牧部族，兴起于公元前3世纪，衰落于公元1世纪（东汉初）。公元48年，驻牧于匈奴南部，管领南边八部之众的右薁鞬日逐王比（呼韩邪单于稽侯珊之孙，名比）归顺于汉，自立为呼韩邪单于（即醢落尸逐鞮单于），重新接受中原中央王朝的统一领导，于是匈奴遂分裂为南北二部。公元91年，北匈奴西迁，残留的十余万户加入了鲜卑。

---

［1］ 李逸友. 论内蒙古文物考古［G］//内蒙古自治区文物考古研究所. 内蒙古文物考古文集：第一辑. 北京：中国大百科全书出版社，1994.

［2］ 内蒙古文物考古研究所，乌兰察布盟文物工作站. 凉城县北营子汉墓发掘简报［J］. 内蒙古文物考古，1992（1）.

［3］ 内蒙古文物考古研究所，魏坚. 内蒙古中南部汉代墓葬［M］. 北京：中国大百科全书出版社，1998.

本时期的不可移动文物代表性遗址为察右前旗白家湾金器窖藏[1]，出土遗物以虎咬鹰金饰牌和兽咬马饰牌为代表。发掘者认为白家湾金器的年代应为战国晚期至西汉初期（公元前2世纪左右），此金器级别高，使用者应为部落贵族或酋长。其他遗址有兴和县沟里头匈奴墓[2]等

"鲜卑者，亦东胡之支也，别依鲜卑山，故因号焉。"[3]鲜卑是东胡一支。公元1世纪末，北匈奴西迁，鲜卑各部占据蒙古高原。从此鲜卑迅速强大起来，地域扩大。今乌兰察布地区大部分属于鲜卑统治。公元2世纪中叶，檀石槐被推荐为联盟大人，变成鲜卑部落中势力最强大的首领，建立檀石槐汗国，鲜卑空前强大。关于檀石槐军事大联盟，史料记载："檀石槐乃立庭于弹汗山歠仇水上，去高柳北三百余里，兵马甚盛，东西部大人皆归焉。"[4]对此记载，历史和考古学者多有考证，多数人认为弹汗山在今乌兰察布市境内。其中《关于"弹汗山"与"歠仇水"的地望》[5]和《兴和县叭沟村鲜卑墓葬》[6]两文认为弹汗山应为兴和县之大青山；歠仇水，前者说应为东洋河，后者认为是二道河。"自檀石槐后，诸大人遂世相传袭。"[7]178—183年，檀石槐死后，鲜卑联盟内乱，此时的东汉王朝因黄巾起义和各族人民的反抗，到了崩溃的境地。鲜卑人轲比能继承了檀石槐的事业，至224年西取云中一带的牧地。《三国志·乌桓鲜卑传》中记载，轲比能"复制御群狄，尽收匈奴故地，自云中、五原以东抵辽水，皆为鲜卑"。235年，轲比能被曹魏刺杀。

220年，拓跋力微成为酋长，娶拓跋鲜卑没鹿回部大人窦宾女，自立为部，

———————

[1] 内蒙古自治区文物考古研究所，乌兰察布市博物馆. 察右前旗白家湾金器窖藏发掘简报[J]. 草原文物，2011（1）：34.

[2] 崔利明. 兴和县沟里头匈奴墓[J]. 考古，1994（5）.

[3] 范晔. 后汉书·乌桓鲜卑列传[M]. 北京：中华书局，1965：2985.

[4] 范晔. 后汉书·乌桓鲜卑列传[M]. 北京：中华书局，1965：2989.

[5] 李兴盛，郝晓菲. 关于"弹汗山"与"歠仇水"的地望[G]//内蒙古自治区文物考古研究所. 内蒙古文物考古文集：第三辑. 北京：科学出版社，2004.

[6] 兴和县文物普查组. 兴和县叭沟村鲜卑墓葬[J]. 内蒙古文物考古，1992（1）.

[7] 崔利明. 兴和县沟里头匈奴墓[J]. 考古，1994（5）.

别居长川。长川古城为兴和县西北的土城村古城[1]。248年，窦宾死后，拓跋力微控制了没鹿回部。258年，他将牙帐从兴和县长川城迁到盛乐，其势力范围包括今锡林郭勒盟西部、呼和浩特市和乌兰察布地区。

从此可知鲜卑人在建立北魏以前把乌兰察布地方作为主要生息发展的平台到建立北魏的历程。

此时期的不可移动文物在乌兰察布市境内较多，现发现的除了兴和县大青山摩崖石刻、长川古城址，其他均为古墓葬，有察右后旗二兰虎沟匈奴墓葬[2]、赵家房子匈奴墓葬[3]、三道湾墓地[4]，商都县东大井墓地[5]，察右前旗下黑沟鲜卑墓地[6]、常家村东滩墓葬[7]，兴和县叭沟墓葬[8]、化德县陈武沟墓地[9]等。其中大青山摩崖石刻、长川古城址、赵家房子匈奴墓葬、三道湾墓葬区是第四批内蒙古自治区重点文物保护单位。

（二）魏晋南北朝至隋唐时期

鲜卑族是我国历史上建国较多的一个部族。他们在公元4—7世纪在黄河流域建立过前燕、西燕、后燕、西秦、北魏、南凉、南燕、东魏、西魏、北齐、北周等政权。

［1］　常谦. 北魏长川古城遗址考略［J］. 内蒙古文物考古，1998（1）：20.
［2］　郑隆. 内蒙古文物工作组再一次调查二兰虎沟的匈奴墓葬［G］//内蒙古文物工作队. 内蒙古文物资料选辑. 呼和浩特：内蒙古人民出版社，1964：99.
［3］　盖山林. 内蒙古察右后旗赵家房村发现匈奴墓葬［J］. 考古，1977（2）：139.
［4］　乌兰察布市博物馆. 察右后旗三道湾墓地［G］//内蒙古自治区文物考古研究所. 内蒙古文物考古文集：第一辑. 北京：中国大百科全书出版社，1994.
［5］　魏坚. 内蒙古地区鲜卑墓葬的发现与研究［M］. 北京：科学出版社，2004.
［6］　郭治中，魏坚. 察右前旗下黑沟鲜卑墓及其文化性质初论［G］//内蒙古自治区文物考古研究所. 内蒙古文物考古文集：第一辑. 北京：中国大百科全书出版社，1994.
［7］　内蒙古文物考古研究所，乌兰察布市博物馆，察右前旗文物管理所. 察右前旗常家村东滩鲜卑墓文物调查简报［J］. 草原文物，2015（1）.
［8］　乌兰察布市博物馆. 察右后旗三道湾墓地［G］//内蒙古自治区文物考古研究所. 内蒙古文物考古文集：第一辑. 北京：中国大百科全书出版社，1994.
［9］　内蒙古文物考古研究所，乌兰察布市博物馆，化德县文物管理所. 化德县陈武沟鲜卑墓地发掘简报［M］. 草原文物，2014（1）.

386年，拓跋珪在牛川自称代王，重建代国，定都盛乐。同年四月，改国号为"魏"，史称"北魏"。乌兰察布属北魏管辖。市南部属凉城郡管辖，郡治在今内蒙古凉城县岱海北，441年置，下辖参合、旋鸿二县。参合县在今内蒙古凉城县西南，旋鸿县现在今内蒙古丰镇市东北[1]。北部属北魏六镇之武川、抚冥、柔玄三镇。

关于牛川，历史及考古界多有争论。李逸友先生先在《论内蒙古文物考古》一文中提出柔玄镇在今察右后旗白音查干镇东北古城，后在《中国北方长城考述》一文中明确指出察右后旗克里孟古城应是牛川城遗址。此观点被多数学者认同。克里孟古城，1964年被公布为内蒙古自治区第一批重点文物保护单位，2006年5月被公布为第六批全国重点文物保护单位。

乌兰察布市北魏时期不可移动文物较多，其中国家级重点文物保护单位1处，即察右后旗克里孟古城；自治区级重点文物保护单位有4处，即四子王旗抚冥镇古城、兴和县长川古城址、察右中旗北魏御园遗址、北魏长城遗址；市级重点文物保护单位有化德县朝阳镇收图城址、四子王旗库伦镇大井古城址；县级重点文物保护单位有凉城县冀家圐圙遗址、助马口遗址、陈家湾遗址，察右中旗七郎山墓群、明水泉墓群，察右后旗韩元店墓群，兴和县河南地遗址，卓资县旗下营镇旧德义遗址等。

其他不可移动文物遗址及墓葬有凉城县小坝子滩遗址[2]、商都县石豁子村遗址[3]、察右前旗呼和乌素墓葬[4]等。

北魏长城是乌兰察布境内一处很重要的不可移动文物，整体被内蒙古自治区人民政府公布为第五批重点文物保护单位。

北魏长城在乌兰察布市境内基本为东南—西北走向，全长约348千米，可以

---

［1］　王仲荦. 北周地理志［M］. 北京：中华书局，1990：1056.

［2］　内蒙古文物工作队. 内蒙古出土文物选集［M］. 北京：文物出版社，1963.

［3］　乌兰察布盟文物工作站. 内蒙古商都县发现北魏窖藏［J］. 文物，1989（12）；陈棠栋. 商都县出土窖藏铜、铁器考［J］. 内蒙古文物考古，1991（1）.

［4］　魏坚. 内蒙古地区鲜卑墓葬的发现与研究［M］. 北京：科学出版社，2004.

分为北魏六镇长城南线和北线两条线。

北魏六镇长城南线乌兰察布段，东起乌兰察布市商都县玻璃忽镜乡二吉淖尔村北部，经屯垦队镇，墙体呈内外弧线形弯曲分布，大体呈东北—西南走向，至大拉子村后向南进入察哈尔右翼后旗境内，墙体总长51141米。在察哈尔右翼后旗境内，从红格尔图镇红格尔图村南开始，经当郎胡洞苏木杨贵村向西进入察哈尔右翼中旗境内，墙体总体呈直线分布，大体呈东—西走向，墙体总长39583米。在察哈尔右翼中旗境内，从库伦苏木西大脑包村北起，经大北村南、新建村北、格尔哈套牧点北、沙河两岸的风力发电厂厂区，继续西偏北行，进入四子王旗境内。长城墙体总长22870米，总体作内外弧线形分布，大体呈东南—西北走向。在四子王旗境内墙体总长107627米，经供济堂镇、查干补力格苏木和吉生太镇，长城墙体前段大体直线分布，局部地段有内、外弧线形弯曲，穿越山地向西北行。至巴音陶勒盖牧点以西的中段墙体，总体作外向圆弧形分布，由东南—西北走向转为东北—西南走向，经下滩村、西边河村和小沟子三村东部，走出山地后，南偏西进包头市境内。北魏六镇长城南线乌兰察布段总长约221千米。

北魏六镇长城北线乌兰察布段位于四子王旗境内。墙体经白音朝克图镇、查干补力格苏木和吉胜太镇，整体作外向弧线形分布，大体呈东北—西南走向，总长约127千米。长城建筑方法为夯筑土墙。该长城可分为乌兰哈达、白星图、乌兰淖尔、郭达乌苏、海日罕楚鲁、南号、土脑包、东卜子、西老龙忽洞等段，沿线还有白星图1、2、3号戍堡，红水泡1、2号戍堡，乌兰淖尔1、2、3号戍堡，郭达乌苏1、2、3、4、5号戍堡，海日罕楚鲁1、2、3戍堡，什卜太戍堡等戍堡。

534年，北魏孝武帝元修不愿意受高欢的控制，逃出洛阳，投奔宇文泰。高欢立元善见为帝，迁都于邺，史称东魏。宇文泰于535年杀死元修，另立元宝炬为帝，建都长安，史称西魏。550年和557年，北齐、北周分别取代东魏、西魏。580年，北周灭北齐。次年，杨坚废北周静帝，建立隋朝。隋朝开国皇帝杨坚是在乌兰察布大地上生长的人，其祖上数代为武川镇司马，世居武川镇。

隋朝时乌兰察布南部地区管辖于定襄、马邑、雁门三郡。定襄郡，包括乌兰察布市西南部，隋文帝开皇年间置云州总管府。隋炀帝大业年间废除总管府，改称定襄郡。 马邑郡，包括乌兰察布市凉城县、丰镇市、集宁区等地区。雁门郡，包括乌兰察布市兴和县、商都县、化德县等地区。同时期，乌兰察布北部地区被突厥人管辖。隋末，乌兰察布地区南部集宁、丰镇属投靠突厥、自称皇帝的刘武周管辖。

618年，李渊建立唐朝。李渊祖上世居北魏武川镇，也是一名在乌兰察布大地上生长的开国皇帝。唐初北方被突厥汗国控制，李渊为了稳固中原，采取讨好突厥，以求自保的政策。此时乌兰察布市南部管辖于河东道云州，商都、化德属于河北道管辖。

630年，东突厥亡国。突厥部众一部分留在薛延陀汗国，一部分入西域，大部分降唐。唐朝在灵州与幽州之间设羁縻府州，就地安置南下突厥部众。这样的安置既给唐朝北疆的安定带来了空前的生机，又对防御薛延陀汗国起了关键作用。

唐朝在州县制的基础上，"又于边境置节度、经略使，式遏四夷"[1]。唐朝之节度使、经略使是一个军政合一的统治机构，主要的任务是捍御边疆。[2]今乌兰察布市西部属振武节度使管辖，南部和东南部属河东节度使管辖。

隋唐时期的不可移动文物在乌兰察布市发现得较少，除察右中旗园山子古城遗址[3]，没有其他发现。调查者认为此古城"可能是唐代城址，其上限可能早到北朝晚期"。在张文平、苗润华《北魏长城与六镇镇戍遗址调查新识》[4]中确认该古城为北魏戍城，是否在唐代沿用过该古城尚待考证。该古城于2014年被公布为内蒙古自治区第五批重点文物保护单位。

（三）辽金时期不可移动文物

关于契丹人，史料记载："契丹国，在库莫奚东，异种同类，俱窜于松漠之

---

[1]　刘昫，等. 旧唐书·地理志［M］. 北京：中华书局，1975：1385.

[2]　曹永年. 内蒙古通史［M］. 呼和浩特：内蒙古大学出版社，2007：439.

[3]　张郁. 内蒙古察右中旗园山子唐代古城［J］. 考古，1962（11）：591.

[4]　魏坚，武燕. 北魏六镇学术研讨会论文集［M］. 呼和浩特：内蒙古人民出版社，2015.

间。登国中，国军大破之，遂逃迸，与库莫奚分背。经数年，稍滋蔓，有部落，于和龙之北数百里，多为寇盗。"[1]契丹原和库莫奚杂居，后因战争分居到不同的地方。唐代，契丹人居潢水之南、黄龙之北的鲜卑故地，东邻高丽，西接奚，南至营州，北毗室韦。[2]唐末，契丹迅速强大。916年，耶律阿保机称帝，建立辽。辽朝前后延续了200多年，与五代、两宋并立。

辽朝的统治机构的特点为南、北分制，"至于太宗，兼制中国，官分南、北，以国制治契丹，以汉制待汉人。……北面治官帐、部族、属国之政，南面治汉人州县、租赋、军马之事"[3]。这种南北双重的体制，以辽朝皇帝为核心，契丹人、汉人共同参与，形成统一的政权机构，统治中国北疆200多年。

辽朝建五京，以五京为重心立五道，称为五京道。道下设府、州、军、县、投下军州、边防城等各级、各类的地方政权。今乌兰察布地区属西京道管辖。

丰州，包括今察右前旗、察右后旗、察右中旗、卓资县北部。

德州，包括今丰镇市、凉城县、卓资县南部。

奉圣州，包括今兴和县、商都县、化德县、察右前旗东部。

四子王旗，属倒塌岭节度使司管辖。

乌兰察布地区辽代的不可移动文物较多。古城址中的凉城县淤泥滩古城、集宁区白海子土城村古城和商都县西坊古城，于2006年9月被内蒙古自治区人民政府公布为第四批内蒙古自治区重点文物保护单位。察右后旗西土城城址被乌兰察布市人民政府在2015年公布为市级第一批重点文物保护单位。其他古城有凉城县马莲滩古城、化德县白土卜子古城、商都县新围子古城等。

其他不可移动文物中，墓葬有察右前旗壕欠营墓地[4]，兴和县尖山子辽

[1] 魏收. 魏书·契丹传 [M]. 北京：中华书局，1974：2223.

[2] 周清澍. 内蒙古历史地理 [M]. 呼和浩特：内蒙古大学出版社，1994：74.

[3] 脱脱，等. 辽史·百官志一 [M]. 北京：中华书局，1974：685.

[4] 乌兰察布盟文物工作站，内蒙古文物工作队. 契丹女尸 [M]. 呼和浩特：内蒙古人民出版社，1985.

墓[1]，商都县前海子辽墓[2]，凉城县忻州窑子辽墓[3]、水泉辽代墓葬[4]，丰镇市九墩沟辽墓[5]、永山庄遗址[6]，集宁区白海子辽金墓葬[7]，卓资县忽洞坝[8]、石家村、二道泉、前东岔、大白彦、王墓子、公忽洞等辽墓，察右后旗白家湾遗址[9]，等等。其中，察右前旗壕欠营墓地被乌兰察布市人民政府在2015年公布为市级第一批重点文物保护单位。

此外，2015年被公布为乌兰察布市第一批重点文物保护单位的遗址还有化德县德善遗址，商都县五台湾遗址、古庙梁遗址，凉城县六苏木遗址，等等。

1115年，女真完颜部首领完颜阿骨打称帝，建立金朝。1125年，辽天祚帝被金兵俘虏，辽朝灭亡。乌兰察布地区整体管辖于金朝。金朝保留辽朝地方行政建制，乌兰察布地区属金西京路管辖。今四子王旗属净州管辖，今察右前旗、察右后旗、集宁区、卓资县、凉城县、丰镇市属大同府管辖，其中察右前旗、察右后旗、兴和县、商都县等地属集宁县管辖。

金代乌兰察布地区不可移动文物比较多。古城遗址中，四子王旗城卜子古城[10]被命名为净州路古城遗址，被国务院公布为第六批全国重点文物保护单位。此城原为金朝天山县县城遗址。察右前旗土城子古城，察右中旗广益隆古

［1］　乌兰察布市博物馆．内蒙古兴和县尖山子辽墓发掘简报［J］．北方文物，1988（4）．

［2］　富占军．内蒙古商都县前海子辽墓［J］．北方文物，1990（2）．

［3］　内蒙古自治区文物考古研究所．凉城县忻州窑子辽代墓葬清理简报［J］．草原文物，2012（2）．

［4］　内蒙古自治区文物考古研究所．内蒙古凉城县水泉辽代墓葬［J］．考古，2008（8）．

［5］　乌兰察布市博物馆1986年清理，报告在整理中．

［6］　王新宇，崔利民．丰镇出土辽代银器［J］．乌兰察布文物，1989（3）．

［7］　乌兰察布市博物馆，集宁区文物管理所．集宁区白海子村辽金墓葬清理简报［J］．草原文物，2015（1）．

［8］　赵杰，谢芳．乌兰察布市卓资县忽洞坝辽代墓葬［J］．草原文物，2016（1）．

［9］　崔利民．察右前旗白家湾遗址发掘报告［J］．内蒙古文物考古，2003（1）．

［10］　内蒙古文物考古研究所，乌兰察布市博物馆，四子王旗文物管理所．四子王旗城卜子古城及墓葬［G］//内蒙古自治区文物考古研究所．内蒙古文物考古文集：第二辑．北京：中国大百科全书出版社，1997．

城，凉城县淤泥滩古城，商都县大拉子城址、西坊城址，察右后旗察汗不浪古城等属于内蒙古自治区重点文物保护单位。经学术界考证，察右前旗土城子古城，是金代集宁县县城址[1]；凉城县淤泥滩古城，是西京路宣宁县城址[2]；凉城县天成村古城为大同府天成县城址；兴和县台基庙古城为宣德州威宁县城址[3]。未考证的金代古城遗址有凉城县小围子古城，商都县新围子古城、大拉子古城、西井古城、泉子沟古城、公主城古城，察右后旗韩元店古城，四子王旗希拉哈达古城、大庙古城、波萝板申古城，化德县德善城址、大湾子城址，察右前旗大土城城址等。其中化德县德善城址、大湾子城址，察右前旗大土城城址，四子王旗希拉哈达古城，在2015年被乌兰察布市人民政府公布为第一批市级重点文物保护单位；其他均为旗县级重点文物保护单位。

古墓葬有四子王旗红格尔地区金代墓葬[4]、察右前旗巴音镇二台沟金代墓葬[5]、察右后旗种地沟墓地[6]、集宁区白海子村金代墓葬[7]等。

金代不可移动文物中除了以上这些，还有一项国家级重点文物保护单位——金界壕。

金界壕于2001年6月被国务院公布为第五批全国重点文物保护单位。

乌兰察布市境内的金界壕由南、北两条主线组成，全长约448千米。金界壕南线由河北省康保县进入乌兰察布市境内，自东向西分布于化德县、商都县、察

---

[1] 内蒙古自治区文物工作队. 集宁路遗址清理记 [J]. 文物，1961（9）.

[2] 李逸友. 论内蒙古文物考古 [G] //内蒙古自治区文物考古研究所. 内蒙古文物考古文集：第一辑. 北京：中国大百科全书出版社，1994.

[3] 内蒙古自治区文物工作队. 集宁路遗址清理记 [J]. 文物，1961（9）.

[4] 田广金. 四子王旗红格尔地区金代遗址和墓葬 [J]. 内蒙古文物考古，1981（创刊号）.

[5] 内蒙古自治区文物考古研究所. 察右前旗巴音镇二台沟金元时期墓葬发掘简报 [J]. 草原文物，2013（1）.

[6] 乌兰察布市博物馆，察右后旗文物管理所. 察右后旗种地沟墓地发掘简报 [J]. 内蒙古文物考古，1997（1）.

[7] 乌兰察布市博物馆，集宁区文物管理所. 集宁区白海子村辽金墓葬清理简报 [J]. 草原文物，2015（1）.

右后旗、四子王旗乡，在四子王旗查干敖包苏木的哈拉诺尔和北线界壕交会。金界壕北线由锡林郭勒盟苏尼特右旗进入四子王旗，与南线合并后，向西南延伸进入包头市达尔罕茂明安联合旗。

乌兰察布市境内的南北两条金界壕，在四子王旗查干敖包苏木交会之前均为单墙单壕，壕沟一般在城垣的外侧，墙体多为夯土结构，个别地段为土石混筑，采用因地制宜、就地取材的办法。墙基宽12米，残高1~2米，壕堑宽6~8米。两条界壕交会后并列同行，间距8~150米，分别为内、外（主、副）墙。主墙基宽12~16米，残高1~2米，夯筑，夯层12~20厘米。在主墙的外侧建筑有高大的马面，高1~3米，间距为300~500米，夯筑。副墙基宽8米，残高0.5~2米，为夯筑，夯层厚12~20厘米，土色为黄砂石，土质坚硬。在副墙的南侧每隔3~4千米修建有方形的边堡，大小不等，因地势而修。边堡均为夯筑，土质坚硬。大边堡长200米，宽150米，基宽2米，残高0.5米。四周有护城壕，壕宽1.5米，深0.5米。边堡内大部分地表无暴露遗物，个别边堡内只发现石臼，但没有发现陶片。小边堡长150米，宽100米，残高0.5米，基宽2米。边堡的城门均向南开。边堡的外墙利用界壕的墙体而建。[1]

（四）蒙元时期

1206年，铁木真统一蒙古高原的各部族，建立蒙古汗国，称大汗，号成吉思汗。1227年，灭西夏。1234年，灭金。1271年，忽必烈称帝，建立元朝。1279年，元朝灭南宋，统一了中国。

元朝是中国历史上第一个由北方草原民族建立并实现了南北大统一的封建王朝。元朝建立之前是蒙古汗国。蒙古汗国及元朝的统治虽然不足200年，却对中国社会生活、经济、贸易、东西方交流方面产生了深远影响。

成吉思汗时期沿用金朝旧制。窝阔台时期"析天下为十道，沿金旧制画

---

[1] 关于金界壕的材料，根据《内蒙古自治区志·文物志》（内部发行，2014年）修改.

界[1]"。其十道又称十路，分派达鲁花赤监治。[2]蒙哥汗时期对地方监治增加了三大行尚书省。忽必烈时期，沿用旧制度的同时，于1260年设中书省总领执政。省下设路、府、州、县。

今乌兰察布地区属中书省管辖，位于中书省中心部位，由集宁路、净州路、兴和路、大同路、沙井总管府等组成。

集宁路，金代为集宁县，元代升为路。集宁路古城遗址在今察哈尔右翼前旗巴音镇土城子古城[3]。1986年5月被内蒙古自治区人民政府公布为第二批自治区级重点文物保护单位。

净州路，金代为天山县，元代升为净州路。净州路古城遗址在今四子王旗吉生太苏木土城子古城[4]。2006年5月被国务院公布为第六批全国重点文物保护单位。

兴和路，金代为抚州，元代升为兴和路。兴和路威宁县县城遗址在今兴和县台基庙古城[5]。

大同路，金代为西京路总管府，元代升为大同路。大同路宣宁县县城遗址在今凉城淤泥滩古城[6]。淤泥滩古城于1986年5月被内蒙古自治区人民政府公布为第二批自治区级重点文物保护单位。平地县县城城址在察右前旗平地泉苏集村南[7]。

沙井总管府，城址位于四子王旗红格尔苏木大庙古城[8]，2006年5月被国务院公布为第六批全国重点文物保护单位。

[1] 张树声，等. 畿辅通志·张柔传[M]. 上海：上海古籍出版社，1991.
[2] 张金宪. 元代地方行政制度研究[M]. 合肥：安徽大学出版社，2001：24.
[3] 内蒙古自治区文物工作队. 集宁路遗址清理记[J]. 文物，1961（9）.
[4] 内蒙古文物工作队. 内蒙古文物资料选辑[M]. 呼和浩特：内蒙古人民出版社，1964.
[5] 周清澍. 内蒙古历史地理[M]. 呼和浩特：内蒙古大学出版社，1994：117.
[6] 李逸友. 论内蒙古文物考古[G]//内蒙古自治区文物考古研究所. 内蒙古文物考古文集：第一辑. 北京：中国大百科全书出版社，1994.
[7] 盖山林. 阴山汪古[M]. 呼和浩特：内蒙古人民出版社，1991.
[8] 盖山林. 阴山汪古[M]. 呼和浩特：内蒙古人民出版社，1991.

其他未考证的蒙元时期古城有凉城县小围子古城，兴和县魏家村古城、大圪达古城，化德县土城子古城，商都县大拉子古城、西井子古城、泉子沟古城和公主城古城，察右后旗韩元店古城[1]、察汗不浪古城、头道湾古城[2]，察右中旗广益隆古城，四子王旗希拉哈达古城、波罗板申古城等。其中，察右中旗广益隆古城于1996年被内蒙古自治区人民政府公布为第二批自治区级重点文物保护单位；其他古城均于2015年被乌兰察布市人民政府公布为市级重点文物保护单位。

除以上所列古城遗址，还有很多其他类型遗址，达1604处，包括古遗址（包括古城址）、古墓葬、古建筑、石刻、近现代重要史迹及代表性建筑。其中已经通过科学发掘的墓葬有四子王旗潮洛温克钦墓葬[3]、城卜子古城附近墓葬[4]，兴和县五甲地墓葬[5]，凉城县后德胜墓地[6]，察右前旗巴音镇二台沟元墓[7]、集宁路古城周围墓葬[8]等；已经发掘的遗址有凉城县吉成庄遗址[9]、忻州窑子遗址[10]等。

———————

[1]　内蒙古文物考古研究所，察右后旗文化管理中心. 察哈尔右翼后旗韩元店元代古城遗址［G］//内蒙古自治区文物考古研究所. 内蒙古文物考古文集：第三辑. 北京：科学出版社，2004.

[2]　内蒙古文物考古研究所，乌兰察布市博物馆，察哈尔右翼后旗文物管理所. 察哈尔右翼后旗头道湾古城遗址发掘简报［G］//内蒙古自治区文物考古研究所. 内蒙古文物考古文集：第三辑. 北京：科学出版社，2004.

[3]　盖山林. 阴山汪古［M］. 呼和浩特：内蒙古人民出版社，1991.

[4]　内蒙古文物考古研究所，乌兰察布市博物馆，四子王旗文物管理所. 四子王旗城卜子古城及墓葬［G］//内蒙古自治区文物考古研究所. 内蒙古文物考古文集：第二辑. 北京：中国大百科全书出版社，1997.

[5]　盖山林. 兴和县五甲地古墓［J］. 内蒙古文物考古，1984（3）.

[6]　内蒙古文化厅文物处，乌兰察布盟文物工作站. 内蒙古凉城县郭县窑子元墓［J］. 文物，1994（10）.

[7]　内蒙古自治区文物考古研究所. 察右前旗巴音镇二台沟金元时期墓葬发掘简报［J］. 草原文物，2013（1）.

[8]　内蒙古文物工作队. 乌兰察布盟察右前旗古墓清理记［J］. 文物，1961（9）.

[9]　内蒙古文物考古研究所. 凉城县吉成庄遗址发掘简报［J］. 内蒙古文物考古，2006（1）.

[10]　内蒙古文物考古研究所，乌兰察布市博物馆，凉城县文物管理所. 乌兰察布市凉城县大忻州窑遗址发掘简报［J］. 草原文物，2014（2）.

（五）明清时期

1368年，明军攻下元大都，元朝皇室北上元上都。明朝为了防止蒙古南下，在北部边境修建了一套严密的军事防御系统，设九镇，建长城。"元人北归，屡谋兴复。永乐迁都北平，三面近塞，正统以后，敌患日多。故终明之世，边防甚重。"[1]

明长城是乌兰察布市明代不可移动文物之重中之重。明长城整体于2014年9月被内蒙古自治区人民政府公布为自治区级重点文物保护单位。

乌兰察布境内的明代长城[2]分布有南、北两道，间距2～50千米。历史上称为大边、二边。在兴和县境内的大边和二边之间存在一段支线。

乌兰察布市境内明长城大边由东向西分布于乌兰察布市境内的兴和县、丰镇市、凉城县，长城墙体大致呈东北—西南走向，从兴和县店子镇南口村进入乌兰察布地区。兴和县境内大边总长度50645米，有敌台24座、烽火台12座。丰镇市境内大边总长度70352.5米，有敌台4座、烽火台16座、石刻1处。凉城县境内明长城大边总长度80572米，有敌台6座、烽火台33座。乌兰察布市境内大边长度为201569.5米。

乌兰察布市境内的明长城二边主要分布于丰镇市、凉城县，长城墙体大致呈东北—西南走向。丰镇市境内二边支线墙体长度23712米，有敌台24座、烽火台15座。凉城县境内二边墙体长度29689米，有敌台67座、马面50座、烽火台2座、墙体外单体建筑3座、挡马墙8段。二边墙体在乌兰察布境内长度53401米，部分位于内蒙古自治区和山西省交界地带，为两省区的界线，共有14531米。

明朝时，乌兰察布市范围内的行政建置主要以军事机构为主，即卫所。

1369年，明军攻克元上都。1397年，置兴和守御千户所，元兴和路故地隶北平都司，包括今兴和县和察右前旗部分地区。官山等处军民千户所，在今察右中旗境内。1375年，官山卫置，隶大同都卫，在今卓资县境内，卫治在今卓资县梨

---

［1］　张廷玉，等. 明史·兵志三·边防［M］. 北京：中华书局，1974：2225.

［2］　明长城数据来源：内蒙古自治区文化厅（文物局），内蒙古自治区文物考古研究所. 内蒙古自治区长城资源调查报告·明长城卷［MJ］. 北京：文物出版社，2013.

花镇三道营古城[1]。

失宝赤、五花城、韩鲁忽奴、燕只斤、翁吉剌五千户所，在今内蒙古乌兰察布市南部和鄂尔多斯市东胜区东北部分地区。[2]

察罕脑儿卫，1374年置，包括今商都县境。宣德卫，元宣宁县故地，1393年置，卫旧址在今凉城县淤泥滩古城[3]。

卓资县三道营古城、凉城县淤泥滩古城均为2006年内蒙古自治区人民政府公布的第四批自治区级重点文物保护单位。

1616年，女真的努尔哈赤建立政权，国号金，史称后金。1634年，察哈尔部林丹汗战败，后金政权控制了今乌兰察布大地。1636年，皇太极称帝，建国号大清，改元崇德。

盟旗制度是清朝治理内蒙古地区最重要的政治制度。[4]

清朝在漠南蒙古16部推行盟旗制度，设六盟四十九旗。其中包括乌兰察布盟。

四子部于1630年附清，1649年设旗。乌拉特部于1633年附清，同年设旗。茂明安部于1633年附清，1648年设旗。喀尔喀右翼部于1653年附清，1664年设旗。清政府对这些部落的上层领主表功勋，授爵位，赐厚禄，封牧地，令世袭罔替。上述四部被编为六旗，从原来驻牧的呼伦贝尔、科尔沁、漠北等地迁往阴山南北的封地。康熙初年，遵照清政府的规定，四子部落旗（四子王旗）、乌拉特前旗、乌拉特中旗、乌拉特后旗、茂明安旗、喀尔喀右翼旗（达尔罕贝勒旗）六旗札萨克首次会盟于四子王旗境内的乌兰察布地方，从此，六旗统属一盟，称为乌兰察布盟，隶属于理藩院。

乌兰察布盟位于内蒙古六盟西部，大约在东经104°18′～112°30′帜、北

[1] 李兴盛. 内蒙古三道营古城调查［J］. 考古，1992（5）.

[2] 曹永年. 内蒙古通史：第二卷［M］. 呼和浩特：内蒙古大学出版社，2007.

[3] 张郁. 凉城县淤泥滩元代古城［G］//内蒙古文物工作队. 内蒙古文物资料选辑. 呼和浩特：内蒙古人民出版社，1964.

[4] 曹永年. 内蒙古通史：第三卷［M］. 呼和浩特：内蒙古大学出版社，2007.

纬40° 30′ ~43° 30′，东接锡林郭勒盟，南与伊克昭盟和归化城土默特毗连，西同阿拉善厄鲁特旗相邻，北与喀尔喀蒙古土谢图汗部和赛音诺颜部交界，大体相当于今乌兰察布市四子王旗、达尔罕茂明安联合旗，巴彦淖尔市乌拉特中旗、乌拉特后旗、杭锦后旗、五原县，包头市固阳县，呼和浩特市武川县等地区。[1]

1675年，张家口、宣化、大同边外地按满洲八旗制，编为察哈尔八旗，大体相当于今乌兰察布市集宁区、察哈尔右翼前旗、察哈尔右翼中旗、察哈尔右翼后旗、卓资县、商都县、化德县、丰镇市、凉城县、兴和县，锡林郭勒盟正蓝旗、正镶白旗、镶黄旗、太仆寺旗、多伦县，河北省张北县、康宝县、尚义县、沽源县等地区，其中包含察哈尔八旗驻地和清朝直属的几个大牧场[2]。

察哈尔八旗由察哈尔都统管辖。察哈尔镶黄、正黄、正红、镶红、镶蓝五旗在今乌兰察布市区域内。

镶黄旗，包括今乌兰察布市化德县、商都县地区。

正黄旗，包括今乌兰察布市兴和县、察哈尔右翼前旗大部及察右后旗东部、商都县部分地区。

正红旗，包括今乌兰察布市集宁区，察哈尔右翼前、后二旗的西部，卓资县东北部，丰镇市西部。

镶红旗，包括今乌兰察布市察哈尔右翼中旗东南部、卓资县东部、凉城县大部和丰镇市西部。

镶蓝旗，包括今乌兰察布市察哈尔右翼中旗西部及北部，卓资县的大部，凉城县西部。

清朝直属几大牧场中，达布逊牧场和礼部牧场包括今乌兰察布市部分地区，达布逊牧厂包括今商都县、化德县部分地区，礼部牧厂包括今商都县部分地区。

察哈尔地区的开垦早在康熙、雍正年间便开始进行。清朝在为了推进开垦

［1］ 周清澍. 内蒙古历史地理［M］. 呼和浩特：内蒙古大学出版社，1994.
［2］ 周清澍. 内蒙古历史地理［M］. 呼和浩特：内蒙古大学出版社，1994.

进度和管理好日益增多的汉户，在乌兰察布市区域里先后设立了丰镇、宁远、兴和、陶林、武川五厅。

丰镇厅，隶属于山西大同府。1740年设厅，管辖察哈尔右翼四旗人民交涉事务。1884年升为直隶厅，改隶归绥道。

宁远厅，隶属于山西朔平府。1740年设厅，管辖察哈尔右翼四旗人民交涉事务。1884年升为直隶厅，改隶归绥道。

兴和厅，隶属于归绥道。1903年设厅，辖今兴和县等地区。

陶林厅，隶属于归绥道。1903年设厅，辖今察哈尔右翼中旗、后旗二旗部分地区。

武川厅，隶属于归绥道。1903年设厅，辖今四子王旗等地区。

乌兰察布市清代不可移动文物中，国家级重点文物保护单位有1处，即四子王旗王府；自治区级重点文物保护单位有丰镇市金龙大庙、牛王庙、南阁庙，四子王旗锡拉木伦庙，凉城县天成古庙等5处；市级重点文物保护单位中有兴和县店子镇古戏台、南湾古城门楼、赛乌素清真寺，凉城县天成古庙，察右中旗立兔庙址，察右后旗毛驴沟岩画、阿贵庙（善福寺），丰镇市隆盛庄清真寺、隆盛庄南庙等。

（六）近现代不可移动文物

民国时期，乌兰察布地域变化频繁，总体隶属于山西省归绥道。

1914年，乌兰察布六旗属绥远特别行政区管辖。1928年，南京国民政府将察哈尔、绥远等特别行政区改行省后，乌兰察布盟属于绥远省管辖，同时察哈尔特别行政区的丰镇、凉城、兴和、陶林、集宁五县划入绥远省，原察哈尔右翼四旗属察哈尔省辖区。1937年10月27日，伪蒙疆巴音塔拉盟公署成立，今乌兰察布市整体归伪蒙疆政府管辖。后乌兰察布又归设在张家口的伪蒙疆联合自治政府管辖。

1949年，乌兰察布地区全部解放。1950年4月1日，乌兰察布盟人民自治政府成立，盟府设在乌兰花，后又迁包头市区及固阳县，辖四子王旗、达尔罕旗、茂明安旗、乌拉特西公旗、乌拉特中公旗、乌拉特东公旗。1950年8月11日，乌兰察布盟人民自治政府改称乌兰察布盟自治区人民政府。1952年10月，乌兰察布盟所辖乌拉特中公旗与乌拉特东公旗合并组成乌拉特中后联合旗，达尔罕旗与茂明安旗合并为达尔罕茂明安联合旗。1954年，希拉穆仁（召河）由土默特划归达尔罕茂明安联合旗。1954年3月5日，绥远省与内蒙古自治区合并，撤销绥远省建制，乌兰察布盟自治区人民政府改为乌兰察布盟人民政府，为内蒙古自治区人民政府领导下的一级地方政权，所辖旗县不变。同时，集宁专员公署改为平地泉行政区人民政府，撤销中心旗、正黄旗、镶蓝镶红联合旗与陶林县建制，正黄旗改为察哈尔右翼前旗，镶蓝镶红联合旗与陶林县改为察哈尔右翼中旗，中心旗改为察哈尔右翼后旗。1955年9月，乌兰察布盟人民政府改称乌兰察布盟人民委员会。1956年3月，撤销平地泉镇，改为集宁市（县级）。1958年3月10日，乌拉特前旗、乌拉特中后合旗划归巴彦淖尔盟。同年4月2日，平地泉行政区建制撤销，所辖旗县市正式划归乌兰察布盟。乌兰察布盟人民委员会改为乌兰察布盟行政公署，成为内蒙古自治区人民委员会的派出机构。盟行署驻地由固阳县迁至集宁市，共辖旗县市18个，即集宁市、四子王旗、达尔罕茂明安联合旗、察哈尔右翼前旗、察哈尔右翼中旗、察哈尔右翼后旗、土默特旗、萨拉齐县、丰镇县、清水河县、和林格尔县、托克托县、凉城县、兴和县、卓资县、武川县、武东县、固阳县。5月，萨拉齐县撤销，划归土默特旗；武东县撤销，分别划归四子王旗、察右中旗、卓资县；固阳县和白云鄂博矿区划归包头市。1960年2月1日，土默特旗划归呼和浩特市。1962年3月31日，河北省所辖的商都县划归乌兰察布盟。1963年2月21日，呼和浩特市所辖的土默特旗和包头市所辖的固阳县再次划归乌兰察布盟。1966年1月1日，土默特旗分设土默特左旗和土默特右旗，土默特旗建制同时撤销。1969年11月，苏尼特右旗、化德县、二连浩特市由锡林郭勒盟划归乌兰察布盟。1971年7月，土默特右旗、固阳县划归包头市，土默特左旗、托克托县划归呼和浩特市。1980年5月，苏尼特右旗、二连浩特市划归锡林郭勒盟。1990年11月15日，撤销丰镇县，设立丰镇市。1995年12月，和林格尔县、清水河县划归呼和浩特市。1996年1月，武川县、达尔罕茂明安联合旗分别划归呼和浩特市和包头市。2003年12月，经国务院批准，乌兰察布盟正式撤盟设市，辖区有11个旗、县、市、区。

　　此时间段的乌兰察布市不可移动文物，自治区级重点文物保护单位有集宁战役革命遗址、凉城县贺龙革命活动旧址和民国时期的新堂天主堂3处；市级重点文物保护单位有集宁区老虎山烈士纪念碑、加子山碉堡群、铁军山碉堡群、西园子水厂旧址，凉城县绥南地委旧址，察右后旗白音查干火车站、红格尔图战役旧址，四子王旗红格尔战役遗址、库伦图天主堂、"神舟一号"返回落点、"神舟五号"返回落点、"神舟七号"返回落点、五七干校旧址、吾花民兵哨所等。

乌兰察布市博物馆馆藏
清代蒙古文银质乘驿牌考释

　　乌兰察布市博物馆馆藏文物中有16件清代蒙古文银质乘驿牌。根据区域，爵位、官职的不同可以分为六大类：1. 与盟长贝子有关的，乌兰察布盟盟长贝子使者全境乘驿牌2件。2. 与副盟长贝子有关的，乌兰察布盟副盟长贝子使者乘驿牌，分Ia、Ib两式，共5件。3. 与副盟长乌拉特中旗札萨克有关的，乌兰察布盟副盟长乌拉特中旗札萨克公差使者乘驿牌1件。4. 与喀尔喀札萨克多罗达尔罕郡王（旗）有关的共有6件，其中乌兰察布盟札萨克达尔罕旗贝子、协理台吉之使者乘驿牌1件，乌兰察布盟盟长喀尔喀札萨克多罗达尔罕王公差使者乘驿牌1件，喀尔喀札萨克多罗达尔罕郡王（旗）协理台吉之使者乘驿牌1件，乌兰察布盟喀尔喀札萨克多罗达尔罕贝勒使者乘驿牌2件，札萨克多罗达尔罕郡王旗管旗章京之使者旗内乘驿牌1件。5. 与旗正参领、章京有关乘驿牌2件，札萨克多罗达尔罕郡王旗管旗章京之使者旗内乘驿牌1件，旗正参领处公差所遣使者乘驿牌1件。6. 与喇嘛有关的，广福寺达喇嘛随侍领催旗内乘驿牌1件。

一、馆藏清代蒙文银质乘驿牌介绍

（一）乌兰察布盟盟长贝子使者全境乘驿牌

　　2件。总账登记号WB03032、WB03033，器物编号A3：0013、A3：0014。器形相同，均为片状，顶端为花瓣边弧形，下端平齐直线形，长条状，整体呈圭形（图一：1）。复合质地，黄铜、银、牛皮组成面部、主板、背部和挎链四部分。制作方法铜包银，铜铆钉加固，背铜扣连接牛皮挎链（图一：4）。

面部用黄铜捶制，錾刻如意回弦纹，上半部呈内空花瓣三角形，下部呈长方"口"字形（图一：2），内现主板文字部分。

主板用银捶制，片状，呈圭形。面部有横向铜条分割银板成上下两部。上为刻花纹部分，呈花瓣三角形，阳刻有单龙戏珠纹样（图二）；下为乘驿牌的文字部分，呈长方形，阳刻蒙古文4列，共14个字：（图一：6）。用拉丁文拼写该组蒙古文读音为"ulančab-un

3

1   2

4   5   6

图一　乌兰察布盟盟长贝子使者全境乘驿牌及拓片

1.正面（A3：0013）　2.正面（A3：0014）　3.侧面（A3：0013）

4～5.背面（A3：0013、A3：0014）　6.正面部拓片（A3：0013）

qiɣulɣan-u daruɣ-a beise-ten-i daqura neigem-iyer ulaɣ-a nuqu temdeg"，译汉文为
"乌兰察布盟盟长贝子使者全境乘驿牌"。

背部用黄铜捶制，片状，呈圭形，素面，其上部两个"⌐⌐"形连接口用
铆钉固定于铜板上，与牛皮挎链连接（图一，5）。

A3：0013牌体高17厘米、宽10厘米、厚0.36厘米，皮链长16.1厘米，器物通
高24.6厘米，重222.3克（图一：1）。

A3：0014牌体高17厘米、宽10厘米、厚0.35厘米，皮链长16厘米，器物通高
23.8厘米，重219.4克（图一：2）。

（二）乌兰察布盟副盟长贝子使者乘驿牌

5件：总账登记号WB03034，器物编号A3：0011；总账登记号WB03035，
器物编号A3：0010；总账登记号WB03036，器物编号A3：0009；总账登记号
WB03037；器物编号A3：0008；总账登记号WB03038，器物编号A3：0012。

根据蒙古文字錾刻特点、器物形状及制作办法的不同，分为Ia、Ib两式。

图二　乌兰察布盟盟长贝子使者全境乘驿牌局部纹饰

1. Ia式

3件。编号A3：0011、A3：0010、A3：0008；片状（图三：8），顶端为弧形，下端平齐直线形，整体呈拱形。复合质地，黄铜、银、牛皮组成面部、主

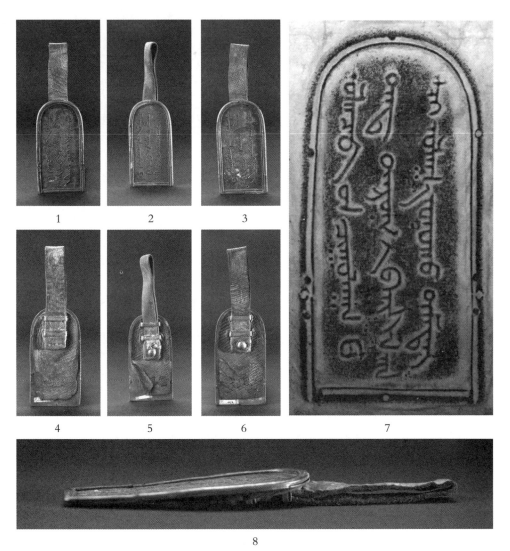

8

图三　乌兰察布盟副盟长贝子使者乘驿牌Ia式及其部分拓片

1～3.正面（A3：0011、A3：0010、A3：0008）

4～6.背面（A3：0011、A3：0010、A3：0008）　7.正面部拓片（A3：0011）

8.侧面（A3：0011）

板、背部及挎链四部分。制作方法铜包银，铜铆钉加固，背护牛皮垫，铜扣连接牛皮挎链。

面部用黄铜捶制，錾刻而成。半圆状，呈拱形。整体用黄铜捶制成半圆形条状物，内边錾出一条凹弦纹。由两个部分组成，连接处用锡条焊接。上部拱形，下部直线状，用铜铆钉固定在银板上。

主板用银捶制，片状，呈拱形。面部阳刻有3列，共12个蒙古文字：（图三：7）。用拉丁文拼写该组蒙古语文字读音为"ulančab-un qiγulγan-u ded daruγ-a beise-yin elči ulaγ-a unuqu temdeg"，译汉文为"乌兰察布盟副盟长贝子使者乘驿牌"。

背部为黄铜板片状，呈拱形，素面。黄铜板背上部有平行的两个" ⌐ "形用黄铜制作的连接扣，用黄铜铆钉固定在铜板背上部，内套有皮质链（图三：4）。

护垫为牛皮制作，片状，拱形。套在黄铜扣上，压在皮挎链下（图三：6）。

挎链为牛皮制作，似套锁形，套在连接扣上。

编号A3：0011，黄铜边原有6个铆钉，后因器物损坏，加4个铆钉加固。牌体高11.5厘米、宽6厘米、厚0.35厘米，器物通高18.5厘米，皮链长11.6厘米，重101.7克（图三：1）。

编号A3：0010，黄铜边有6个铆钉，牌体高11.5厘米、宽6.0厘米、厚0.35厘米，器物通高19.3厘米、皮链长11.6厘米，重105.7克（图三：2）。

编号A3：0008，黄铜边有6个铆钉，高11.5厘米、宽6.7厘米、厚0.35厘米，器物通高16.3厘米，皮链长11.6厘米，重73.3克（图三：3）。

2．Ib式

2件。编号A3：0009、A3：0012。片状。顶端为三角形，下端为平齐直线形的长条状，整体呈主形。复合质地，黄铜、银、牛皮组成面部、主板、背部及挎链四部分。制作方法铜包银，铆钉加固，背铜扣连接牛皮挎链。银板镶黄铜边，錾刻花草纹，上部用5个铆钉排列成" ︿ "形装饰。背加黄铜素面板，用黄铜铆钉固定，黄铜镶边、银板和背板。

面部用黄铜捶制，錾刻而成，呈圭形。可以分为上、下两部，上部呈花瓣边三角形，下部呈长方条形。

主板用银捶制，片状，呈长方形。面部阴刻有蒙古文字3列，共12个字：{蒙古文} （图四：5～6），用拉丁文拼写该组蒙古语文字读音为"ulančab-un qiүulүan-u ded daruү-a beise-yin elči ulaү-a unuqu temdeg"，译汉文为"乌兰察布盟副盟长贝子使者乘驿牌"。

背板用黄铜捶制，片状，呈圭形，素面。黄铜板背上部有两个平行的"┌─┐"形、用黄铜制作的连接扣，内套有皮质链，用黄铜铆钉固定在铜板背上部，后附牛皮护垫（图四：2～4）。

A3：0009，黄铜镶边，铆钉有14个，其中装饰铆钉5个、加固铆钉9个。牌体高12.5厘米、宽6.8厘米、厚0.35厘米；器物通高18.4厘米、皮链长12.6厘米，重68.1克（图四：1）。

A3：0012，黄铜镶边，铆钉有19个，其中装饰铆钉5个、加固铆钉14个。牌体高12.5厘米、宽6.8厘米、厚0.35厘米；器物通高18.4厘米、皮链长12.6厘米，重68.1克（图四：2）。

（三）乌兰察布盟副盟长乌拉特中旗札萨克公差使者乘驿牌

1件。总账登记号WB03039、器物编号A3：0006。片状（图五：3），顶端呈梯形，下端平齐直线形（图五：1）。复合质地，黄铜、银、牛皮组成面部、主板、背部及挎链四部。制作方法铜包银，铜铆钉加固，背铜扣连接牛皮挎链。

面部用黄铜捶制，呈平头圭形框架，外框錾刻有缠枝莲纹、凹弦纹、弦断纹，上部分割体为素面。

主板用银捶制。银板可以分为上、下两部分，上为梯形刻花纹部分，阳刻有演化的缠枝莲花纹表示的"双龙戏珠"图案（图五：1）；下半部为文字部分。银板上阳刻蒙古文字5列，共25个字：{蒙古文} {蒙古文}（图五：4）。用拉丁文拼写该组蒙古语文字读音为"ulaүan čab-un qiүulүan-u ded daruү-a urad-un dumdadu qosiүu-yi jakiqu jasaү güng-ten-ü үajar-eče alban jarulүan-u

图四 Ib式乌兰察布盟副盟长贝子使者乘驿牌及其拓片

1、3.正面（A3：0009、A3：0012）   2、4.背面（A3：0009、A3：0012）

5、6.正面部拓片（A3：0009、A3：0012）   7.侧面（A3：0009）

1　　　　　　2

3　　　　　　　　　　　　4

图五　乌兰察布盟副盟长乌拉特中旗札萨克公差使者乘驿牌及拓片

1.正面　2.背面　3.侧面　4.正面部拓片

elčin ulaγ-a unuqu temdeg"，译汉文为"乌兰察布盟副盟长乌拉特中旗札萨克公差使者乘驿牌"。

　　背板用黄铜捶制，片状，呈圭形，素面。黄铜板背上部有两个平行的"└┐"形、黄铜制作的连接扣，内套有皮质链，用黄铜铆钉固定在铜板背上部，后附牛皮护垫（图五：2）。

　　A3：0006，牌体高14.2厘米、宽7.7厘米、厚0.3厘米，器物通高18.3厘米，皮链高14.3厘米，重138.3克（图五：1）。

　　（四）与乌兰察布盟札萨克达尔罕旗有关的乘驿牌

　　共6件，其中乌兰察布盟札萨克达尔罕旗贝子、协理台吉之使者乘驿牌1件，

乌兰察布盟盟长喀尔喀札萨克多罗达尔罕王公差使者乘驿牌1件，喀尔喀札萨克
多罗达尔罕郡王（旗）协理台吉之使者乘驿牌1件，乌兰察布盟喀尔喀札萨克多
罗达尔罕贝勒使者乘驿牌2件，札萨克多罗达尔罕郡王旗管旗章京之使者旗内乘
驿牌1件。

1. 乌兰察布盟札萨克达尔罕旗贝子、协理台吉之使者乘驿牌

1件。总账登记号WB03040，器物编号A3：0016。片状（图六：3），上端
花瓣状，尖头；下端平齐。呈圭形（图六：1）。质地复合质地，银、黄铜、牛
皮组成面部、主板、背部及挎链四部。制作方法铜包银，铜铆钉加固，背铜扣连
接牛皮挎链。

面部，被黄铜保护壳分成上、下两个部分。黄铜保护壳錾刻有回旋纹，被黄

1 2 3 4

图六　乌兰察布盟札萨克达尔罕旗贝子、协理台吉之使者乘驿牌及拓片

1.正面　2.背面　3.侧面　4.正面部拓片

铜分割成上、下两部分的银板上部阳刻有单龙戏珠纹样，呈花瓣边三角形；下半部呈长方形。

主板由银捶制。银板下部阳刻有蒙古文字4列，共18个字： ᠣᠯᠠᠭᠠᠨ ᠴᠠᠪ ᠤᠨ ᠬᠢᠶᠠᠭᠤᠯᠠᠭᠠᠨ ᠤ ᠵᠠᠰᠠᠭ ᠳᠠᠷᠬᠠᠨ ᠸᠠᠩ ᠲᠠᠨ ᠤ ᠬᠣᠰᠢᠭᠤᠨ ᠤ ᠪᠡᠶᠢᠰᠡ ᠲᠤᠰᠠᠯᠠᠭᠴᠢ ᠤ ᠡᠯᠴᠢ ᠤᠯᠠᠭ ᠠ ᠤᠨᠤᠬᠤ ᠲᠡᠮᠳᠡᠭ（图六：4），用拉丁文拼写该组蒙古语文字读音为 "ulaɣan čab-un qiɣulɣan-u ǰasaɣ darqan wang-tan-u qosiɣun-u beise tusalaɣči-u elči ulaɣ-a unuqu temdeg"，译汉文为"乌兰察布盟札萨克达尔罕旗贝子、协理台吉之使者乘驿牌"。上为阳刻单龙戏珠纹（图六：1）。

背板用黄铜捶制，片状，呈圭形，素面。黄铜板背上部有两个平行的"⌐"形、黄铜制作的连接扣，内套有皮质链，用黄铜铆钉固定在铜板背上部（图六：2）。

A3：0016，牌体高17.2厘米、宽9.9厘米、厚0.3厘米，器物通高25.6厘米、皮链长17.3厘米，重295.9克（图六：1）。

2. 乌兰察布盟盟长喀尔喀札萨克多罗达尔罕王公差使者乘驿牌1件

总账登记号WB03041，器物编号A3：0003。片状（图七：3），顶端花瓣状弧头；下端齐平直线形。质地复合质地，黄铜、银、牛皮组成面部、主板、背部及挎链四部分。

面部用黄铜制作，分上、下两部。上部花瓣扇形，阴刻有荷花；下部直线"凵"字形，阴刻有回旋纹（图七：1），面部有对称的3对铆钉。

主板用银捶制，呈长方形，银板上阳刻5列21个蒙古文字： ᠣᠯᠠᠭᠠᠨ ᠴᠠᠪ ᠤᠨ ᠬᠢᠶᠠᠭᠤᠯᠠᠭᠠᠨ ᠤ ᠳᠠᠷᠤᠭ ᠠ ᠬᠠᠯᠬ ᠠ ᠶᠢᠨ ᠵᠠᠰᠠᠭ ᠲᠦᠷᠥ ᠶᠢᠨ ᠳᠠᠷᠬᠠᠨ ᠸᠠᠩ ᠲᠠᠨ ᠤ ᠠᠯᠪᠠᠨ ᠤ ᠡᠯᠴᠢ ᠤᠯᠠᠭ ᠠ ᠤᠨᠤᠬᠤ ᠲᠡᠮᠳᠡᠭ（图七：4），用拉丁文拼写该组蒙古语文字读音为 "ulaɣan čab-un qiɣulɣan-u daruɣ-a qalq-a-yin ǰasaɣ törö-yin darqan wang-tan-u alban-u elči ulaɣ-a unuqu temdeg"，译汉语为"乌兰察布盟盟长喀尔喀札萨克多罗达尔罕王公差使者乘驿牌"。

背板，黄铜板，片状，素面。黄铜板背上部有两个平行的"⌐"形、黄铜制作的连接扣焊接在背板上，与皮挎链连接（图七：2）。

A3：0003，牌体高16.1厘米、宽9.5厘米、厚0.3厘米，器物通高19.5厘米，皮链长12.1厘米，重312.5克（图七：1）。

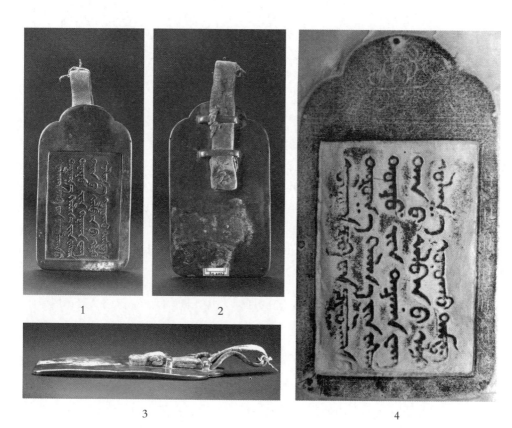

图七　乌兰察布盟盟长喀尔喀札萨克多罗达尔罕王公差使者乘驿牌及拓片

1.正面　2.背面　3.侧面　4.正面部拓片

3. 喀尔喀札萨克多罗达尔罕郡王（旗）协理台吉之使者乘驿牌

1件。总账登记号WB03042，器物编号A3：0001。片状（图八：3），上端为花瓣弧形，下端平齐，呈圭形（图八：1）。黄铜、银、牛皮组成面部、主板、背板及挎链四部分。面部用黄铜捶制，主板用白银制作，背板用铁板制作。制作方法铜包银，铆钉加固，背铁板与铁制扣连接牛皮挎链（图八：2）。

面部，用黄铜捶制，框架状，分成上、下两个部分。上端弧头伞形，下端平齐，整体呈弧头圭状。黄铜錾刻有凹弦纹、素面。上部伞状部位用3个银泡钉装饰，银泡钉固定在主板上。

主板用银捶制，银板上阳刻有清代蒙古文字4列，共17个字：

126

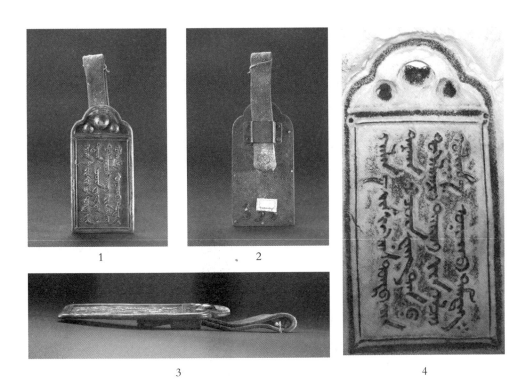

图八　喀尔喀札萨克多罗达尔罕郡王（旗）协理台吉之使者乘驿牌及拓片

1.正面　2.背面　3.侧面　4.正面部拓片

ᠬᠠᠯᠬ-ᠠ-ᠶᠢᠨ ᠵᠠᠰᠠᠭ ᠲᠥᠷᠥ-ᠶᠢᠨ ᠳᠠᠷᠬᠠᠨ ᠭᠢᠶᠦᠨ ᠸᠠᠩ-ᠲᠠᠨ-ᠤ ᠲᠤᠰᠠᠯᠠᠭᠴᠢ ᠲᠠᠶᠢᠵᠢ-ᠶᠢᠨ ᠡᠯᠴᠢ ᠤᠯᠠᠭ-ᠠ ᠤᠨᠤᠬᠤ ᠲᠡᠮᠳᠡᠭ（图八：4），用拉丁文拼写该组蒙古文字读音为"qalq-a-yin ǰasaγ törö-yin darqan giyun wang-tan-u tusalaγči taiǰi-yin elči ulaγ-a unuqu temdeg"，译汉文为"喀尔喀札萨克多罗达尔罕郡王协理台吉之使者乘驿牌"。

背板，铜质，板状，呈弧头圭形，素面。铜板背上部有一个"⌐"形铜质连接扣，用4个铆钉固定在背板上部，与皮链连接（图八：2）。

A3：0001，牌体高14厘米、宽7.1厘米、厚0.35厘米，乘驿牌通长19.4厘米，皮链长14厘米，重272克。

4. 札萨克多罗达尔罕郡王旗管旗章京使者旗内乘驿牌

1件。总账登记号WB03043，器物编号A3：0002。片状（图九：3），上端为弧形尖头，下端平齐，呈圭形（图九：1）。黄铜、银、牛皮组成面部、主板、背部及挎链四部分（图九：2）。

面部用黄铜捶制，框架状，分成上、下两个部分。上端弧头伞形，下端平齐，整体呈弧头圭状。黄铜錾刻有凹弦纹，素面。上部伞状部位用4个排成三角形的银泡钉装饰，银泡钉固定在主板上。

主版，银质，处于面板和背板中间，阳刻蒙古文字4列，共21个字，（图九：4）。用拉丁文拼写该组蒙古文字读音为"jasaɣ törö-yin darqan giyun wang-tan-u qosiɣun-u qosiɣu-yi ǰakiruɣči ǰanggi-yin elči qosiɣun-u dotur-a ulaɣ-a unuqu

图九　札萨克多罗达尔罕郡王旗管旗章京使者旗内乘驿牌及拓片

1.正面　2.背面　3.侧面　4.正面部拓片

temdeg"，译汉文为"札萨克多罗达尔罕郡王旗管旗章京使者旗内乘驿牌"。

背板，铜质，板状，呈弧头圭形，素面。铜板背上部有一个"⌐"形铜质连接扣，用2个铆钉固定在背板上部，与皮链连接（图九：2）。

A3：0002，牌体高13.7厘米、宽7.8厘米、厚0.35厘米，器物通高18.5厘米，重179.4克。

5. 乌兰察布盟喀尔喀札萨克多罗达尔罕贝勒使者乘驿牌

2件。总账登记号WB03044、WB03045，器物编号A3：0004、A3：0007。

根据制作工艺和材质的不同，可以分为I型Ia式和Ib式2式。

（1）Ia式

1件。总账登记号WB03044，器物编号A3：0004。残，挎链和面部装饰缺损，片状（图十：3），上端为花瓣状，弧形圆头，下端平齐（图十：1）。质地为复合质地，黄铜、银、牛皮组成面部、主板、背部及挎链四部分（图十：2）。

面部，装饰部分已脱落，剩余部分上为花瓣状，下为长方形框架。纹饰为凹弦纹。

主板，银质，被包于黄铜框架内，阳刻蒙古文字4列，共17个字：（图十：4）。用拉丁文拼写该组蒙古语文字读音为"ulančab-un qiγulγan-u qalq-a-yin jasaγ törö-yin darqan beile-ten-ü elči ulaγ-a unuqu temdeg"，译为汉文为"乌兰察布盟喀尔喀札萨克多罗达尔罕贝勒使者乘驿牌"。

背板，铜质，板状，呈弧头圭形，素面。铜板背上部有一个"⌐"形铜质连接扣，用2个铆钉固定在背板上部，与皮链连接。皮链部分已经缺损（图十：2）。

A3：0004，牌体高13.5厘米、宽6.7厘米、厚0.35厘米，器物通高13.5厘米，重121.5克。

（2）Ib式

1件。总账登记号WB03045，器物编号A3：0007。片状（图十一：3），上

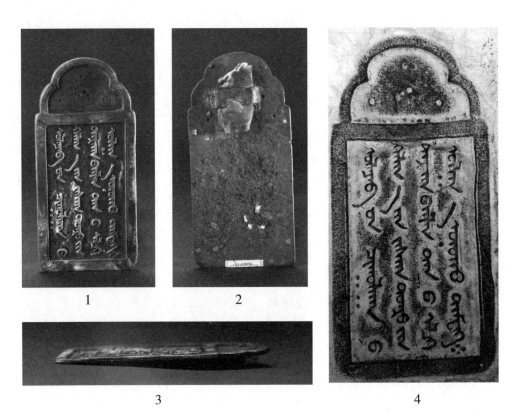

图十　Ia式乌兰察布盟喀尔喀札萨克多罗达尔罕贝勒使者乘驿牌及其拓片

1.正面　2.背面　3.侧面　4.正面部拓片

端为花瓣状，弧形圆头，下端平齐，呈圆头圭形，残。（图十一：1）。黄铜、银、牛皮组成面部、主板、背部及挎链四部分（图十一：2）。

　　主板，银质，主板和面部一体，阳刻蒙古文字3列17字：（图十一：3）。用拉丁文拼写该组蒙古文字读音为"ulaɣan čab-un qiɣulɣan-u qalq-a-yin ǰasaɣ törö-yin darqan beile-ten-ü elči ulaɣ-a unuqu temdeg"，译为汉文"乌兰察布盟喀尔喀札萨克多罗达尔罕贝勒使者乘驿牌"。上雕刻有缠枝莲纹，形状似云纹。主板中上部断裂，右中部缺损，但文字部分完整。修复痕迹明显，露出多个铆钉。

　　背板，铜质，板状，被包入面板，素面。铜板背上部有两个平行"冂"形

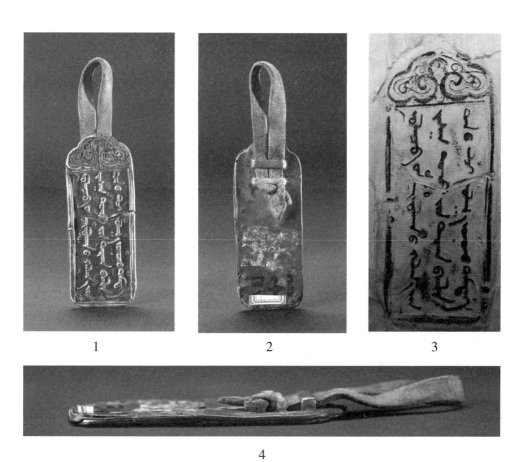

1   2   3

4

图十一　Ib式乌兰察布盟喀尔喀札萨克多罗达尔罕贝勒使者乘驿牌及其拓片

1.正面　2.背面　3.正面部拓片　4.侧面

铜质链接扣，焊接固定在背板上部，与皮链连接（图十一：2）。

A3：0007，牌体高10.9厘米、宽4.4厘米、厚0.33厘米，器物通高15.8厘米，重72.3克。

（五）旗正参领处公差所遣使者乘驿牌

1件。总账登记号WB03046，器物编号A3：0005。片状（图十二：4）。上端为花瓣弧形，下端平齐。黄铜、银、铁、牛皮组成整体器物。器物由面部、主板、背板及挎链四部分组成。面部用黄铜捶制，主板用白银制作，背板用黄铜制作。制作方法铜包银，铆钉加固，背板铜制扣连接牛皮挎链（图十二：2）。

面部，用黄铜捶制，框架状，分成上、下两个部分。上端为弧头伞形，下端平齐，整体呈弧头圭状。黄铜錾刻有凹弦纹，素面。上部伞状部位用一个固定在主板上的银泡钉装饰。（图十二：1）。

主板，银质，主板和面部一体，上面阳刻蒙古文字3列，共17个字：（蒙古文）（图十二：3）。用拉丁文拼写该组蒙古文字读音为"qosiɣun- u ǰingkin ǰalan- u ǰanggi-yin ɣaǰar-ača alban-ni kereg-iyer yabuqu ǰarulɣ-a elči-nar ulaɣ-a unuqu temdeg"，译汉文为"旗正参领处公差所遣使者乘驿牌"。

背板，铜质，板状，素面。铜板背上部有一个"⌐"形铜质连接扣，用铆

1 2 3

4

图十二　旗正参领处公差所遣使者乘驿牌及其拓片

1.正面　2.背面　3.正面部拓片　4.侧面

钉固定在背板上部，与皮链连接（图十二：2）。

A3：0005，牌体高12.6厘米、宽6.8厘米、厚0.35厘米，器物通高19.4厘米，重110.5克。

（六）广福寺达喇嘛随侍领催旗内乘驿牌

1件。总账登记号WB03047，器物编号A3：0015。板状。上端为花瓣状圆头，下端平齐，呈圭形（图十三：1）。黄铜、银、牛皮组成面部、主板、背部及挎链四部分。制作方法铜包银，铆钉加固，背铜扣连接牛皮挎链（图十三：2）。

面部用黄铜捶制，框架状，分成上、下两个部分。上端花瓣形，下端平齐。

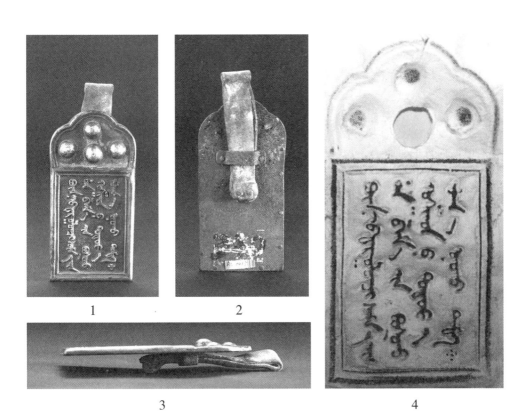

1　　　　　　　2

3　　　　　　　4

图十三　广福寺达喇嘛随侍领催旗内乘驿牌及拓片

1.正面　2.背面　3.正面部拓片　4.侧面

黄铜錾刻有双层凹弦纹,素面。上部伞状部位用固定在主板上的3个银泡钉装饰(图十三:1)。

主板,银质,被包在面板和背板内,表面阳刻蒙古文字4列,共15字: [蒙古文] (图十三:3)。用拉丁文拼写该组蒙古文字读音为"buyan-ni badaraɣuluɣči süm-e-yin da blam-a-yin bošoɣo qosiɣun-u dotor-a ulaɣ-a unuqu temdeg",译汉文为"广福寺达喇嘛随侍领催旗内乘驿牌"。

背板,铜质,板状,素面。铜板背上部有一个"⌐"形铜质连接扣,用铆钉固定在背板上部,与皮链连接(图十三:2)。

A3:0015,牌体高12.1厘米、宽6.6厘米、厚0.35厘米,器物通高15.2厘米,重174.3克。

二、相关问题探讨

(一)乘驿牌上出现的蒙古语"乌兰察布的楚固拉干(ulaɣan čab-un qiɣulɣan)"

该词在本文中汉译为"乌兰察布盟"。乌兰察布为地名。盟,原为蒙古封建主的会盟与集会[1]。清代史料中没有发现有行政区域名称为"楚固拉干(qiɣulɣan)"。清代对内蒙古、喀尔喀蒙古实行札萨克制(即封授旗长之制)进行治理。规定各旗札萨克每三年会盟一次,清政府届时遣使赍皇帝制书前往参加,迎送之仪制与册封礼同。盟总管几个或十几个旗,是清代蒙古地区最大的行政区。盟设盟长和副盟长;盟长和副盟长从各旗札萨克中推荐产生。

1630年,四子部附清,于1649年设旗。乌拉特部于1633年附清,同年设旗。茂明安部于1633年附清,1648年设旗。喀尔喀右翼部于1653年附清,1664年设旗。清朝对这些部落的上层领主表功勋、授爵位、赐厚禄、封牧地,令世袭罔替。上述四部被编为六旗,从原来驻牧的呼伦贝尔、科尔沁、漠北等地迁往阴山

---

[1] 曹永年. 内蒙古通史:第三卷[M]. 呼和浩特:内蒙古大学出版社,2007:21.

南北的封地。康熙初年，遵照清朝的规定，四子部落旗（四子王旗）、乌拉特前旗、乌拉特中旗、乌拉特后旗、茂明安旗、喀尔喀右翼旗（达尔罕贝勒旗）六旗札萨克首次会盟于四子王旗境内的乌兰察布地方。从此，六旗统属一盟，称为乌兰察布盟。

清代以后，行政区域虽多次变动，但"乌兰察布"这一名称始终没有改变，沿用至2003年12月31日。其后，国务院批准撤盟设市，乌兰察布盟改名为乌兰察布市。

此名称使用时间可以分为4个阶段：1. 清代的乌兰察布盟；2. 民国时期的乌兰察布盟；3. 抗日战争时期的乌兰察布盟；4. 中华人民共和国内蒙古自治区乌兰察布盟。第四个阶段的"乌兰察布盟"在蒙古文中记为"乌兰察布爱马克（ulaɣan čab àimaɣ）"，和前三者不同，前三者为"ulaɣan čab-un qiɣulɣan"，即"乌兰察布盟"。

（二）乘驿牌上出现的盟以下行政建置：乌拉特中旗、札萨克达尔罕郡王旗

旗是清朝在蒙古地区设立最早、数量最多，专管从事畜牧业的蒙古族居民的行政建置[1]。

乌拉特中旗，清代也叫乌拉特中公旗。乌拉特部于1633年附清，同年设旗。1648年，设乌拉特中旗，隶属于乌兰察布盟。

札萨克达尔罕郡王旗，前身为喀尔喀右翼旗，后称达尔罕旗。喀尔喀右翼部于1653年附清，1664年设旗，"在张家口外，至京师千一百三十里。东西距百二十里，南北距百三十里。东四子部落，西茂明安，南归化城土默特，北瀚海"[2]，隶属于乌兰察布盟。

（三）该组乘驿牌中出现的官职名

出现的官职有盟长、副盟长、旗长（札萨克）、协力台吉、管旗章京、章京等。

---

［1］ 张永江. 论清代漠南蒙古地区的二元管理体制［J］. 清史研究，1998（2）.

［2］ 赵尔巽，等. 清史稿·藩部三［M］. 北京：中华书局，1977：14367–14368.

蒙古语"qiγulγan-u daruγ-a""qiγulγan-u ded daruγ-a",即汉语"盟长"和"副盟长"。

盟长:清代在内蒙古、喀尔喀蒙古、青海蒙古各部实行盟旗制,规定若干个旗组成一盟,每盟设盟长、副盟长各一人,由理藩院于同盟各旗之札萨克及闲散王公等内拣选,请旨简放。盟长总理一盟事务,会同各旗札萨克等办理旗下大事,每三年召集各旗会盟一次,清理刑名,编审丁籍,报送理藩院查核。此外,内札萨克各盟长每年春季验看操练各旗官兵一次,战时则负统一调动指挥之责。

札萨克:1636年前,各旗之长一般称管事贝勒或执政贝勒。此后开始称札萨克贝勒,后称为札萨克[1]。

协理台吉:协助札萨克掌理全旗政务的官职。协力台吉由札萨克从旗内闲散王公、台吉中指定人选,报理藩院,经皇帝任命,终身任职,但不得世袭。协理台吉在札萨克缺员或有其他事务时代理其职务,札萨克进京年班时可伴随赴京觐见皇帝。

管旗章京:清代内蒙古、喀尔喀蒙古、青海蒙古及哈密、吐鲁番各旗札萨克之属官,位在协理台吉之下。每旗一人,掌统管一旗之事。其下设管旗副章京,十佐领以下之旗设一人,以上设二人,掌分管一旗之事。缺出,由札萨克于本旗台吉、塔布囊内选择强壮能辖众者,以台吉、塔布囊原品补放;如不得其人,则以本旗参领选补。

章京:1.官名。满语音译,汉名佐领。清代八旗组织基层编制单位的长官。参领称甲喇章京,佐领称牛录章京。又蒙古各旗札萨克的属员有管旗章京。军机处和总理各国事务衙门办理文书事务的官员亦称章京,为堂官的重要助手。军机处的章京被称为"小军机"。2.世职名。1634年,定备御为牛录章京。1647年,改称拜他拉布勒哈番。1736年,又将拜他拉布勒哈番改为骑都尉。

(四)该组乘驿牌中出现的爵位名

出现的爵位名有贝勒、贝子等。

---

[1] 张永江.论清代漠南蒙古地区的二元管理体制[J].清史研究,1998(2).

贝勒，满语"王"或"诸侯"的意思。满族早期以贝勒为天生贵族的称号，其尤尊者称和硕贝勒。努尔哈赤曾用以称其子侄。1636年，定封爵，置多罗贝勒于和硕亲王、多罗郡王下，用以封蒙古贵族。1636年以前的贝勒，实即后来的亲王[1]。

贝子，满语"贝勒"的复数，有"王"或"诸侯"的意思。满族早期社会中，贝子也为天生贵族称号。清代颁定宗室爵号，有固山贝子，简称贝子。其位在亲王、郡王、贝勒之下，常用以晋封蒙古贵族[2]。

（五）"全境"的含义

乌兰察布盟盟长贝子使者全境乘驿牌中，"全境"指当时全乌兰察布盟行政区域，包括私人、衙门（公家）、驿站等全部区域。

（六）两枚正牌的年代

札萨克多罗达尔罕郡王旗管旗章京之使者旗内乘驿牌、旗正参领处公差所遣使者乘驿牌，其中的关键词为章京。根据章京官名的演变经过，可以断定这两枚正牌为清代早期遗物。

（七）从乘驿牌的蒙古文字的变化可以了解蒙古文字的书写演变过程

乘驿牌上出现的蒙古语"乌兰察布"有不同的写法，根据写法的不同可以分为3类。第一类 ᠤᠯᠠᠨᠴᠠᠪ（ulančab）。出现这样书写的乘驿牌一共有9件，乌兰察布盟盟长贝子使者全境乘驿牌2件，乌兰察布盟副盟长贝子使者的乘驿牌5件，乌兰察布盟喀尔喀札萨克多罗达尔罕贝勒使者乘驿牌2件。这里的蒙古文"乌兰察布"，和当代蒙古文字比较，使用了白话文中的发音来书写，省略了一个音节"γan"。第二类 ᠤᠯᠠᠶᠠᠨ ᠴᠠᠪ（ulaγan čab）。出现这样书写的乘驿牌有1件，即乌兰察布盟副盟长乌拉特中旗札萨克公差使者乘驿牌。此乘驿牌上的蒙古语"乌兰察布"接近当代蒙古语的书写规则，但是在"γan"音节前面的两个点缺少。蒙古语语法允许可以不写两点，但是读音还是"γan"。同样此乘驿牌中的其他蒙古

---

［1］ 陈茂同. 历代职官沿革史［M］. 北京：昆仑出版社，2013.
［2］ 陈茂同. 历代职官沿革史［M］. 北京：昆仑出版社，2013.

文字 ~~~~~~~ 、 ~~~~~~ 、 ~~~~ 、 ~~~~~~ 中的 "γa" 音的写法与 "乌兰察布"
（ulaγan čab）的写法一样。第三类 ~~~~~ ~~ （ulaγan čab）。出现这样书写的
乘驿牌一共有2件，乌兰察布盟札萨克达尔罕旗贝子、协理台吉之使者乘驿牌，
乌兰察布盟盟长喀尔喀札萨克多罗达尔罕王公差使者乘驿牌。这两件乘驿牌中出
现的蒙古语 "乌兰察布"，接近当代蒙古语语法，但是在书写规则上还是和当代
蒙古语语法有区别。

根据以上的描述可以判断这12件文物的年代顺序：早期9件，即乌兰察布盟
盟长贝子使者全境乘驿牌、乌兰察布盟副盟长贝子使者的乘驿牌、乌兰察布盟喀
尔喀札萨克多罗达尔罕贝勒使者乘驿牌；中期1件，即乌兰察布盟副盟长乌拉特
中旗札萨克公差使者乘驿牌；晚期2件，即乌兰察布盟札萨克达尔罕旗贝子、协
理台吉之使者乘驿牌，乌兰察布盟盟长喀尔喀札萨克多罗达尔罕王公差使者乘驿
牌。

（八）广福寺达喇嘛随侍领催旗内乘驿牌浅析

1. 广福寺属清代乌兰察布盟喀尔喀右翼部（喀尔喀右翼旗），位于今内蒙
古自治区包头市达尔罕茂明安联合旗政府所在地百灵庙。"百灵庙" 是蒙古语
"达尔罕贝勒庙" 的音译演变，亦称乌力吉套海（吉祥湾）召庙群、巴图哈噶拉
噶（蒙古语 "坚固的关口"）。

2. 根据资料记载，喀尔喀右翼旗第二代札萨克亲王诺乃于1697年亲往五台
山拜佛朝圣、请经卷，并赴多伦诺尔、归化城等地同活佛喇嘛、高僧共商建庙事
宜。同时派员到西藏、青海、山西、大库伦等地考察，观访庙宇建筑式样，筹储
建筑材料，请来能工巧匠。为建庙做了细致的准备后，大兴土木，于1703年（一
说1702年）建起广福寺（后人称百灵庙）主殿[1]。广福寺是喀尔喀右翼旗历史
上规模最大的寺院[2]，由5座大殿、9顶佛塔和36处藏式结构的院落组成，占地
面积8000多平方米。各处殿塔雕梁画栋、廊柱林立，墙壁上彩绘着佛经里的人物

---

[1]　达茂旗喇嘛事务委员会. 达茂文史资料（蒙古文版）：第一辑［M］. 1988：194.

[2]　达茂旗喇嘛事务文员会. 广福寺烛光史［M］：17.

故事，造型生动，构图细腻。1704年，诺乃上报康熙帝建造完成的信息，康熙帝御赐名"广福寺"，并御赐用蒙古文、藏文、满文、汉文书写的盖皇帝印的牌匾，亲自交给诺乃[1]。

从以上分析可以断定该乘驿牌的制作年代上限应是1704年，是清代早期遗物。

（九）该组乘驿牌中存在少量满语

乌兰察布盟盟长贝子使者全境乘驿牌的蒙古语 ᠁᠁᠁᠁ ᠁᠁᠁᠁᠁᠁ 中，᠁᠁᠁᠁ 为蒙古语为"beise"，但是本乘驿牌中"se"背后多了个点，应为满语"beise"，意为"贝子"。"᠁᠁᠁᠁"一词在蒙古语中没有这种写法，所以笔者认为是满语，读音为"takūra"，词义为"使者，下人，佣人"；本文翻译为"使者"。"᠁"在蒙古语中与助词"nu"相同，多一个点，所以本人认为该文字应为满语"ne"，也是助词，与汉语中的"的"相同。本词在该组乘驿牌中出现15次之多，这里不再重复说明（详见各乘驿牌拓片或蒙古语文字）。

在喀尔喀札萨克多罗达尔罕郡王（旗）协理台吉使者的乘驿牌上的文字 ᠁᠁᠁᠁ ᠁᠁᠁᠁᠁᠁ 中，᠁᠁（"王"字）前多一点，笔者认为应该是与满语读音和发音相同的蒙古语中的"王"字，意为汉语中的"王"。

在广福寺达喇嘛随侍领催旗内乘驿牌上的蒙古文 ᠁᠁᠁᠁ ᠁᠁᠁᠁᠁᠁ 中，"᠁᠁᠁"为达喇嘛（da blam-a）。其中"᠁"（即"达"）为满语"长，头目，首领"之意，后民间流传演变为汉语中的"大"。即达喇嘛是喇嘛教中的喇嘛职称，是喇嘛首领的意思。"᠁᠁᠁"中的"᠁᠁"是蒙古语中的外来语，是用藏语中的"喇嘛"的发音直接拼写成的蒙古语字，读音与藏语（藏语读为"bla ma"）相同。"᠁᠁᠁"（bošoγo）意为"随

[1] 达尔罕茂明安旗文史办公室. 广福寺（巴图哈噶拉噶）[G]//乌兰察布盟文史资料研究委员会. 乌兰察布文史资料（蒙古文版）：第三辑，1982.

侍领催"或"领催",也可以音译为"拨什库",既是蒙古语（bošoγo）又是满语，意为"领催"；满语读音为"bookū"。本文中的（bošoγo）应为满文演变的蒙古语。

（十）该组乘驿牌共同的关键字

该组乘驿牌共同的关键字 ᠤᠯᠠᠭᠠ ᠤᠨᠤᠬᠤ ᠲᠡᠮᠳᠡᠭ （ulaγ-a unuqu temdeg），本文译为"乘驿牌"，意为在指定范围内得到马匹、住宿、食物等时使用的令牌或证牌。指定范围多数指驿站。这里的驿站是指清代的驿站。清代内蒙古地区的驿站是清朝为加强对内蒙古地区的政治、军事控制而设置的官方站道，供清朝传达军令、政令和蒙古王公年班、朝觐之用；战时则作为军需供应的运输通道[1]。

三、小结

本文呈现的16枚清代蒙古文字银质乘驿牌，均为佩戴在腰间的腰牌，在国内实属少见，均为清代乌兰察布盟各级官僚及寺庙上层所拥有的乘驿牌。它们是上述人员在指定范围内公出时使用的身份凭证，凭此牌可以获得住宿、换乘马匹及其他供给。它们承载了清代乌兰察布盟的官府、衙门、王公、贝勒、贝子及寺庙等人员，办理公务，走衙门、驿站时所使用车马、所走官道、驿站等信息，且不同等级的人使用不同的乘驿牌。这些乘驿牌为研究清代乌兰察布盟历史、内札萨克蒙古地区驿站交通运转情况及内蒙古地区历史地理和民俗民族方面提供了珍贵的实物材料。

（本文发表于《草原文物》2016年2期）

---

[1] 周清澍. 内蒙古历史地理［M］. 呼和浩特：内蒙古大学出版社，1994：230.

馆藏银质乌兰察布盟长印赏析

乌兰察布市博物馆馆藏有一件银质虎钮方形官印——乌兰察布盟长印，造型独特。印正面阴刻"礼部造"，说明该印章是清代礼部制作后颁发给乌兰察布盟盟长使用，是盟长的权力和清朝对地方统治的象征。

一、乌兰察布盟长印介绍

清代乌兰察布盟长印于1748年（乾隆十三年）颁造。印为银质，边长10.8厘米，高9.4厘米，重3.9千克（见图一）。起步状虎形钮（见图二），方形印面。虎钮高6.4厘米，生动严肃，像起步奔跑的虎。虎身上的毛发用印刻戳文表示，斑点用间断波浪纹表示（见图三）。虎前腿有力，五爪明显散开。虎头五官用浮

图一　乌兰察布盟长印正面

图二　乌兰察布盟长印虎形钮

图三　乌兰察布盟长印虎形钮侧面　　　　　图四　乌兰察布盟长印虎形钮正面

雕法雕刻，弯月般的粗眉毛，立双耳，两只大眼睛，超大嘴和鼻子（见图四）。虎尾弯曲上翘，贴在后背上，栩栩如生（见图五）。

方形印头，边长10.8厘米，厚3厘米。

印文用蒙古文、满文两种文字书写。印面左侧用蒙古文阳刻"　　　　　　　　　　　　　　"，2行，8个字，译汉文为"乌兰察布盟长之印"；右侧用满文阳刻"　　　　　　　　　　　　　　"，2行，6个字，译汉文为"乌兰察布盟长印"（见图六、图七）。

印前部阴刻有"礼部造"三个字（见图八）；后侧阴刻有满文"　　　　　　

图五　乌兰察布盟长印背面　　　　　　　图六　乌兰察布盟盟长印印面

" 〔蒙古文〕" 三行三个字，译汉文为"礼部造"（见图九）；左侧阴刻"乾隆拾叁年肆月"（见图十），右侧阳刻"乌兰察布盟长印 乾字壹佰拾陆号"（见图十一）。

印背面虎形钮左右两侧均刻有文字。虎形钮右侧阴刻有蒙古文" 〔蒙古文〕"，译汉文为"乌兰察布盟长之印"（见图十二）；虎形钮左侧阴刻有满文" 〔满文〕"，译汉文

图八 印侧面"礼部造"字样

图七 乌兰察布盟盟长印印文拓片

图九 满文"礼部造"字样

图十 印侧面"乾隆拾叁年肆月"字样

图十一　印右侧面"乌兰察布盟长印
乾字壹佰拾陆号"字样

图十二　乌兰察布盟长印俯视图

为"乌兰察布盟长印"（见图十二）。

二、相关问题

（一）乌兰察布盟名称及来源

乌兰察布为地名。盟，原为蒙古封建主的会盟与集会[1]。清代对内蒙古、喀尔喀蒙古实行札萨克制（即封授旗长之制）进行管理。规定各旗札萨克每三年会盟一次，清政府届时遣使来参加。

盟总管几个或十几个旗，是清代蒙古地区最大的行政区，设盟长和副盟长。盟长和副盟长从各旗札萨克中推荐产生。

1630年，四子部附清，于1649年设旗。乌拉特部于1633年附清，同年设旗。茂明安部于1633年附清，1648年设旗。喀尔喀右翼部1653年附清，1664年设旗。清政府对这些部落的上层领主表功勋、授爵位、赐厚禄、封牧地，令世袭罔替。上述四部被编为六旗，从原来驻牧的呼伦贝尔、科尔沁以及漠北等地迁往阴山南北的封地。1662年，遵照清政府的规定，四子部落旗（四子王旗）、乌拉特前中后三旗、茂明安旗、喀尔喀右翼旗（喀尔喀达尔罕贝勒旗）六旗札萨克首次会盟

---

[1]　曹永年. 内蒙古通史：第三卷［M］. 呼和浩特：内蒙古大学出版社，2007：21.

于四子王旗境内的乌兰察布[1]，从此，六旗统属一盟，称为乌兰察布盟。

乌兰察布盟这名称开始使用于清代，后行政管辖区域经过多次变动，但此名称始终没有改变，一直沿用至2003年12月31日。此后国务院批准撤盟设市，乌兰察布盟改名称为乌兰察布市。

乌兰察布盟这名称使用时间段可以分为四个阶段：

第一阶段：清代的乌兰察布盟。

第二阶段：民国时期的乌兰察布盟。

第三阶段：抗日战争时期的乌兰察布盟。

第四阶段：中华人民共和国内蒙古自治区乌兰察布盟。此时乌兰察布盟在蒙古文中记为"乌兰察布爱马克"，和前三者不同，前三者为"乌兰察布盟"。

（二）清代前中期乌兰察布盟盟长

根据历史资料，清代前中期历任乌兰察布盟盟长如下：

约1683—1707年，喀尔喀右翼部和硕达尔罕亲王诺内。

1711—1771年，四子部多罗达尔汉卓哩克图郡王阿喇布坦道尔济。

1771年，四子部多罗达尔汉卓哩克图郡王车凌旺扎勒。

1772—1781年，四子部多罗达尔汉卓哩克图郡王喇什雅木丕勒。

1781—1800年，喀尔喀右翼部多罗达尔汉贝勒车布登那木吉勒。

该盟长印颁造年代为1748年，时任盟长是阿喇布坦道尔济。

三、结语

清代官府印章少见用虎作为纽者。古代虎符代表着兵权，拥有虎符者拥有调拨、指挥军队之权。乌兰察布盟长印印纽制作为虎形，是清代乌兰察布盟盟长掌

---

[1]　关于乌兰察布盟的会盟地点、时间等，张穆《蒙古游牧记》卷五，《大清一统志》，赵尔巽《清史稿》卷六〇，莫德力图、金海《乌兰察布盟首次会盟地址、地点、时间考》（《中国边疆史地研究》1998年第4期），刘忠和《乌兰察布首次会盟考》（《内蒙古社会学科》2007年3月第28卷），当代《乌兰察布与会盟敖包》（《内蒙古日报》2007年6月4日）等均做了论述，本书不再赘述。

握着当地军队最直接的实物证明。

从乌兰察布盟长印的制作及印上阴刻的文字来看，此印制作颁发单位为礼部，刻有"乾字壹佰拾陆号"，说明清乾隆年间对官印的控制严格。印文使用蒙古文和满文阳刻，说明清朝对少数民族地区特别重视，故使用本民族的文字。

乌兰察布盟长印是国家一级文物，是研究乌兰察布地区历史、经济、政治及民族民俗方面不可缺少的实物资料。

（本文发表于《文物鉴定与鉴赏》2017年第2期）

内蒙古地区蒙元时期墓葬的初步研究

《荀子·礼论》："丧礼者，以生者饰死者也，大象其生以送其死也。故事死如生，事亡如存，终始一也。"在中国人的观念中，死亡并不意味着生命的终结，而是生命在另一个世界的延续，丧礼是联系生死两个世界的方式。墓，埋死人的地方；葬，古文字中的意思是将尸体投放到草丛中。墓葬就是埋死人的地方和葬制的综合。对以实物遗存为研究对象的考古学而言，墓葬是丧礼的唯一物质遗存，也是最常见的一类考古材料，其内容包罗万象，而且具有鲜明的时代、地域特征，墓葬对考古学、历史学的研究意义是无可替代的。如翁牛特旗国公府村元代张氏先茔碑碑文内容直接补充《元史》的不足之处。

元朝是中国历史上第一个由北方草原民族建立并实现了南北大统一的封建王朝。元朝建立之前是蒙古汗国，蒙古汗国及元朝的统治虽然不足200年，但是对中国社会政治、经济、文化、民俗、日常生活等方面产生了深远影响。从考古学角度，利用遗物、遗迹研究当时社会的生活和发展进程，是蒙元史研究的重要课题。但是，由于蒙元时期的墓葬发掘材料庞杂，加之族别和宗教信仰复杂，难以确定墓葬年代、族属，造成了蒙元时期墓葬研究中的一些困难。尤其内蒙古地区发现的蒙元时期墓葬，分布区域广，涉及的民族、部落和宗教信仰非常复杂，考古发现有明确的纪年遗物较少，这些给深入研究内蒙古地区蒙元时期墓葬带来了困难。

本文以内蒙古地区发现的蒙古汗国和元朝时期的墓葬为研究对象，对已经发表的墓葬材料做综合考察和系统归纳，对其进行分类、分期并进一步讨论族属等相关的问题。

一、内蒙古地区蒙元时期墓葬的发现概况

内蒙古地区最早发现的蒙元时期墓葬是1927年日本人佐伯好郎在内蒙古中部地区敖伦苏木古城附近发现的汪古部墓葬。1954年，在托克托县伞盖村发掘元代六角形砖室墓1座[1]。1958年7月，在察右前旗巴音镇土城子村北集宁路古城西，清理27座元代墓[2]。1959年，在呼和浩特市东南22千米的五路村，发现元代石棺墓1座。1965年及1976年，在赤峰红山区三眼井村西250米的山坡上，先后发掘2座元代墓[3]。1974年，在达茂旗都荣敖包苏木敖伦苏木古城东北，发掘元墓1座[4]。1973年，在四子王旗大黑河乡丰收地村东北，清理元代墓21座[5]。1974年，在达茂旗白彦敖包苏木毕其格图好来，距德宁路古城西北15千米处，发掘4座墓[6]。1974年，在达茂旗额尔顿敖包苏木所在地东北15千米处，清理元代土洞墓1座[7]。1976年6月，在兴和县五股泉乡五甲地村西北约2千米的西大山，清理蒙元时期墓葬4座[8]。1990年，内蒙古考古研究所对砧子山南区墓地进行考古发掘，共清理墓茔44座、墓葬96座[9]。1990年，在内蒙古乌兰察布市凉城县崞县窑子后德胜村北1.5千米处，发掘6座墓[10]。1992年，在正蓝旗羊群庙乡奎

[1] 李逸友. 托克托县伞盖村元墓[G]//内蒙古文物工作队. 内蒙古文物资料选辑. 呼和浩特：内蒙古人民出版社，1964.

[2] 内蒙古文物工作队. 察右前旗土城子古墓清理纪要[J]. 文物，1961（9）.

[3] 项春松，王建国. 内蒙古昭盟赤峰三眼井元代壁画墓[J]. 文物，1982（1）.

[4] 盖山林. 阴山汪古[M]. 呼和浩特：内蒙古人民出版社，1991.

[5] 项春松，王建国. 内蒙古昭盟赤峰三眼井元代壁画墓[J]. 文物，1982（1）.

[6] 项春松，王建国. 内蒙古昭盟赤峰三眼井元代壁画墓[J]. 文物，1982（1）.

[7] 项春松，王建国. 内蒙古昭盟赤峰三眼井元代壁画墓[J]. 文物，1982（1）.

[8] 盖山林. 兴和县五甲地墓[J]. 内蒙古文物考古，1984（3）.

[9] 内蒙古文物考古研究所，锡林郭勒盟文物管理站，多伦县文物管理所. 元上都城南砧子山南区墓葬发掘报告[G]//内蒙古自治区文物考古研究所. 内蒙古文物考古文集：第一辑. 北京：中国大百科全书出版社，1994.

[10] 内蒙古自治区文化厅文物处，乌兰察布文物工作站. 内蒙古凉城县后德胜元墓清理简报[J]. 文物，1994（10）.

树沟村北约0.5千米处，清理5座墓[1]。1995年6月，在乌审旗河南乡五大队古城村西约0.5千米处，清理9座墓[2]。正蓝旗元上都古城西北约12千米的上都音高勒苏木北面的山湾之阳坡上，1995年8月清理8座墓葬，1996年7月清理4座墓葬，1998年8月清理3座墓葬，三次共清理23座墓葬[3]。1998—2000年，连续发掘多伦县砧子山西墓地，共清理墓茔48座、墓葬102座[4]。1998年8月，在正蓝旗上都音高勒苏木元上都古城西北约17千米处的山湾之内，清理5座墓[5]。

本文研究的时间下限是近十年发现的蒙元时期墓葬。

根据不完全统计，在内蒙古地区发现的蒙元时期的墓葬达到了83处；经过正式发掘并有发表材料的墓地有29处（见表一）。根据全区考古发掘资料及其他材料统计的蒙元时期墓葬数量达到了3000多座，其中仅多伦县砧子山墓地所发现的墓葬就达到了1500余座[6]，达尔罕茂明安联合旗木胡儿素卜嘎墓地发现380余座[7]；被盗墓葬数量占多数。其中已经发表发掘材料的蒙元时期墓葬有384座，

———————

　［1］　内蒙古文物考古所，正蓝旗文物管理所．正蓝旗羊群庙元代祭祀遗址及墓葬［G］//内蒙古自治区文物考古研究所．内蒙古文物考古文集：第一辑．北京：中国大百科全书出版社，1994．

　［2］　内蒙古文物考古研究所，鄂尔多斯博物馆．乌审旗三岔河古城与墓葬［G］//内蒙古自治区文物考古研究所．内蒙古文物考古文集：第二辑．北京：中国大百科全书出版社，1997．

　［3］　魏坚，李兴盛，曹建恩，等．正蓝旗一棵树墓地［G］//魏坚．元上都．北京：中国大百科全书出版社，2008．

　［4］　魏坚，李兴盛，杨春文，等．多伦县砧子山西区墓地［G］//魏坚．元上都．北京：中国大百科全书出版社，2008．

　［5］　魏坚，李兴盛，杨春文，等．正蓝旗卧牛石墓地［G］//魏坚．元上都．北京：中国大百科全书出版社，2008．

　［6］　魏坚．元上都［M］．北京：中国大百科全书出版社，2008．

　［7］　内蒙古文物考古研究所，包头市文物管理处，达茂旗文物管理所．达茂旗木胡儿素卜嘎墓群的清理发掘［G］//内蒙古自治区文物考古研究所．内蒙古文物考古文集：第二辑．北京：中国大百科全书出版社，1997．

这些墓地包括砧子山墓群[1]（砧子山南区墓葬和砧子山西区墓葬）、格日朝鲁墓群、崩崩山墓群、乌兰沟元墓[2]、木苏陶勒盖墓群、岩子沟墓群、羊群庙墓群[3]、石人沟墓群、一棵树墓群[4]、王子文元墓、正蓝旗卧牛石墓地[5]、正镶白旗伊松敖包墓地[6]、镶黄旗博克敖包山墓地[7]、锡林浩特贝力克墓

[1]　内蒙古文物考古研究所，锡林郭勒盟文物管理站、多伦县文物管理所. 元上都城南砧子山南区墓葬发掘报告［G］//内蒙古自治区文物考古研究所. 内蒙古文物考古文集：第一辑. 北京：中国大百科全书出版社，1994.

内蒙古文物考古研究所，吉林大学边疆考古中心. 元上都城址南砧子山西区墓葬发掘简报［J］. 文物，2001（9）.

魏坚. 多伦县砧子山西山区墓地［G］//魏坚. 元上都. 北京：中国大百科全书出版社，2008.

[2]　内蒙古自治区博物馆，锡林郭勒盟文物管理站. 镶黄旗乌兰沟出土一批蒙元时期金器［G］//内蒙古自治区文物考古研究所. 内蒙古文物考古文集：第一辑. 北京：中国大百科全书出版社，1994.

魏坚，李兴盛，郝晓菲. 镶黄旗乌兰沟墓地［J］. 元上都［G］//魏坚. 元上都. 北京：中国大百科全书出版社，2008.

[3]　内蒙古文物考古所，正蓝旗文物管理所. 正蓝旗羊群庙元代祭祀遗址及墓葬［G］//内蒙古自治区文物考古研究所. 内蒙古文物考古文集：第一辑. 北京：中国大百科全书出版社，1994.

[4]　魏坚，李兴盛，杨春文，等. 正蓝旗卧牛石墓地［G］//魏坚. 元上都. 北京：中国大百科全书出版社，2008.

[5]　魏坚，李兴盛，杨春文，等. 正蓝旗卧牛石墓地［G］//魏坚. 元上都. 北京：中国大百科全书出版社，2008.

[6]　魏坚，李兴盛，杨春文，等. 正镶白旗伊松敖包墓地［G］//魏坚. 元上都. 北京：中国大百科全书出版社，2008.

[7]　魏坚，李兴盛，郝晓菲. 镶黄旗博克敖包山墓葬［G］//魏坚. 元上都. 北京：中国大百科全书出版社，2008.

葬[1]、正镶白旗三面井墓地[2]、恩格尔河墓葬[3]、集宁路古城西墓群[4]、城卜子墓群[5]、王墓梁墓群[6]、杨贵村墓群、毕其格图好来墓群、四号地墓群[7]、十二号村元墓、瓦红带墓群、哈达忽洞墓群、凉城后德胜墓群[8]、卓资县阳坡乡庙沟元墓、二号沟墓群、五甲地墓群[9]、西湾南墓群、木胡儿素卜嘎墓群[10]、翁滚梁南墓群[11]、獾窝岽子墓群、珠日和庙墓群、色拉圪台北墓群、袁家坡墓群、马山圪嘴墓群[12]、准格尔旗庙圪台墓群、准格尔旗南圪台墓群、房塔沟墓群[13]、南梁墓群、沙林岽墓群、小乌兰布浪墓群、固阳县义和店村元

[1] 魏坚，李兴盛，郝晓菲. 锡林浩特市贝力克墓葬［G］∥魏坚. 元上都. 北京：中国大百科全书出版社，2008.

[2] 魏坚，李兴盛，杨春文，等. 正镶白旗三面井墓地［G］∥魏坚. 元上都. 北京：中国大百科全书出版社，2008.

[3] 内蒙古自治区博物馆，锡林郭勒盟文物工作站. 苏尼特左旗恩格尔河的元代墓葬［J］. 内蒙古文物考古，2005（2）：27.

[4] 内蒙古文物工作队. 元代集宁路古城清理记［J］. 文物，1961（9）.

张郁. 察右前旗土城子古墓清理纪要［G］∥内蒙古文物工作队. 内蒙古文物资料选辑. 呼和浩特：内蒙古人民出版社，1964.

[5] 内蒙古文物考古研究所，乌兰察布市博物馆，四子王旗文物管理所. 四子王旗城卜子古城及墓葬［G］∥内蒙古自治区文物考古研究所. 内蒙古文物考古文集：第二辑. 北京：中国大百科全书出版社，1997.

[6] 盖山林. 阴山汪古［M］. 呼和浩特：内蒙古人民出版社，1992.

[7] 内蒙古文物工作队. 内蒙古文物资料选辑［M］. 呼和浩特：内蒙古人民出版社，1964年出版.

[8] 内蒙古自治区文化厅文物处，乌兰察布文物工作站. 内蒙古凉城县后德胜元墓清理简报［J］. 文物，1994（10）.

[9] 盖山林. 兴和县五甲地古墓［J］. 内蒙古文物考古，1984（3）.

[10] 内蒙古文物考古研究所，包头市文物管理所，达茂旗文物管理所. 达茂旗木胡儿素卜嘎墓群的清理发掘［G］∥内蒙古自治区文物考古研究所. 内蒙古文物考古文集：第二辑. 北京：中国大百科全书出版社，1997.

[11] 内蒙古自治区文物考古研究所. 内蒙古文物考古文集：第二辑. 北京：中国大百科全书出版社，1997.

[12] 郑隆. 准格尔旗大沙塔壁画墓及附近的古城址［J］. 内蒙古文物考古，1981（创刊号）.

[13] 郑隆. 准格尔旗大沙塔壁画墓及附近的古城址［J］. 内蒙古文物考古，1981（创刊号）.

墓[1]、五路村元墓、库伦旗王文沟元墓、库伦旗昆都岭元墓、伞盖村元墓[2]、花脑包墓葬、明水墓群[3]、沙子山元墓[4]、三眼井元墓[5]、梧桐花元墓[6]、元宝山元墓[7]、双山堡墓群、水泉沟墓群、二村墓群、二道营墓群、应昌路墓群、双合永墓群、九间房墓群、水泉沟墓群、公主埂墓群、乌尼吐墓群、敖海图元墓、唐房墓群、水泉墓群、三姓庄墓群、林家店墓群、新板墓群、张丑闾墓、张应瑞家族墓群[8]、上哇墓群[9]、二牌子墓群、南三家墓群、那嘎地墓群、兴隆坡元墓、驿马图墓群、广德公元墓、西道元墓、敖汉丰收元墓[10]、五路村骨灰墓等。

表一　内蒙古地区已发据墓地及墓葬分类统计表

单位：座

序号	墓葬地点	墓葬数量	石板墓	砖石墓	石砌墓	石堆墓	砖室墓	土坑竖穴墓	墓茔墓	骨灰墓	独木棺墓	石圈墓	土洞墓
1	毕其格图好来陵园	3										3	
2	敖伦苏木古城东北	1										1	
3	木胡儿索卜尔嘎	11						10					1
4	王墓梁	21					11	10					

　　［1］　张郁. 固阳县义和店村元墓［G］//内蒙古文物工作队. 内蒙古文物资料选辑. 呼和浩特：内蒙古人民出版社，1964.

　　［2］　李逸友. 伞盖村元墓［G］//内蒙古文物工作队. 内蒙古文物资料选辑. 呼和浩特：内蒙古人民出版社，1964.

　　［3］　内蒙古文物考古研究所. 明水墓地［J］. 待刊.

　　［4］　刘冰. 内蒙古赤峰市沙子山元代壁画墓［J］. 文物，1992（2）.

　　［5］　项春松，王建国. 内蒙古昭盟赤峰三眼井元代壁画墓［J］. 文物，1982（1）.

　　［6］　项春松，贾洪恩. 内蒙古翁牛特旗梧桐花元代壁画墓［J］. 北方文物，1992（3）.

　　［7］　项春松. 内蒙古赤峰市元宝山元代壁画墓［J］. 文物，1983（4）.

　　［8］　李逸友. 翁牛特旗国公府村元代张氏墓［G］//内蒙古文物工作队. 内蒙古文物资料选辑. 呼和浩特：内蒙古人民出版社，1964.

　　［9］　项春松，贾洪恩. 内蒙古翁牛特旗梧桐花元代壁画墓［J］. 北方文物，1992（3）.

　　［10］　项春松. 昭乌达盟地方志·文物志［M］：81.

（续表）

序号	墓葬地点	墓葬数量	石板墓	砖石墓	石砌墓	石堆墓	砖室墓	土坑竖穴墓	墓茔墓	骨灰墓	独木棺墓	石圈墓	土洞墓
5	兴和县五甲地	4				4							
6	集宁路古城西	27	3	1			2	21		（12）			
7	杨贵村	1						1		（1）			
8	托克托县伞盖村	1					1						
9	赤峰沙子山（含元宝山墓）	2					2						
10	赤峰三眼井	2					2						
11	松山区五三镇西道	1					1						
12	翁牛特旗梧桐花	1			1								
13	翁牛特官地公镇老虎洞村	1					1						
14	敖汉丰收三家营子	1					1			（1）			
15	多伦县砧子山西区	102	1	3	1		5	91	（84）	（38）			1
16	正蓝旗卧牛石	5						5		（5）			
17	正蓝旗一棵树	26				16		10	（7）				
18	正镶白旗三面井	10				10							
19	正镶白旗伊松敖包	9				1		8	（6）				
20	镶黄旗乌兰沟	3				2		1					
21	镶黄旗博克敖包山	1						1	（1）				
22	锡林浩特市贝里克	1						1					
23	正蓝旗羊群庙	5						5	（5）				
24	多伦县砧子山南区	96					5	91	（91）	（65）			
25	四子王旗城卜子	32						32		（2）			
26	乌审旗三岔河	9					1	8					
27	苏尼特左旗恩格尔河	1									1		
28	凉城县后德胜	6					2						4
29	五路村	1						1					
	比例（%）		1.05	1.05	0.50	9.92	7.55	76.94	（50.6）	（32.3）	0.28	1.05	1.56
	合计	384	4	4	2	38	29	295	（194）	（125）	1	4	6
	备注		统计表以已经发掘的墓葬报告为依据；未发现发掘报告的墓地未纳入，如明水墓地等。括号中的数字是重复出现的数字，如敖汉丰收三家营子墓既是砖石墓，又是骨灰墓。											

二、内蒙古地区蒙元时期墓葬研究概况

关于内蒙古地区蒙元时期墓葬方面专题研究论文和著作较少，研究的角度为美术学、物质文化、考古学等方面。关于族属人种方面的研究有方启、魏东、魏坚《元上都周围墓葬出土元代人骨研究》[1]，任琪《元宝山元墓墓主人考》[2]，付玉芹《内蒙古中南部古代人群的分子遗传学研究》[3]。有关墓葬外在设置的研究有佐伯好郎《再论百灵庙附近的景教遗迹》[4]，王大方《翁牛特旗元代"张氏先茔碑"与"住童先德碑"探讨》[5]、《翁牛特旗元代"竹温台碑"碑文抄件笺注》[6]，James Hamilton、牛汝极《赤峰出土景教墓砖铭文及族属研究》[7]，马定《关于绥远归化北的景教遗迹的初步调查报告》[8]，陈垣《马定先生在内蒙发现之残碑》[9]，张松柏、任学军《赤峰出土的也里可温瓷质碑》[10]。有关出土遗物的研究有霍玉虹、刘凤祥《赤峰元墓壁画人物服

[1] 方启，魏东，魏坚. 元上都周围墓葬出土元代人骨研究［G］//魏坚. 元上都. 北京：中国大百科全书出版社，2008.

[2] 任琪. 元宝山元墓墓主人考［N］. 昭乌达报. 1983–01–19（2）.

[3] 付玉芹. 内蒙古中南部古代人群的分子遗传学研究［D］. 长春：吉林大学，2006.

[4] 佐伯好郎. 再论百灵庙附近的景教遗迹［G］//内蒙古文物工作队. 内蒙古文物资料选辑. 呼和浩特：内蒙古人民出版社，1964.

[5] 王大方. 翁牛特旗元代"张氏先茔碑"与"住童先德碑"探讨［G］//内蒙古自治区文物考古研究所. 内蒙古文物考古文集：第二辑. 北京：中国大百科全书出版社，1997：673.

[6] 王大方. 翁牛特旗元代"竹温台碑"碑文抄件笺注［G］//内蒙古自治区文物考古研究所. 内蒙古文物考古文集：第二辑. 北京：中国大百科全书出版社，1997.

[7] James Hamilton，牛汝极. 赤峰出土景教墓砖铭文及族属研究［J］. 民族学研究，1996（3）.

[8] D. 马定. 关于绥远归化北的景教遗迹的初步调查报告［G］//内蒙古大学蒙古史研究室. 蒙古史研究参考资料：第十四辑. 1980.

[9] 陈垣. 马定先生在内蒙发现之残碑［G］//内蒙古大学蒙古史研究室. 蒙古史研究参考资料：第十四辑. 1980.

[10] 张松柏，任学军. 赤峰出土的也里可温瓷质碑［G］//内蒙古自治区文物考古研究所. 内蒙古文物考古文集：第一辑. 北京：中国大百科全书出版社，1994.

饰研究》[1]，夏荷秀、赵丰《达茂旗大苏吉乡明水墓地出土的丝织品》[2]、《镶黄旗哈沙图墓出土的丝织品》[3]，周金月《蒙古族元代墓室壁画的美术学价值》[4]，张景明、赵爱军《内蒙古地区蒙元时期金银器》[5]，王博《蒙元时期墓葬壁画题材与布局浅析》[6]，苏东《一件元代姑姑冠》[7]，内蒙古博物馆、锡林郭勒盟文物管理站《镶黄旗乌兰沟出土一批蒙元时期金器》[8]。综合研究的有魏坚、曹建恩《正蓝旗元上都遗址周围辽元墓葬》[9]，魏坚《元上都》[10]，盖山林《阴山汪古》[11]，李逸友《论内蒙古文物考古》[12]，魏坚《元上都及周围地区考古发现与初步研究》[13]，张晓东《蒙元时期的蒙古人墓葬》[14]。有关习俗及墓葬特点方面研究的有王大方《蒙古国蒙元时期蒙古人墓

————————

[1]　霍玉虹，刘凤祥. 赤峰元墓壁画人物服饰研究［J］. 内蒙古文物考古，2001（2）.

[2]　夏荷秀，赵丰. 达茂旗大苏吉乡明水墓地出土的丝织品［J］. 内蒙古文物考古，1992（Z1）.

[3]　夏荷秀，赵丰. 镶黄旗哈沙图墓出土的丝织品［J］. 内蒙古文物考古，1992（Z1）.

[4]　周金月. 蒙古族元代墓室壁画的美术学价值［J］. 呼伦贝尔学院学报，20004）.

[5]　张景明赵爱军. 内蒙古地区蒙元时期金银器［J］. 内蒙古文物考古，1999（2）：51.

[6]　王博. 蒙元时期墓葬壁画题材与布局浅析［D］. 长春：吉林大学，2006.

[7]　苏东. 一件元代姑姑冠［J］. 内蒙古文物考古，2001（2）.

[8]　内蒙古自治区博物馆，锡林郭勒盟文物管理站. 镶黄旗乌兰沟出土一批蒙元时期金器［G］//内蒙古自治区文物考古研究所. 内蒙古文物考古文集：第一辑. 北京：中国大百科全书出版社，1994.

[9]　魏坚，曹建恩. 正蓝旗元上都遗址周围辽元墓葬［G］//中国考古学会. 中国考古年鉴1996. 北京：文物出版社，1998.

[10]　魏坚. 元上都［M］. 北京：中国大百科全书出版社，2008.

[11]　盖山林. 阴山汪古［M］. 呼和浩特：内蒙古人民出版社，1991.

[12]　李逸友. 论内蒙古文物考古［G］//内蒙古自治区文物考古研究所. 内蒙古文物考古文集：第一辑. 北京：中国大百科全书出版社，1994.

[13]　魏坚. 元上都及周围地区考古发现与初步研究［J］. 内蒙古文物考古，1999（2）：21.

[14]　张晓东. 蒙元时期的蒙古人墓葬［D］. 长春：吉林大学，2006.

葬的特点》[1]。考古发掘报告有内蒙古文物考古研究所、包头市文物管理处、达茂旗文物管所《达茂旗木胡儿素卜嘎墓群的清理发掘》[2]，内蒙古文物考古研究所、锡林郭勒盟文物管理站、多伦县文物管理所《元上都城南砧子山南区墓葬发掘报告》[3]，内蒙古文物考古研究所、吉林大学边疆考古中心《元上都城址南砧子山西区墓葬发掘简报》[4]，内蒙古文物考古所、正蓝旗文物管理所《正蓝旗羊群庙元代祭祀遗址及墓葬》[5]，内蒙古自治区博物馆、锡林郭勒盟文物工作站《苏尼特左旗恩格尔河的元代墓葬》[6]，内蒙古文物工作队《元代集宁路古城清理记》[7]，内蒙古文物工作队《察右前旗土城子古墓清理纪要》[8]，内蒙古文物考古研究所、乌兰察布博物馆、四子王旗文物管理所《四子王旗城卜子古城及墓葬》[9]，内蒙古自治区文化厅文物处，乌兰察布文

———————

[1]　王大方. 蒙古国蒙元时期蒙古人墓葬的特点 [J]. 内蒙古文物考古，2001（1）.

[2]　内蒙古文物考古研究所，包头市文物管理处，达茂旗文物管所. 达茂旗木胡儿素卜嘎墓群的清理发掘 [G] //内蒙古自治区文物考古研究所. 内蒙古文物考古文集：第二辑. 北京：中国大百科全书出版社，1997.

[3]　内蒙古文物考古研究所，锡林郭勒盟文物管埋站，多伦县文物管理所. 元上都城南砧子山南区墓葬发掘报告 [G] //内蒙古自治区文物考古研究所. 内蒙古文物考古文集：第一辑. 北京：中国大百科全书出版社，1994.

[4]　内蒙古文物考古研究所，吉林大学边疆考古中心. 元上都城址南砧子山西区墓葬发掘简报 [J]. 文物，2001（9）.

[5]　内蒙古文物考古所，正蓝旗文物管理所：. 正蓝旗羊群庙元代祭祀遗址及墓葬 [G] //内蒙古自治区文物考古研究所. 内蒙古文物考古文集：第一辑. 北京：中国大百科全书出版社，1994.

[6]　内蒙古自治区博物馆，锡林郭勒盟文物工作站. 苏尼特左旗恩格尔河的元代墓葬 [J]. 内蒙古文物考古，2005（2）：27.

[7]　内蒙古文物工作队. 元代集宁路古城清理记 [J]. 文物，1961（9）.

[8]　内蒙古文物工作队. 察右前旗土城子古墓清理纪要 [G] //内蒙古文物工作队. 内蒙古文物资料选辑. 呼和浩特：内蒙古人民出版社，1964.

[9]　内蒙古文物考古研究所，乌兰察布博物馆，四子王旗文物管理所. 四子王旗城卜子古城及墓葬 [G] //内蒙古自治区文物考古研究所. 内蒙古文物考古文集：第二辑. 北京：中国大百科全书出版社，1997.

物工作站《内蒙古凉城县后德胜元墓清理简报》[1]，盖山林《兴和县五甲地古墓》[2]，张郁《固阳县义和店村元墓》[3]，刘冰《内蒙古赤峰市沙子山元代壁画墓》[4]，项春松、王建国《内蒙古昭盟赤峰三眼井元代壁画墓》[5]，项春松、贾洪恩《内蒙古翁牛特旗梧桐花元代壁画墓》[6]，项春松《内蒙古赤峰市元宝山元代壁画墓》[7]、《赤峰历史与考古文集》[8]，李逸友《伞盖村元墓》[9]、《翁牛特旗国公府村元代张氏墓》[10]等。

本文在前人基础上，根据已发掘的墓葬资料，对石堆墓、石板墓、石砌墓、砖石墓、砖石墓、石圈墓、独木棺墓、土坑竖穴墓、土洞墓、骨灰墓等的区别和特点进行研究，并确认其类型、年代和族属等方面的问题。另外在墓葬其他相关问题中，首先分析蒙元时期墓葬墓茔问题，对其进行分类，并讨论相关问题；其次对内蒙古地区发现的蒙元时期贵族墓的相关问题进行讨论分析。

三、内蒙古地区蒙元时期墓葬的类型、年代和族属

内蒙古地区发现的蒙元时期墓葬根据其形制与结构、建造材料的不同，可以分为石堆墓、石板墓、石砌墓、砖室墓、砖石墓、石圈墓、独木棺墓、土洞墓、土坑竖穴墓、骨灰墓等10个类型。

---

[1] 内蒙古自治区文化厅文物处，乌兰察布文物工作站. 内蒙古凉城县后德胜元墓清理简报[J]. 文物，1994（10）.

[2] 盖山林. 兴和县五甲地古墓[J]. 内蒙古文物考古，1984（3）.

[3] 张郁. 固阳县义和店村元墓[G]//内蒙古文物工作队. 内蒙古文物资料选辑. 呼和浩特：内蒙古人民出版社，1964：206.

[4] 刘冰. 内蒙古赤峰市沙子山元代壁画墓[J]. 文物，1992（2）.

[5] 项春松，王建国. 内蒙古昭盟赤峰三眼井元代壁画墓[J]. 文物，1982（1）.

[6] 项春松，贾洪恩. 内蒙古翁牛特旗梧桐花元代壁画墓[J]. 北方文物，1992（3）.

[7] 项春松. 内蒙古赤峰市元宝山元代壁画墓[J]. 文物，1983（4）：40.

[8] 项春松. 赤峰历史与考古文集[M]. 2002.

[9] 李遗友. 伞盖村元墓[G]//内蒙古文物工作队. 内蒙古文物资料选辑. 呼和浩特：内蒙古人民出版社，1964：206.

[10] 李逸友. 翁牛特旗国公府村元代张氏墓[G]//内蒙古文物工作队. 内蒙古文物资料选辑. 呼和浩特：内蒙古人民出版社，1964：207.

（一）石堆墓

石堆墓的共同特点是在墓地墓圹之上用石头来堆积，以形状而得名，故又叫积石墓。根据考古发掘的材料来看，内蒙古地区发现的石堆墓有38座。其中在砧子山南区墓地发现5座，在伊松敖包墓地发现1座，在乌兰沟墓地发现2座，在兴和县五甲地墓地发现4座，在镶白旗三面井发现10座，在一棵树墓地发现16座（见表二）。

1. 石堆墓的类型

石堆墓根据墓葬的形制与结构的不同分为3个类型。

A型　无墓穴。共同特点是在平地上用自然石块砌成一个不规则的方形墓穴，内放骨灰和少许随葬品，用沙土掩埋，形成一个不大的积石堆。在多伦县砧子山南区墓地发现5座[1]（M7、M8、M20、M40、M42）。

B型　有墓穴，根据使用的葬具不同分为2个亚型。

Ba型　无葬具。发现3座，其中伊松敖包墓地发现1座（M3，图一），乌兰沟墓地发现2座（M1、M2）。它们的共同特点是均在墓地地表铺砌有自然石块，形成积石状。墓坑在石堆下，土坑竖穴、无葬具。有的殉葬有羊骨，随葬品极少。

Bl型　有葬具。共同特点是均在墓地地表铺砌有自然石块，形成积石状。墓坑在石堆下，土坑竖穴，有葬具；有较丰富的随葬品。根据墓穴平面形状的不同，分为Ⅰ式（梯形土坑竖穴墓）、Ⅱ式（长方形土坑竖穴墓）、Ⅲ式（生土二层台土坑竖穴墓）3式。

Ⅰ式　梯形土坑竖穴墓，共同特点为墓口地表有堆石，墓穴平面呈长梯形，墓穴土坑竖穴、直壁平底。此类墓葬共发现17座，其中在三面井墓地发现8座（M2、M3、M5、M6、M7、M8、M9、M10），在一棵树墓地发现9座［M2、M10、M11、M12、M13、M15（图二）、M18、M19、M20］。

Ⅱ式　长方形土坑竖穴墓，共同特点是墓地地表有堆石，墓穴平面均呈长

---

　　　［1］　内蒙古文物考古研究所，锡林郭勒盟文物站、多伦县文物管理站. 元上都南砧子山南区墓葬发掘报告［G］//内蒙古自治区文物考古研究所. 内蒙古文物考古文集：第一辑. 北京：中国大百科全书出版社，1994.

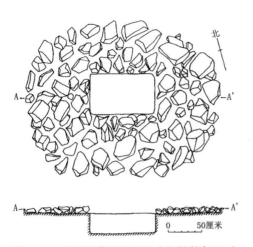

图一　Ba型石堆墓平剖面图（伊松敖包M3）

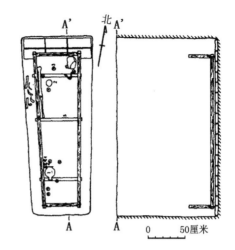

图二　Bb型Ⅰ式墓平剖面图（一棵树M15）

方形，土坑竖穴直壁平地。此类墓葬共发现12座。其中，五甲地墓地发现4座
〔M1、M2、M3、M4（图三）〕，在一棵树墓地发现6座（M4、M14、M16、
M17、M21、M22），在三面井墓地发现2座（M1、M4）。

Ⅲ式　生土二层台土坑竖穴墓，共同特点是在墓地墓口堆有自然石块，石堆
下有墓坑，平面呈长方形，在墓坑内留有生土的二层台。这型石堆墓发现2座，
为一棵树墓地M1、M9（图四）。

表二　石堆墓统计及其墓葬登记表

墓地	墓号	结构	尺寸（米）	墓向（度）	葬式	葬具	殉葬	随葬品
五甲地	M1							高足金杯、铜带饰9
	M2							棺钉、丝织品、铁环
	M3							铜饰件等
	M4	■	2.1×0.72 — 2.12	330	仰身直肢	木棺	羊骨	平足金杯、银发簪、马镫2、铁镞、铁刀2、鎏金衣扣3、鎏金衣饰件4、鎏金带扣、铜饰件、马鞍、桦树皮筒

（续表一）

墓地	墓号	结构	尺寸（米）	墓向（度）	葬式	葬具	殉葬	随葬品
砧子山南区	M7			0	骨灰	石堆		银耳环、铜簪
	M8			0	骨灰	土石堆		无
	M20			0		石堆		罐、香炉
	M40			0		石堆		
	M42			0				
伊松敖包	M3	■	1×0.6—0.3	10	骨灰	无	羊骨	
乌兰沟	M1	■	1.5×1—0.6	344	不详	无		
	M2	■	1.4×1.25—0.5	335	骨灰	无		黑釉瓷罐、铁剪
		■						
三面井	M1	■	2.2×0.8—0.6	354		木棺		
	M2	▲	2.05×（0.76~0.87）—0.5	352	侧身直肢	木棺	羊骨	铜镜、铁剪、铁刀
	M3	▲	2.1×（0.6~0.85）—0.7	355		木棺		铜镜
	M4	■	2×0.7—0.5	340	侧身直肢	木棺		铁剪、棺钉、桦树皮囊
	M5	▲	2×（0.6~0.7）—0.5	325		木棺		铜镜、铁辖、铁熨斗、铜指环、桦树皮囊、竹条
	M6	▲	2.1×（0.8~1）—1.03	325		木棺		铁马等2、铁刀、铁棺箍、铁护角、铁棺钉2、骨饰件
	M7	▲	2.1×（0.7~0.8）—1	335		木棺	羊骨	铁剪、铁环、铁护角、铁棺钉2
	M8	▲	2×（0.6~0.8）—1	340	侧身直肢		羊骨	铅制纺轮、铜饰件
	M9	▲	2.1×（0.6~0.8）—1	305		木棺	羊骨	铁护角、铁棺钉2
	M10	▲	2.4×（0.71~0.9）—1.35	325		木棺	羊骨	铜镜、固姑冠、铅制纺轮、铜簪、铁坏、铁棺钉

（续表二）

墓地	墓号	结构	尺寸（米）	墓向（度）	葬式	葬具	殉葬	随葬品
	M1	★	2.1×0.8－1.2	10		木棺		铁棺箍3、铁棺钉2、铜镜、桦树皮
	M2	▲	1.9×（0.6～0.7）－0.6	20				铁剑、铁棺钉2、铜镜
	M9	★	2.8×1.6－1.44	350				瓷罐、银耳饰、铁剪、木碗
	M10	▲	2.3×（0.82～0.9）－1.1	10				玛瑙珠、铁镞
	M11	▲	2.3×（0.84～1）－1.2	345		木棺		铜扣饰
	M12	▲	2×（0.74～0.9）－0.8	325				铁镞2、珠饰15
	M13	▲	2.5×（0.9～1）－1.4	351		木棺		
	M14	■	2.3×0.9－1.3	345		木棺	羊骨	瓷罐、鎏金铜管状器2、铁马镫2、铁镞
	M15	▲	2.4×（0.8～1）－1.4	355		木棺	羊骨	银壶、银饰片、骨珠饰38、钱币9
	M16	■	2×0.7－1.1	340	仰身直肢	木棺	羊骨	铜镜
	M17	■	2×0.8－0.7	348			羊骨	
	M18	▲	2.1×（0.72～0.8）－1	335			羊骨	
	M19	▲	2.2×（0.7～0.8）－1.2	350			羊骨	
	M20	▲	2.05×（0.64～0.74）－0.9	343		木棺	羊骨	铜带环2
	M21	■	2.5×1.02－1.7	344		木棺	羊骨	铁马镫2、铁镞6、铁环2、铁棺钉2、木马按、桦树皮箭箙、钱币49
	M22	■	2.3×0.94－1.2	342		木棺		铁熨斗、毛毡、丝织品
备注	■长方形土坑竖穴墓 ▲长梯形土坑竖穴墓 ★土坑竖穴生土二层台墓随葬品未记数者均1件。							

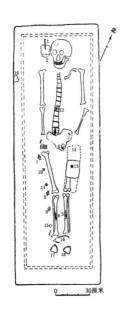

图三　Bb型Ⅱ式墓平剖面图　　　　　　　　图四　C型石堆墓平剖面图

2. 石堆墓的年代与族属

A型墓葬是砧子山南区墓地96座墓葬中发现的特殊墓葬，无墓穴，多为骨灰葬，出土遗物仅有银耳环、铜簪、小黑釉罐、香炉等几件。发掘者认为这类墓葬是葬小孩子的墓葬[1]。从出土遗物看是蒙元时期墓葬无疑，但是很难判断是哪个民族部落的。本文根据墓葬的形制及结构来分析，认为虽然没有墓穴，但是已完全符合石堆墓的标准，且符合蒙古国发现的蒙古汗国时期墓葬的基本特点，所以A型墓葬应是元上都建造以前在附近所住的普通蒙古人墓葬。

Ba型墓葬地表堆积有大量的石块，在蒙古国发现确认的蒙元时期墓葬的共同特点是在墓地堆有石块。该型墓葬和蒙古国北杭爱省浩腾特苏木乌兰朝路巴嘎乌布日哈布其勒发掘的蒙元时期墓葬的特点相同[2]，墓葬的随葬品少，墓葬墓

---

[1]　内蒙古文物考古研究所，锡林郭勒盟文物管理站，多伦县文物管理所. 元上都城南砧子山南区墓葬发掘报告［G］//内蒙古自治区文物考古研究所. 内蒙古文物考古文集：第一辑. 北京：中国大百科全书出版社，1994.

[2]　笔者参加过蒙古国北杭爱省浩腾特苏木乌兰朝路巴嘎乌布日哈布其勒蒙元墓葬和乌兰沟墓地的发掘，两个墓地地表均有堆积的石头。

穴浅，很容易发现[1]；从随葬有羊骨头和出土的铁剪子、小黑釉罐等特点来分析，可以确认Ba型墓应该是蒙古汗国晚期到元代早期普通蒙古族人墓葬。

Bb型墓葬的共同特点是在墓地地表堆有自然石块，土坑竖穴，有葬具。在五甲地墓地出土有高足金杯、铜带饰、平足金杯、银发簪、马镫、铁镞、铁刀、鎏金衣扣、鎏金衣饰件、鎏金带扣、铜饰件、马鞍、桦树皮筒等，出土的高足金杯与恩格尔和元代墓葬[2]、镶黄旗乌兰沟蒙元时期墓[3]出土的高足杯相同。在三面井墓地出土有铜镜、铁剪、铁刀、桦树皮囊、铁辖、铁熨斗、铜指环、竹条、铁马、铁棺箍、铁护角、骨饰件、铅制纺轮、铜饰件、固姑冠、铜簪等。在一棵树墓地出土有铁剑、铁镞、铁马镫、木马按、木碗、铜镜、瓷罐、银耳饰、铁剪、玛瑙珠、铜扣饰、珠饰、鎏金铜管状器、银壶、银饰片、骨珠饰、钱币、铜带环、铁熨斗、毛毡、丝织品、桦树皮箭箙等。两个墓地出土的物品基本相同，随葬品均为生活用品，其中马鞍、马镫、铁刀、桦树皮箭箙、木碗、铁镞等物品有浓厚的游牧民族的生活用具的特点，且完全符合蒙古国蒙元时期蒙古人墓葬特点；在墓地出土的古生物分子研究的结果说明，一棵树古代居民同达斡尔人及来自内蒙古的蒙古人二者之间的亲缘关系很近[4]。三面井出土的固姑冠与内蒙古博物馆馆藏固姑冠基本相同，而固姑冠是元代蒙古族妇女很有特色的冠帽[5]。所以可以确定Bb型墓葬应是元代中晚期蒙古族人墓葬。

（二）石板墓

石板墓是以建造墓室的方式命名的一种形制的墓葬。在内蒙古东部区发现的夏家店上层文化时期的石板墓较多。该形制墓葬的共同特点是在墓穴内的墓壁和

[1]　王大方. 蒙古国蒙元时期蒙古人墓葬的特点［J］. 内蒙古文物考古，2001（1）.

[2]　内蒙古自治区博物馆，锡林郭勒盟文物工作站. 苏尼特左旗恩格尔河的元代墓葬［J］. 内蒙古文物考古，2005（2）.

[3]　内蒙古自治区博物馆，锡林郭勒盟文物管理站. 镶黄旗乌兰沟出土一批蒙元时期金器［G］//内蒙古自治区文物考古研究所. 内蒙古文物考古文集：第一辑. 北京：中国大百科全书出版社，1994.

[4]　付玉芹. 内蒙古中南部古代人群的分子遗传学研究［D］. 长春：吉林大学，2006.

[5]　苏东. 一件元代姑姑冠［J］. 内蒙古文物考古，2001（2）.

墓底均用石板来拼接立砌。根据搜集到的材料，此类墓葬有4座，其中在集宁路西墓地发现3座（M16、M5、M6），在砧子山西区墓地发现1座（M70）。

1. 石板墓的类型

根据砧子山西区墓地、集宁路西墓地发掘报告，石板墓根据墓葬形制的不同分为两型。

A型　土坑竖穴墓。共3座，均发现在集宁路古城西墓地，编号为M5、M6、M16（图五）。特点为土坑竖穴墓圹，平面呈长方形，墓圹内用石板平砌墓壁、墓底。

B型　墓道石板木椁墓，仅砧子山西区墓地（M70，图六）一例。此类墓由墓圹、墓室、墓道组成。墓圹平面呈长方形，墓圹内紧贴木椁外用石板立砌东、西、北墓壁和墓底，在木椁上面也有一层的石板。椁室用木头制作，做成南、北两室，南室北壁用石板加厚；北室并列放有木棺两具，各葬尸骨一具。墓道位于墓室南侧，为长方形阶梯式墓道，四级台阶。

2. 石板墓的年代

A型墓葬内出土黑瓷罐、葫芦形骨器、木梳、铜耳勺、双股铜钗、银钗、金

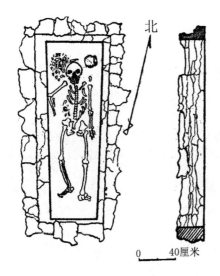

图五　A型石板墓平剖面图（M16）

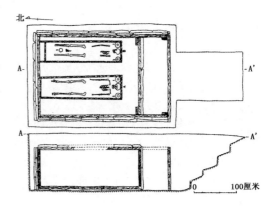

图六　B型石板墓平剖面图（M70）

银头饰、铜镜、香盒、瓷碗、瓷碟、瓷盏、古钱币等，发掘者认为"砖石结构墓处于由砖墓向石板墓过度之中间，石板墓一般均比砖墓晚，……故初步认定石板墓为元代中早期之墓葬"[1]，加上出土瓷器与察右中旗广义隆古城[2]出土遗物相同，所以确认该型墓葬为元代中期墓葬。

B型墓葬出土的遗物木梳（图七：1）形状与四子王城卜子古城墓葬[3]、浙江省海宁市元代贾椿墓地[4]、安徽省六安市石咀元代古墓[5]出土的木梳相同，该墓出土车辖（图七：2）与卓资山县元代窖藏出土的车辖[6]、内蒙古黑城出土车辖[7]相似。所确认该墓葬应是元代中晚期的墓葬。

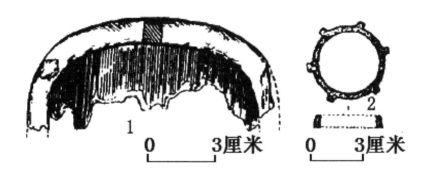

图七　B型石板墓出土遗物
1. M70：13　2.M70：10

［1］　内蒙古文物工作队. 察哈尔右翼前旗土城子古墓清理纪要［J］. 文物，1961（9）.

［2］　张郁. 察右中旗广义隆元代古城［G］//内蒙古文物工作队. 内蒙古文物资料选辑. 呼和浩特：内蒙古人民出版社，1964.

［3］　内蒙古文物考古研究所，乌兰察布市博物馆，四子王旗文物管理所. 四子王旗城卜子古城及墓葬［G］//内蒙古自治区文物考古研究所. 内蒙古文物考古文集：第二辑. 北京：中国大百科全书出版社，1997.

［4］　海宁县博物馆. 浙江海宁元代贾椿墓［J］. 文物，1982（2）.

［5］　安徽六安县文物工作组. 安徽六安县石咀古墓清理简报［J］. 考古，1986（10）：920.

［6］　汤宝珠. 卓资山县元代窖藏［J］. 内蒙古文物考古，2001（2）.

［7］　内蒙古文物考古研究所，阿拉善盟文物站. 内蒙古黑城考古发现纪要［J］. 文物，1987（7）.

3．石板墓的族属

根据石板墓的分类、分期、出土遗物和区域等方面的综合分析，上述墓葬均属汉族人墓葬。A型墓葬中的集宁路古城西发现的M6和B型墓葬的埋葬者口衔古钱币，集宁路西墓地M6出土的黑瓷罐及B型墓出土遗物有典型的汉人墓葬随葬品特点，所以可以确认A型墓葬是集宁路古城生活的普通汉族人的墓葬，B型墓葬是居住在元上都附近的普通汉族人的墓葬。

（三）石砌墓

内蒙古地区发现的石砌墓有2座，其中在多伦县砧子山西区墓地发现1座，在翁牛特旗梧桐花发现1座。这两座墓葬发现的地点相隔很远，但是他们有个共同的特点——墓室用石砌，所以命名石砌墓。

1．石砌墓的类型

根据这两座墓葬的建筑特点的不同，分为A、B两型。

A型　石砌壁画墓，发现于翁牛特旗梧桐花。墓四壁绘制有壁画。墓室石砌，墓室平面呈方形。四壁平整。穹窿顶，穹窿顶已经塌陷。正顶盖大块石。内侧凿平，正中央有一圆形浅龛，中凿一孔，是镶嵌铜镜之处。墓东壁正中设一门，门顶已被破坏，门槛处以大石封堵。门内地面留有一方形空隙地坑，南、北两侧地面上均有长90厘米的空台。墓室内用白灰抹平[1]。

B型　土坑竖穴石砌墓，砧子山西区M10。虽早期被盗，但墓室形状保存较好。墓室在墓圹内使用自然石块，座用泥浆叠砌，内用白灰抹平。墓圹平面呈圆角长方形，墓室平面呈长方形。墓圹南北长，内用自然石块垒砌墓室，无墓顶、无墓门（图八）。出土遗物61件，以瓷器、古钱币为主，有少量的金器、骨器、石饰件、墨等[2]。

2．石砌墓的年代

A型墓出土残碑1件，碑上方有半浮雕二龙戏珠，龙为五爪，残留"大元"

[1]　项春松，贾洪恩．内蒙古翁牛特旗梧桐花元代壁画墓［J］．北方文物，1992（3）．

[2]　魏坚．元上都［J］．北京：中国大百科全书出版社，2008：358．

两字；青花玉壶春瓶1件，敞口、细颈、鼓腹、圈足，足底部不施釉，腹部饰一青花盘龙，昂首、张牙、四爪腾空，前方及颈部配火珠（图九），通高28厘米，口径7.9厘米，底径8.15厘米，为典型的元代早期的玉壶春瓶。墓西壁绘制两组9幅八宝瑞祥图。幅面高130厘米、长235厘米，莲花座托上绘有法器、双鱼、净瓶、八宝、花蕊、伞盖、牡丹、火轮、佛钟等图案，周围用团花图案装饰（图十）。根据墓葬壁画绘有喇嘛教的习用法器、八宝瑞祥，许多内容与民间传说、佛变故事有关，且牡丹花的画法与陕西蒲城洞耳村元代壁画墓[1]中的牡丹花画法

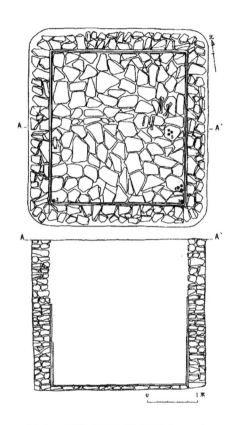

图八　B型石砌墓平剖面图（M10）

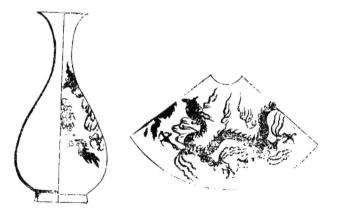

图九　A型石砌墓出土玉壶春瓶及纹饰展开图（梧桐花壁画墓）

［1］　陕西省考古研究所. 陕西蒲城洞耳村元代壁画墓［J］. 考古与文物，2000（1）.

图十　A型石砌墓西壁画（梧桐花壁画墓）

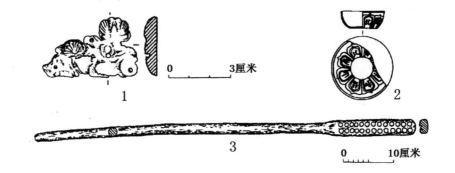

图十一　B型石砌墓出土典型遗物

1. 石件饰（M10：8）　2. 影青钵（M10：6）　3. 骨柄刷（M10：9）

相同，分析可知该墓葬应为元代早中期的墓葬。

B型墓出土的小口瓷瓶、影青瓷钵（图十一：2）和骨刷柄是典型的元代晚期的遗物，且骨刷柄（图十一：3）与集宁路古城址出土的骨刷柄相同，可以确认B型墓葬为元代中晚期墓葬。

3. 石砌墓的族属

A型墓墓室正顶正中央凿圆形一孔，门内地上留有方形地坑，这种结构近似蒙古族的蒙古包，有着浓厚的蒙古族生活习俗，可以认定该墓墓主人应是蒙古族人。

B型墓中发现的影青钵（M10：6）内写有"福如东□　寿比南山"7个字，

应是"福如东海 寿比南山"8个字，"海"字残缺（图十一：2）；石饰件（图十一：1）三角形三个鱼头装饰构件表示"有余"。这些都与汉族人的习俗有关。在墓中发现的人骨的DNA及古生物分子的鉴定研究表明是北亚蒙古种北方汉族人[1]。综合以上的研究，B型墓葬应是汉族人的墓葬。

（四）砖室墓

砖室墓是古代墓葬建造方式之一，墓葬墓室使用砖垒砌而成，开始于西汉，盛行于东汉及以后各代。蒙元时期的砖石墓较多，在内蒙古地区发现29座，占内蒙古地区墓葬总数的9.92%；分布于王母梁墓地、集宁路古城西墓地、伞盖村墓地、西道墓地、老虎洞村墓地、砧子山西墓地、三岔河墓地、后德胜墓地、沙子山墓地、三眼井墓地等地方。

1. 砖室墓的类型

根据墓室内的装饰及建造的结构的不同，内蒙古地区发现的砖室墓分为A型（砖室壁画墓）和B型（普通砖室墓）两型。

A型　砖室壁画墓。根据砖室壁画及墓室内的装饰的不同，分为2个亚型。

Aa型　根据墓葬结构的不同分为3式。

Ⅰ式　台阶式墓道砖室壁画墓。共发现2座，内蒙古赤峰市元宝山元代壁画墓（图十二）和内蒙古赤峰市三眼井元代壁画墓M2。这两座均为小型砖砌单室彩绘壁画穹窿顶墓，由墓圹、墓道、墓室组成。方形墓圹，方形墓室，长方形墓道，台阶式墓道，墓门券顶。

Ⅱ式　长方形土坑竖穴墓道壁画墓。发现1座，内蒙古赤峰市三眼井墓地M1。平面呈长方形，东西1.5米，南北1.8米，券顶残高1.5米。墓道为长方形土坑竖穴，长1.8米，宽1.6米。该墓早期被盗，壁画被破坏严重，北壁残存建筑鞍马等，东壁残存人物，南壁残存鞍马、侍者等。

Ⅲ式　方形砖室壁画墓。发现1座，内蒙古赤峰市沙子山元代壁画墓。该

［1］　付玉芹. 内蒙古中南部古代人群的分子遗传学研究［D］. 长春：吉林大学，2006.

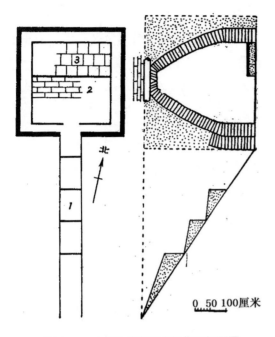

图十二　Aa型I式砖室壁画墓平剖面图

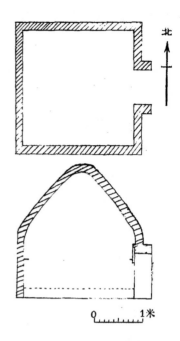

图十三　Aa型II式砖室壁画墓平剖面图

图十四　砧子山墓四壁展开图

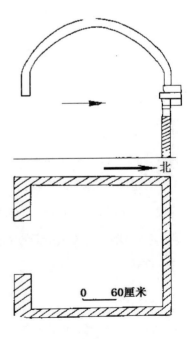

图十五　后德胜M1平剖面图

墓是砖筑单室墓，被盗。建造方法为单砖错缝平砌，沙泥做浆，在墓室四角高0.6米处横立砖内收，其上结穹窿顶。墓室平面呈正方形，边长2.3米，墓壁高1米，墓顶高1.3米，墓门拱形宽0.7米、高0.8米，门洞长0.34米，墓方向90度（图十三）。墓室四壁都绘有壁画（图十四）。

Ab型　砖室仿木结构壁画墓。根据墓葬内部结构的不同，分为仿木结构壁画墓和仿木结构祭祀台壁画墓两式。

Ⅰ式　仿木结构壁画墓，即内蒙古乌兰察布市凉城县后德胜元代壁画墓（后德胜M1）。该墓是一座砖券仿木雕壁画墓，因破坏严重，仅存墓室。平面呈长方形，长2.34米，宽2.16～2.20米，墓方向166度（图十五）。墓壁上用短柱承普拍枋，再用转角斗拱4组、补间斗拱3组承4层撩檐枋，上接穹窿顶。墓室墓顶、墓壁绘满壁画。壁画根据壁画内容的不同可以分为上、中、下三部分：上部为墓顶祥云图，中部为墓顶与墓壁交界处的斗拱间装饰图，下部为墓壁上的生活图（图十六）。

Ⅱ式　仿木结构祭祀台壁画墓，即内蒙古锡林郭勒盟多伦县砧子山西墓地（M8）。该墓由墓扩、墓室、墓门、甬道、墓道、祭台等组成（图十七）。墓扩平面呈圆形，墓室平面呈正方形，方向20度。墓室四壁及墓顶均抹有白灰面，顶部剥落。在墓室四壁及墓顶均绘有壁画（图十八）。墓门位于南壁正中，呈拱洞式。甬道位于墓门之南侧，顶部坍塌。用石板封堵，石

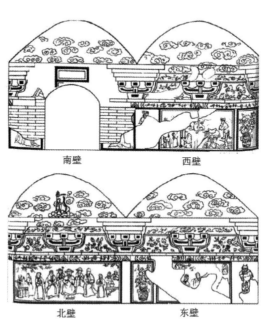

图十六　后德胜M1壁画展开图

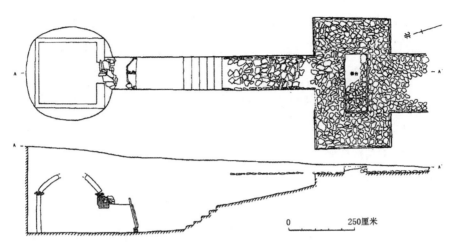

图十七　Ab型Ⅱ式砖室壁画墓平剖面图（M8）

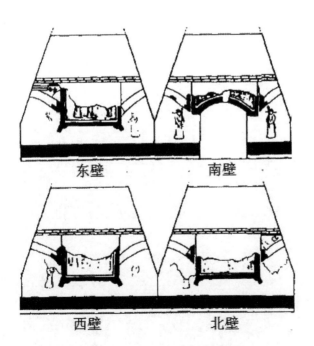

东壁　　南壁

西壁　　北壁

图十八　Ab型Ⅱ式砖室壁画墓壁画展开图（M8）

板下面平砌3～4层砖，石板中间缝隙用纵向三砖封堵。墓道位于甬道南侧，南北两段呈斜坡式，中段偏北处为五级台阶，阶梯以南墓道之上平铺一层平整的石板，两侧用石板立砌整齐边框。祭台位于墓道之南端，与墓道顶部铺石连为一体。祭台亦用自然石块铺砌，四边用石板立砌整齐边框。平面呈长方形，在祭台中部略偏南处砌一祭台，祭台已被破坏。

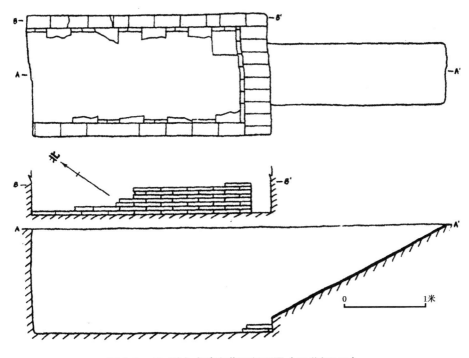

图十九　Ba型Ⅰ式砖室墓平剖面图（三岔河M1）

B型　普通砖室墓。内蒙古地区发掘发现23座，其中在王墓梁墓地发掘的21座墓[1]中有11座（M1、M2、M3、M4、M6、M7、M8、M13、M15、M17、M21），在集宁路古城西墓地发现2座[2]（M11、M13），在托克托县伞盖村发现1座，在赤峰市松山区五三镇西道发现1座，在翁牛特旗广德公镇老虎洞村发现1座，在敖汉旗丰收三家营子发现1座，在多伦县砧子山西墓地发现4座（M11、M12、M29、M76），在乌审旗三岔河墓地发现1座，在凉城县后德胜墓地发现1座（表三）。以上墓葬根据墓葬形制结构的不同，分为Ba型、Bb型、Bc型、Bd型、Be型5个亚型。

Ba型　长方形砖室墓。根据墓形状结构的不同分为4式。

————————

[1]　盖山林. 阴山汪古［M］. 呼和浩特：内蒙古人民出版社，1991：192.

[2]　内蒙古文物工作队. 察哈尔右翼前旗土城子古墓清理纪要［J］. 文物，1961（9）.

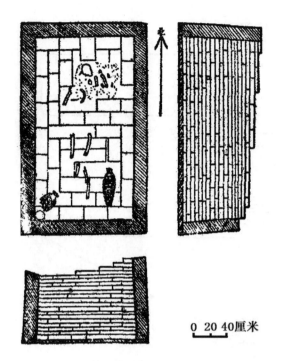

0 20 40厘米

图二十　Ba型Ⅱ式砖室墓平剖面图（集宁路西M14）

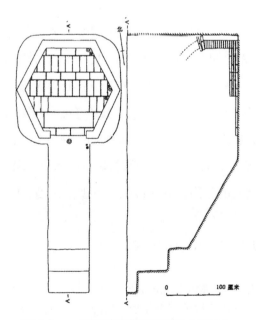

图二十一　Bb型砖室墓平剖面图（M11）

Ⅰ式　有墓道长方形墓室墓。此类墓发现1座，三岔河墓地M1。有墓圹、墓室、墓道（图十九），墓圹平面呈"凸"字状，墓室平面呈长方形，墓壁砖竖向单层错缝平砌；墓道为斜坡。墓向325度。

Ⅱ式　无墓顶砖室墓。墓壁用砖平砌，墓底平铺砖。此类墓在集宁路古城西墓地发现2座［M11、M13（图二十）］，在砧子山西墓地发现1座（M76）。

Ⅲ式　木砖结构墓。穴底上起砖，墓底无砖，砖砌至穴井中部，上搭横木上放平砖，上面填土夯实。此类墓有王墓梁墓地M1、M2、M3、M8、M13、M15、M17、M21等8座墓。

Ⅳ式　长方形卷顶墓。此类墓发现2座，在后德胜墓地发现1座（M2），在砧子山西墓地发现1座（M29）。单砖错缝平砌，墓室平面呈长方形，墓顶卷顶，墓圹平面呈长方形，无墓道。后德胜M2卷顶中部留有10厘米×20厘米的一个椭圆形孔，孔上盖有一砖。

表三 普通砖室墓统计表

墓地	墓号	墓室 形状	墓室 尺寸（米）	墓顶石	葬具	埋葬方式	随葬品	方向（度）
王墓梁	M1	■		刻有景教特征的十字架，后刻叙利亚文一行	木棺		固姑冠1、松石蝶3、桦树皮鞋垫2	
	M2	■		头上部雕莲花，前、右、左、各一十字架，后身侧雕宝相花纹，背叙利亚文	木棺		毡片	
	M3	■		同M2，但背无文字	木棺		黑釉瓷器残片	
	M4	◆	2.03×0.77~0.88－281	底有一级台阶，头部莲花纹，前、左、右有十字架	木棺		铜镜1、桦树皮鞋垫	
	M6	◆	2.20×0.60~0.75－190	头部莲花纹，前、左、右有十字架，后身两侧雕波浪纹	木棺		固姑冠1、桦树皮鞋垫2、铁十字架1、云形铁饰、铜镜1、金约指、錾花金筒、金耳坠	
	M7	◆	2.50×0.85~0.90－1.90	后身两侧方连续蔓草纹，以外同M6	木棺		固姑冠残片、影青瓷残片、茶釉缸残片、铜片	
	M8	■	2.25×1.80－2.70	同M7墓顶石	木棺		固姑冠残片	
	M13	■	2.25×1.00－2.35	头上莲花纹，底分二级，背有文字	木棺		固姑冠残片、桦树皮鞋垫、铬铁、火炬形景教石刻	
	M15	■	2.60×1.15－2.55	头部刻刻水禾，前、左、中有十字架，身后两侧饰草叶纹、旋纹，背叙利亚文，足底涡	木棺			
	M17	■	2.30×0.75－2.30	已残，后两侧连续花草纹，足底饰蔓草	木棺		皮鞋、钱币、泥俑、桦树皮鞋垫	
	M21	■	2.00×0.80－2.50		木棺		桦树皮鞋垫、白釉瓷残片。	

（续表）

墓地	墓号	形状	墓室尺寸（米）	墓顶石	葬具	埋葬方式	随葬品	方向（度）
集宁路古城西	M11	■	2.32×1.00—0.80		木棺	仰身直肢	铁钉2、铜钗1	
	M13	■	2.08×1.18		木棺	仰身直肢	黑釉小口瓶1	358
伞盖村	M1	●					粗白瓷钵1、大元通宝1、黑釉玉壶春瓶1、白瓷杯1、黑釉碗2	
西道	M1	□					黑花瓷瓶1、残银盘（口部刻有"至正四年月日"字样）	
老虎洞村	M1	□					兽钮盖罐2、龙泉瓷盘1	
三家营子	M1	○			骨灰盒	骨灰葬	钧瓷瓷碟、酱釉碗碟、茶色釉尊、瓷瓶、买地券身地卷各1件	
砧子山西	M11	●	1.80×2.05—0.72（残高）墓道2.74×0.82—2.14		骨灰盒	骨灰葬	古钱19、小口瓶1、石桌1	5
	M12	●	1.48×1.76—0.80（残高）墓道2.28×0.78—2.14		骨灰盒	骨灰葬	铜镜1、小口瓶2、香炉1	5
	M29	■	1.10×1.05—0.75		骨灰盒	骨灰葬	梅瓶2、带盖罐1、香炉1、采石4、钱币40	10
	M76	■	1.66×1.58—1.08		骨灰盒	骨灰葬	小口瓶3、石狮、石羊头、石座、石底足、石饰件2、铜花饰件、铜簪、瓦当、采石各1件、钱币17	345
三岔河	M1	■	3.10×1.60—1.40 墓道2.30×0.80—(0～1.40)		不详	不详	黑釉罐、瓷碗、瓷盆、铜花饰件、铁锹、花砖、采石各1件、古钱币2、铁棺钉各1件	325
后德胜	M2	■	2.20×2.24—2.00		木棺			175

■长方形竖穴砖室墓；●六角形砖室墓；□方形砖墓；○圆形砖室墓；◆长梯形砖墓

图二十二　元宝山壁画墓家居图

Bb型　六角形砖室墓。墓室平面呈六边形，墓顶穹窿顶，墓圹平面呈圆角长方形，墓道斜坡式。此类墓发现3座，在伞盖村发现1座，在砧子山西墓地发现2座［M11（图二十一）、M12］。

Bc型　方形砖室墓。共发现2座，在赤峰市松山区五三镇西道村发现1座，在翁牛特旗官地公老虎洞发现1座。墓圹、墓室平面呈方形。

Bd型　圆形砖室墓。共发现1座，墓室平面呈圆形，位于赤峰市敖汉旗丰收镇三家村三家营子村。

Be型　长梯形砖室墓。共发现3座，王墓梁墓地M4、M6、M7。墓由墓室和墓圹组成，墓室和墓圹平面均呈梯形。

2. 砖室墓的年代

Aa型Ⅰ式墓和Aa型Ⅲ式墓在同一个墓地，两墓相距仅5米。两个墓葬墓室后部对称绘插屏画，前部对称绘备宴图，内容布局均相近。砧子山墓，方形穹窿顶，两侧壁前部对称画备茶图和备宴图，北壁和两侧壁后部二面构成4幅插屏画。此墓在形制、壁画布局、题材方面均与大同元代壁画墓[1]相似。大同市元代壁画墓的建造年代为1298年，这两座墓中的人物描绘不如大同市元代壁画墓细

---

［1］　大同市博物馆. 大同市元代壁画墓［J］. 文物季刊，1993（2）.

图二十三　三眼井M2北壁家居图

腻，年代应稍早。元宝山墓壁画中的夫妇对坐图（图二十二）与陕西蒲城洞耳村元代壁画墓[1]（年代为1269年）中的夫妇对坐图基本相同。根据以上和元宝山、沙子山两个墓出土遗物及壁画结合分析，两墓年代应为元代早期。

　　Aa型Ⅰ式三眼井M2和Aa型Ⅱ式三眼井M1在同一个墓地，壁画和墓葬形制基本相同。三眼井M2壁画中的主人对坐图（图二十三）和元宝山墓葬中的主人对坐图有明显的差别：元宝山墓中的男主人在左，而三眼井M2墓中的男主人在右。出土的瓷碗、黑釉瓷坛为典型的元代中晚期遗物。所以认定三眼井墓M1、M2的年代为元代晚期。

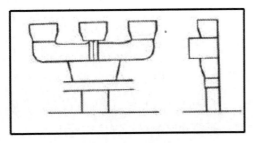

图二十四　Ab型Ⅰ式墓斗拱装饰图

　　Ab型Ⅰ式墓葬后德胜M1家居图中的男主人坐在右，与三眼井墓男主人的座法相同。后德胜墓中的斗拱装饰法（图二十四）和济南附近发现的元代砖雕壁画墓葬[2]M4斗拱装饰完全相同。壁画是绘有招魂女的宗教题材的作品。根据墓壁

　　［1］　陕西省考古研究所. 陕西蒲城洞耳村元代壁画墓［J］. 考古与文物, 2000（1）.
　　［2］　济南市文化局, 章丘县博物馆. 济南附近发现的元代砖雕壁画墓［J］. 文物, 1992（2）.

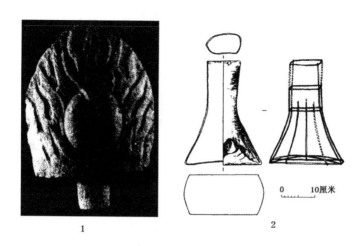

图二十五

1.王母梁M13出土景教石刻 2.三面井M10出土固顾冠

画的内容及以上所述，可以确认后德胜M1年代为元代晚期。

Ab型Ⅱ式砧子山西墓地M8中出土的骨刷柄与集宁路古城出土的骨刷柄一致，祭祀台的形状结构与羊群庙元代祭祀遗址祭祀台[1]基本相同。发掘者认为M8的砖券砌法和后德胜元代壁画墓的砖券砌法一致[2]，所以可以确认M8的年代为元代晚期。

Ba型Ⅰ式墓葬出土的瓷碗（图二十六：1）、瓷罐（图二十六：2）、瓷盘（图二十六：3）等为典型的西夏末期的器物特点，所以认定该墓为元代早期或蒙古汗国末期的墓葬。

Ba型Ⅱ式墓葬发现于集宁路古城西墓地，出土有铜钗、黑釉小口瓶2件，一个瓶上刻有"葡萄酒瓶"几个字。发掘者认为墓葬的年代为元代早期[3]。出土的黑釉小口瓶从器型上看属于金代末期、元代早期的特点，所以确认该型墓葬年

［1］　内蒙古文物考古研究所，正蓝旗文物管理所. 正蓝旗羊群庙祭祀遗址及墓葬［G］//内蒙古自治区文物考古研究所. 内蒙古文物考古文集：第一辑. 北京：中国大百科全书出版社，1994.

［2］　魏坚. 元上都［M］. 北京：中国大百科全书出版社，2008：554.

［3］　内蒙古文物工作队. 察哈尔右翼前旗土城子古墓清理纪要［J］. 文物，1961（9）.

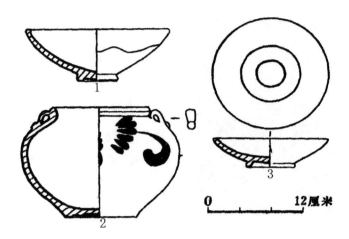

图二十六　Ba型Ⅰ式砖室墓出土器物

1. 瓷碗（M1. 1）　 2. 瓷罐（M1. 1）　 3. 盘（M1. 3）

代为元代早期。

　　Ba型Ⅲ式墓有8座，都发现于王墓梁墓地，出土有固姑冠、绿松石蝶、桦树皮鞋垫、毡片、烙铁、火炬形景教石（图二十五：1），其中发现的固姑冠与正镶白旗三面井墓[1]地发现的固姑冠（图二十五：2）相似。根据出土遗物和以上分析，可以认定该型墓葬年代应是元代早期。

　　Ba型Ⅳ式墓葬中，砧子山西墓地M29出土的梅瓶、香炉及带盖罐均为典型的元代中期器型；后德胜M2与M1在同一个墓地，墓室砖垒砌方法是单砖错缝横砌。所以确认这两座墓葬为元代中晚期墓葬。

　　Bb型六角形穹隆顶墓，砧子山西墓地M12出土的黑釉小口瓶与三眼井墓出土的黑釉小口瓶相同；出土的铜镜画有瑞兽纹和花草纹，这样的装饰是元代中晚期的特点。M11和伞盖村发现的墓葬结构和形制上与M12相同。所以Bb型墓的年代可以确认为元代晚期。

　　Bc型墓，西道村M1出土有黑花瓷瓶和残银盘，在银盘口部刻有"至正四年　月　日"字样。老虎村墓与西道村M1结构与形制上相同。根据至正四年为

---

　　［1］　魏坚. 元上都［M］. 北京：中国大百科全书出版社，2008.

1344年，可以确认Bc型墓的年代为元代晚期。

Bd型墓葬出土钧窑瓷碟、酱釉碟、茶色釉尊、瓷瓶、买坟身地卷各1件。根据出土遗物分析，该墓应为元代中晚期墓葬。

Be型墓出土固姑冠、桦树皮鞋垫、铜镜、錾花金筒、铁十字架等。M6出土的铜镜与甘肃省鄣县元代汪世显家族墓地[1]出土M13铜镜相同。根据出土遗物综合分析，该型墓葬应是元代早中期墓葬。

3. 砖室墓的族属

砖室壁画墓Ab型Ⅱ式墓葬和其他的A型墓葬的结构和形制、壁画内容有很大的区别。普通砖室墓Bb型墓中的2座、Ba型Ⅳ式墓葬砧子山西墓地M29的葬俗和随葬品带有中原汉人墓葬的特征，发掘者断定该墓地的墓主人可能是汉族人[2]。生物化学与分子生物学学者认为砧子山墓地的人主要是来自中国北方的汉族人[3]。根据以上述诸说认定Ab型Ⅱ式墓葬、普通砖室墓Bb型、Ba型Ⅰ式墓葬为汉族人墓葬。

其他A型墓葬中的家居图、宴饮图、出归图等壁画内容都带有典型的北方草原风情，所以A型中除Ab型Ⅱ式墓葬，均属元代蒙古族人墓葬。

Ba型Ⅲ式墓和Be型墓是同一个墓地的墓葬，出土有固姑冠、桦树皮器具、火炬形景教石刻、铜镜，均有墓顶石，墓顶石上刻有缠莲纹、蔓草纹、莲花纹，莲花、十字架，有的后背写有叙利亚文字。根据以上可知王墓梁墓地是元代汪古部人的墓葬。

Bc型、Bd型墓葬，从墓葬的结构和形制上与中原地区墓葬相似，出土遗物有着明显的汉族文化特点，可以认定为元代汉族人墓葬。

Ba型Ⅳ式后德胜墓地M2和M1在同一个墓地，墓室平面呈长方形，墓顶上留

———————————

［1］ 甘肃省博物馆，鄣县文化馆. 甘肃省鄣县元代汪世显家族墓［J］. 考古，1982（2）.

［2］ 魏坚. 元上都［M］. 北京：中国大百科全书出版社，2008.

［3］ 付玉芹. 内蒙古中南部古代人群的分子遗传学研究［D］. 长春：吉林大学，2006.

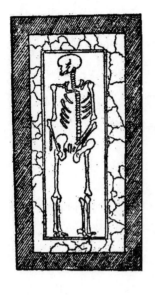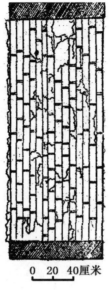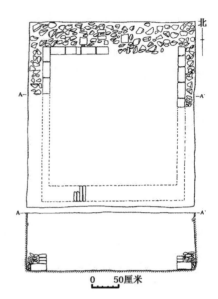

0　20　40厘米

图二十七　A型砖石墓图（集宁
路古城西M12）平剖面

0　　50厘米

图二十八　B型Ⅰ式砖石墓平剖面图
（M77）

有椭圆形的孔，有仿蒙古包的现象，M1为元代蒙古族人墓葬，可知M2也是元代蒙古族人墓葬。

（五）砖石墓

砖石墓是根据墓室建造的材料而命名的，也就是说墓室是用砖和石头混合建成。这样的墓葬在内蒙古地区共发现4座，其中在集宁路古城西墓地发现1座[1]，在砧子山西墓地发现3座[2]。

1. 砖石墓的类型

砖石墓根据墓葬的形状结构的不同，分为A型和B型。

A型　石底砖壁墓。内蒙古地区发现2座。一座是集宁路古城西墓地M12（图二十七），另一个是砧子山西墓地M28。两座墓均由墓圹和墓室组成，用石头和

---

　　[1]　内蒙古文物工作队. 察哈尔右翼前旗土城子古墓清理纪要［J］. 文物，1961（9）.

　　[2]　魏坚. 元上都［M］. 北京：中国大百科全书出版社，2008.

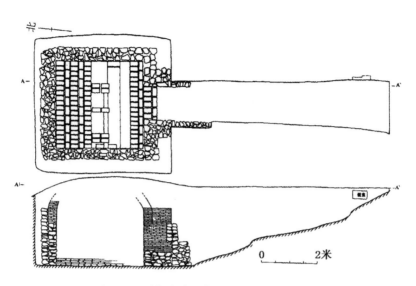

图二十九　B型Ⅱ式砖石墓平、剖面图（DZXM64）

砖混合建成。墓底用石板平砌，墓
壁用砖平砌。

B型　砖石混合墓。在内蒙
古地区发现2座，都在砧子山西墓
地（M64、M77）。根据这两座墓
葬的结构的不同，分为Ⅰ式和Ⅱ
式。

Ⅰ式　土坑竖穴砖石室墓。
发现1座，砧子山西墓地M77（图
二十八）。穴底和墓壁用砖和石块
砌成，外面砌石块，内侧为平砌单
层砖。

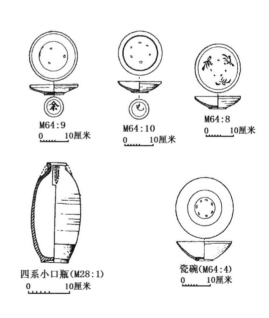

图三十　砖石墓出土部分器物

Ⅱ式　砖石壁画墓。发现1座，砧子山西墓地M64。墓葬由墓圹、墓室、墓
道、甬道、祭台等5个部分组成（图二十九）。墓圹平面呈长方形。墓室为砖石
混合穹窿顶室，墓室南壁正中为墓门，墓门南侧是甬道。墓道平面呈不规则长方

形，台阶状。墓室被盗，被破坏严重，墓顶和墓壁上残留红、黑两色彩。墓室北部与北壁相连，有尸床。尸床由内侧尸床和外侧尸床两部分组成。祭台在墓道东端，用砖垒砌，成方形壁龛。

2. 砖石墓的年代与族属

A型墓M28出土的四系小口瓶（图三十）、B型Ⅰ式墓出土的四系小口瓶与开鲁县三义井元代瓷器窖藏[1]出土的四系小口瓶相同，都具有元代早期器物的特征，所以A型、B型Ⅰ式墓年代为元代早期。

B型Ⅱ式墓葬壁龛中出土1个瓦当，瓦当上朱书有"□□□□永不侵争"字样。随葬出土的骨柄刷饰件上刻画的花纹与安徽省六安市花石咀古墓出土遗物刻画方法相似。安徽省六安市花石咀古墓年代为元至顺四年，即1333年。根据以上综合分析，B型Ⅱ式墓应是元代晚期墓葬。

在砬子山西墓地M28出土的墓志"上都小东关主人□□黄得禄之位小黄大多□女合舍"，M64出土的碗底有"余""宅"等字（图三十），M64：13漆器底部写有"南□路总管府提调官达鲁花赤哈刺哈孙名威""内府""易""杂造局官孙进万□□□"[2]等，都有典型汉族人的生活习俗特点。根据以上综合分析，不难得知砖石墓是属于元代汉族普通人墓葬。

（六）石圈墓

石圈墓是在墓地地表用大小不一的自然石块垒成圆形做标记的墓葬。在毕其格图好来墓地发现3座，在敖伦苏木古城东北墓地发现1座。[3]

这四座石圈墓的特点相同，没有明显的区别，本文不做分期和分类。

毕其格图好来墓地位于达尔罕茂明安联合旗白彦敖包苏木毕其格图好来。1974年，发掘3座。墓地地表用自然石块围成圆形石圈，墓穴均为土坑竖穴墓，出土三角形桦树皮鞋垫、弓囊、丝绸等，发掘者认为是蒙元时期汪古部人墓葬。

[1] 武亚芹，王瑞青. 开鲁县三义井元代瓷器窖藏［G］//内蒙古自治区文物考古研究所. 内蒙古文物考古文集：第二辑. 北京：中国大百科全书出版社，1997：735.

[2] 魏坚. 元上都［M］. 北京：中国大百科全书出版社，2008.

[3] 盖山林. 阴山汪古［M］. 呼和浩特：内蒙古人民出版社，1991年.

敖伦苏木古城东北墓群位于达尔罕茂明安联合旗都荣敖包苏木敖伦苏木古城东北。敖伦苏木古城东北墓地M1发现的墓碑上刻有"亡化年三十六岁，泰定四年六月二十四日"碑文用蒙古、汉、叙利亚三种文字写成。墓地上的残碑刻有死者名字"阿兀剌口贴木思"。因为泰定四年为1327年，所以认定该石圈墓是元代晚期汪古部人墓葬。

（七）独木棺墓

独木棺墓使用整段木头做出来的木棺，是一种独特的葬丧方式和快捷的埋葬方法。内蒙古地区蒙元时期的独木棺墓仅在苏尼特左旗恩格尔河发现1座[1]。墓由墓圹、木棺两部分组成。

恩格尔河墓地位于内蒙古锡林郭勒盟苏尼特左旗恩格尔河管区，苏尼特左旗东南部，距满都拉图镇130千米。2001年，由于风沙吹袭，地表暴露出古墓葬。墓出土随葬品有龙凤纹镂雕金马按饰1套8件、花卉纹马具饰1套15件、十字架金饰1件、方形金饰片4件、丫形金饰片3件、金带箍1件、高足金杯1件、虎首金镯2件、包松石金耳饰2件、掐丝嵌宝石金花饰6件、金饰片11件、金珠饰1件、金贝饰5件、银贝饰5件、提吊鎏金花卉纹银钵1件、高浮雕动物纹鎏金银盘1件、高浮雕动物纹鎏金银瓶1件、提吊银钵1件、长柄银勺1件、珍珠饰6件、琥珀坠饰3件、丝织长袍1件以及一些玻璃散片、石饰残片等。

该墓出土的龙凤金马鞍饰形制与乌兰沟墓地[2]出土的金马鞍饰相近。出土的高足金杯（图三十一：1）与五甲地墓地[3]、乌兰沟墓地[4]出土的高足金杯相似。马鞍饰件上有三瓜龙纹、莲纹（图三十一：9、13）。出土的鎏金银

[1]　内蒙古自治区博物馆，锡林郭勒盟文物工作站.苏尼特左旗恩格尔河的元代墓葬[J].内蒙古文物考古，2005（2）：27.

[2]　内蒙古自治区博物馆，锡林郭勒盟文物工作站.镶黄旗乌兰沟出土一批蒙元时期金器[G]//内蒙古自治区文物考古研究所.内蒙古文物考古文集：第一辑.北京：中国大百科全书出版社，1994.

[3]　盖山林.兴和县五甲地古墓[J].内蒙古文物考古，1984（3）.

[4]　付玉芹.内蒙古中南部古代人群的分子遗传学研究[D].长春：吉林大学，2006.

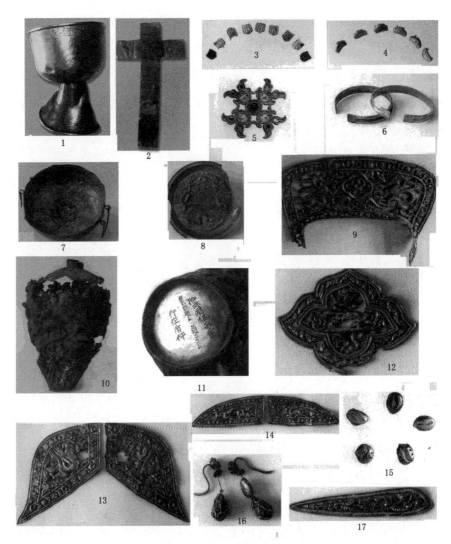

图三十一　独木棺墓出土部分金银器

1. 高足金杯　2. 金质十字架　3～4. 金马具饰　5. 金花饰　6. 金手镯　7. 鎏金银钵　8. 流金银盘　9. 前马鞍饰　10. 鎏金银瓶　11. 鎏金银瓶足部　12. 后鞍桥中心饰　13. 后鞍翅饰　14. 前鞍翅饰　15. 金贝饰　16. 金耳饰　17. 后鞍桥边饰

瓶足底部刻有"拾贰两五千重""关西四郎□赵永□""行在市枰"字样（图三十一：11），这字样与元上都西的四郎城有关，四郎城的发掘可以说明该墓的时代为建设四郎城以后。据以上史料和出土的遗物来综合分析，该墓葬应该是元代中晚期墓葬。

　　该墓墓葬形制为土坑竖穴独木棺墓，墓顶无封土。这和蒙元时期蒙古贵族典型的秘葬方式的特点相符合。关于独木棺，《元史·祭祀志六》记载："中分为二，刳有人形，其广狭长短，仅足容身而已。"叶子奇的《草木子》记载："元朝官里，用木二片，凿开其中，类人形大小，合为棺，置遗体其中，加髹漆毕，则以黄金为圈，三圈乃定，送至其北圆寂之地深埋之。"该墓出土的金带箍就是圈在独木棺外的黄金圈。对于秘葬，《黑鞑事略》记载："其墓无冢，以马践踏，使如平地。"据元代西方旅行家的记载，为埋葬某些贵人，有一定的埋葬程序："他们人不知鬼不觉地来到旷野中，在那里挖掉一些草皮，掘一大坑，在此坑的土壁上再往下挖一坑，把死者最为宠爱的侍从置于死者的身下。此人在其中躺很长时间才会昏厥过去，然后把他拉出来让他呼吸新鲜空气，这样一共反复举行三次。如果他能幸免于难而得以脱险，那么他从此就可以成为幕帐中和死者家属中的颇有声望的人。对于未逃脱死劫者，人们则将其遗体连同上文所罗列的那些物品置于侧穴中。然后，人们先把前面的坑填掉，再用草皮按原状覆盖，以使从此之后再不会有人识破此地。对于其他各类事项，一切均按上述方式进行，但要将死者的幕帐留于旷野外面。"[1]根据以上确认该墓是蒙元时期蒙古族贵族墓葬。

　　（八）土洞墓

　　土洞墓又叫洞室墓，古代墓葬构造方式之一，先由地面向下挖一墓道，再向旁侧掏一土洞为墓室，葬入后用土封填墓门和墓室。在内蒙古地区发现的土洞墓有6座：木胡尔素卜嘎发现1座（M1）[2]，砧子山西墓地发现1座（M83）[3]，凉城后德胜墓地发现4座[4]。

　　［1］　柏郎嘉宾蒙古行纪［M］. 耿升，何高济，译. 北京：中华书局，1985.

　　［2］　盖山林. 阴山汪古［M］. 呼和浩特：内蒙古人民出版社，1991.

　　［3］　魏坚. 元上都［M］. 北京：中国大百科全书出版社，2008.

　　［4］　内蒙古自治区文化厅文物处，乌兰察布文物工作站. 内蒙古凉城县后德胜元墓清理简报［J］. 文物，1994（10）.

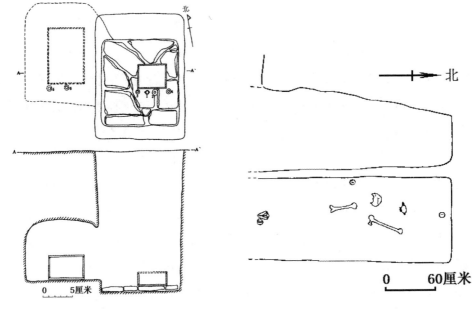

图三十二　B型土洞墓平、剖面图（M83）　　图三十三　C型土洞墓平、剖面图（后德胜M3）

1. 土洞墓的类型

根据土洞墓的结构的不同，分A、B、C三型。

A型　木胡尔素卜嘎M1，土坑竖穴墓口，洞室墓，墓地上没有封土，也无石堆，墓平面呈长方形，用土坯封门。墓地地表发现几块已经挪动位置的景教墓顶石。

B型　砧子山西墓地M83（图三十二），土坑竖穴墓口，侧洞室墓，墓口平面呈长方形，洞室平面呈圆角长方形，墓壁略不规整，底部平整。

C型　在后德胜墓地发现4座。土洞墓，墓口保存较差，墓室平面呈长方形（图三十三），墓口比墓室窄，墓葬平面呈"凸"字形。

2. 土洞墓的年代

A型墓无出土遗物，只能从该墓地其他墓葬判断该墓的年代。根据其他墓葬出土遗物来看，该墓葬应为元代中早期的墓葬。

B型墓葬出土小口瓶、香炉（图三十四）等，根据出土遗物来判断，该墓应是元代中晚期墓葬。

C型墓葬出土陶罐、陶盆、陶盘、四系小口瓶、盂、盏、瑞兽葡萄纹铜镜、古钱币、铁犁铧等。出土的铁铧犁与集宁路[1]出土的铁铧犁相同，出土的其他器物均为典型的元代中晚期的器物，所以确认该型墓葬为元代中晚期的遗存。

3. 土洞墓的族属

A型墓葬，根据它的地域、墓地出土遗物、墓地地表发现的景教墓顶石

图三十四 B型土洞墓部分出土遗物（M83）

1~4.小口瓷瓶（M83：1、M83：2、M83：3、M83：4）

5.香炉（M83：5）

及发掘者认定为汪古部墓葬等方面分析，可以确认为元代中早期汪古部人的墓葬。

B型墓葬出土的随葬品是典型的中原汉族人墓葬随葬品，所以确认为元上都附近汉族人的墓葬。

C型墓葬，同木胡尔素卜嘎M1具有典型的蒙古族人墓葬的特点，该墓出土了铁铧犁等农耕工具，说明元代晚期一部分汪古部人已经开始农耕生活。

（九）土坑墓

在内蒙古地区发现的蒙元时期墓葬中土坑为最多，共295座，占已发现的蒙元时期墓葬总数的78.65%。整个蒙元时期，各族人民都使用土坑竖穴墓葬。受篇

---

[1] 内蒙古文物工作队. 察哈尔右翼前旗土城子古墓清理纪要 [J]. 文物，1961（9）.

幅限制，本文不对内蒙古地区的土坑竖穴墓进行整体研究。

（十）骨灰墓

骨灰墓是葬寄人类骨灰的墓穴，又叫火葬墓。该类墓葬起源于原始社会时期。先秦时已经有了关于火葬的记载。《墨子·节葬下》说："秦之西有仪渠之国者，其亲戚死，娶柴薪而焚之，燻上，谓之登遐，然后成了孝子。"《列子·汤问篇》记载大致类似。这个"仪渠之国"是少数民族地区。《荀子》卷十九《大略篇》记载氐羌也有火葬之俗："氐羌之虏也，不忧其累也，而忧其不焚也。"《吕氏春秋·义赏篇》也有相同之说。《后汉书·南蛮西南夷列传》说："冉駹夷者，武帝所开，元鼎六年，以为汶山郡。……死则烧其尸。"《南史·夷貊上》记载："林邑国，本汉日南郡象林县，……死者焚之中野，谓之火葬。"《旧唐书·突厥上》记载："（贞观）五年，太宗谓侍臣曰：'今颉利破亡，非背恩忘义所致也！'八年卒，诏其国人葬之，从其俗礼，焚尸于霸水之东。"上面所列举的材料都是我国民间实行火葬的记载。《新五代史·晋高祖皇后李氏传》具体记载了公元10世纪唐宗室中已有实行火葬的。《新五代史·晋高祖安太妃传》也有记载："从出帝北迁。自辽阳徒建州，卒于道中。临卒，谓帝口：'当焚我为灰，南向扬之，遮几遗魂得返中国也。'既卒，砂碛中无草木，乃毁奚车而焚之。载其烬骨至建州。李太后也卒，遂并葬之。"宋元时期也有火葬的记载。《东都事略》卷三记载："建隆三年，……三月丁亥年诏曰：'近代以来，遵用夷法。率多火葬。'"《宋史·礼志二十二》中记载："绍兴二十七年，……'今民俗有所谓火化者，生则奉养之具唯恐不至，死则燔爇而弃捐之。'……河东地狭人众，虽至亲之丧，悉皆焚弃。"蒙元时期意大利旅行家马可·波罗在《马可·波罗行纪》中记载了中国南北方实行火葬的情况，他在唐古忒州、汗八里城、秃落蛮州、哈寒府、强格路、中定府、临州城、西州城、淮安州城、宝应县城、襄阳府、塔皮州城、行在城等地都见到了火葬之俗。《大元圣政国朝典章》记载："北京路百姓父母身死，往往置以柴薪之上，以火焚之。"[1]内蒙古地区发现蒙元时期的骨灰葬墓，是上述记载的实物佐证。

内蒙古地区发现的蒙元时期骨灰墓共125座，占已发现的蒙元时期墓葬总数的32.3％。其中集宁路古城西墓地发现12座，杨贵村墓地发现1座，敖汉旗丰收三家营子发现1座，多伦县砧子山西墓地发现38座，正蓝旗卧牛石墓地发现5座，多伦县砧子山南墓地发现65座，四子王旗城卜子墓地发现2座，呼和浩特市五路村发现1座。这些墓葬的年代贯穿整个蒙元时期，这里不一一进行研究。这些墓葬中，以呼和浩特市五路村火葬石棺墓最为典型。该墓发现于1959年，位于呼和浩特市东南方22千米的五路村。考古人员发现元代石棺1具，由于此墓早期被盗，棺内积满黄土，没有发现其他遗物和骨灰、骨渣等，但是从棺的形状看，很明显是一具骨灰棺。

（十一）小结

本节根据内蒙古地区发现的蒙元时期墓葬的基本材料，按照形制与结构、建造材料的不同，分为石堆墓、石板墓、石砌墓、砖室墓、砖石墓、石圈墓、独木棺墓、土洞墓、土坑竖穴墓、骨灰墓等10个类型。

根据石堆墓A、B两型墓可以得到这样的一个结论：石堆墓在内蒙古地区发现的蒙元时期墓葬中占9.2%，它的特点是墓地地表有积石堆，此类墓葬在整个蒙元时期都在使用。蒙元时期早期石堆墓的特点是在平地上用自然石块砌成一个不规则的方形墓穴，内放骨灰和少许随葬品，用沙土掩埋，形成一个小的积石堆，随葬品很少或者没有随葬品。到了元代早期，石堆墓有了明显的墓穴，随葬品中出现了具有浓郁游牧文化特点的遗物，男性墓中以铁剑、铁镞、铁刀、弓箭、马镫等为主，女性墓中随葬的多为生活用品，如剪刀、木梳、耳环、戒指、铜镜等。蒙元时期晚期的石堆墓除有早期墓葬的特点，在随葬品上有了明显的变化，墓葬随葬品中多次出现金银器。石堆墓是蒙元时期蒙古族的一种埋葬形制。蒙古族由于特定的自然环境和社会环境以及与之有关的共同的心理素质，在丧葬制度

————————

　　[1]　大元圣政国朝典章·卷三十·礼部卷之三·丧礼禁约焚尸［M］．北京：中国广播电视出版社，1998：1155.

上具有本民族的特点和方式。如石堆墓，墓葬形制比较简单，没有明显的墓穴或者有很浅的土坑竖穴；在葬具上，早期的普通蒙古族人不使用葬具，后来受到外来文化的影响，慢慢使用了葬具，到蒙元中期有了墓棺，到元代晚期有了棺椁的棺，大量的随葬品也出现在石堆墓中，如瓷器、金器、银器、铜器、铁器、木器、桦树皮器等。

根据石板墓A、B型墓可以得到这样的一个结果：石板墓是以建造墓室的方式命名的一种墓葬。这种墓葬在我国始于新石器时代晚期，盛行于战国时期。在内蒙古地区发现蒙元时期石板墓4座，占已发现的蒙元时期墓葬总数的1.04%。这些墓葬的共同特点是土坑竖穴墓坑，坑内墓壁和墓底均用石板拼接立砌。内蒙古地区发现的蒙元时期石板墓均为元代中晚期的汉族人墓葬。出土随葬品有黑瓷罐，梅瓶、罐、葫芦形骨器、木梳、铜耳勺、双股铜钗、银钗、金银头饰、铜镜、香盒、瓷碗、瓷碟、瓷盏及大量的古钱币。

石砌墓在内蒙古地区仅发现2座，分了为A型和B型。A型墓葬是元代早期的蒙古人墓葬。其特点是地表有墓冢，石砌墓室，平面呈方形，墓室四壁绘制有壁画，墓顶为穹窿顶，墓顶正中央有一圆形浅龛，中凿一孔，墓门设在东侧墓壁正中。其结构近似于蒙古包。墓室内绘制的壁画特点是以喇嘛教的习用法器和八宝瑞祥为主。喇嘛教即藏传佛教，贵由汗时期，蒙古人开始接触该教。到了元代早期，内蒙古地区的广大民众已开始信奉喇嘛教。B型墓葬为元代中晚期的汉族人墓葬。其特点为墓室在墓圹内使用自然石块，座用泥浆叠砌，内用白灰抹平，墓圹平面呈圆角长方形，墓室平面呈长方形，墓圹南北长内用自然石块垒砌墓室，无墓顶和墓门。

砖室墓的墓室用砖垒砌而成。蒙元时期的砖石墓较多，在内蒙古地区发现29座，占已发现的蒙元时期墓葬总数的9.92%，分布于王母梁墓地、集宁路古城西墓地、伞盖村墓地、西道墓地、老虎洞村墓地、砧子山西墓地、三岔河墓地、后德胜墓地、沙子山墓地、三眼井墓地等地方。

砖室壁画墓中没有发现蒙古汗国时期的墓葬。元代早期的墓葬Aa型Ⅰ式（元宝山壁画墓）和Aa型Ⅲ式，小型砖砌单室墓，阶梯或斜坡墓道，拱券型墓门，穹窿顶，墓室内绘满壁画。元宝山墓出土有铜镜、铜鞍饰、银耳环、车穿、铁马镫、铁环、木器及古钱币等。沙子山墓地被盗，未发现随葬品。元代晚期墓葬Aa型Ⅰ式（三眼井M2）、Aa型Ⅱ式和Ab型，墓葬平面呈长方形，斜坡式墓道，穹窿顶，墓室内绘满壁画。三眼井墓地出土遗物有瓷碗、黑釉小口瓶。后德胜M1被盗，没有出土遗物。砧子山西墓地M8出土遗物比较丰富，共出91件，以瓷器、钱币为主，还有少量的釉陶器、金器、银器、铁器、骨器、木器、珠饰和建筑材料。

砖室壁画墓壁画中的墓主人位置有左和右的分别，在《元史·祭祀志·宗庙上》中对太庙中神位置的几次变化的记载中体现出来。《元史》载："世祖至元元年，奉安神主于太庙。初定七室，皇祖、皇祖妣第一室，皇伯考、伯考第二室，……凡室以西为上，一次而东。……十一年，武宗即位，……太祖室居中，睿宗西第一室，世祖西第二室，……泰定二年四月，……太祖皇帝居中南向，宜奉睿宗皇帝神主祔左一室，世祖祔右一室……"[1]可以看出蒙元时期人的观念上的变化，早期是尊右，后又尊中，后来尊左。根据史料记载可知蒙元时期的壁画墓墓主人位置早期在右、晚期在左的变化。

普通砖室墓中，蒙古汗国时期墓葬仅有Ba型Ⅰ式。该墓平面呈"凸"字形，墓室比墓道宽，是一座男女合葬墓，出土遗物有瓷罐、瓷碗、磁盘等。元代早期墓葬有Ba型Ⅱ式、Ba型Ⅲ式和Be型，均为小型砖室墓，平面呈长方形，墓壁用砖平砌，墓顶横木上平铺砖或无墓顶，出土遗物有瓷器、桦树皮器、铜镜、金器等。

元代晚期墓葬有Ba型Ⅳ式、Bb型、Bc型和Bd型。Ba型Ⅳ式，长方形卷顶墓，单砖错缝平砌，墓室平面呈长方形，墓顶卷顶，墓圹平面呈长方形，无墓道。Bb型，六角形砖室墓，墓室平面呈六边形，墓顶穹窿顶，墓圹平面呈圆角长方形，墓道斜坡式。Bc型，方形砖室墓。Bd型，圆形砖室墓。元代晚期砖室墓形制多样，依然沿用长方形墓，并出现六角形墓、圆形墓。

---

［1］ 宋濂，等. 元史·祭祀志三［M］. 北京：中华书局，1976.

我国发现的早期砖石墓始于汉代，盛行于宋代。内蒙古地区蒙元时期砖石墓发现4座，他们的共同特点是石头和砖混合使用，分为小型砖石墓和大型砖石墓两种。小型砖石墓平面呈长方形，墓底用石板平砌，墓壁用砖平砌。大型砖室墓平面呈"凸"字形，墓葬由墓圹、墓室、墓道、甬道、祭祀台等5个部分组成。墓室为砖石混合穹窿顶室，墓室南壁正中为墓门，墓门南侧是甬道；墓道平面呈不规则长方形，台阶状；祭祀台在墓道东端，出土遗物以古钱币为多，瓷器、骨器次之，还有少量的陶器、铁器、铝器、石器、玉器、漆器、珠饰、建筑材料、兽骨、桦树皮器等。蒙元时期早期砖石墓，形制上较小，以小型的砖石墓为主，墓室没发现尸床等辅助设施。蒙元时期晚期的砖石墓在形制上变为大型的砖石墓，有了尸床、祭祀台等辅助设施。蒙元时期早期墓葬中随葬品的数量较少，晚期墓葬中随葬品的数量较多。

在内蒙古地区发现的石圈墓均为蒙元时期汪古部人墓葬。这些石圈墓的埋葬特点与突厥人的墓葬很相似。《北史·突厥传》记载："葬日，亲属设祭及走马剺面，如初死之仪。表为茔，立屋中，图画死者形仪及其生时所战陈状，常杀一人，则立一面，至有千百者，又以祭之羊马头尽悬之于标上。是日也，男女咸盛服饰，会于葬所。"在墓地地表环立扁平石头，形成圆形圈。这种墓葬形制延续至蒙元时期晚期的泰定四年，即1327年。

独木棺墓使用整段木头做出来的木棺，是一种独特的葬丧方式和快捷的埋葬方法。在内蒙古地区仅发现1座蒙元时期的独木棺墓。墓由墓圹、木棺两部分组成，是一座元代晚期的蒙古人墓葬。该墓葬为土坑竖穴独木棺墓，墓顶无封土。这是蒙元时期蒙古贵族典型的秘葬方式。

三、内蒙古地区蒙元墓葬的相关问题

（一）有关墓茔的问题

墓茔是用石或砖砌的圆形或方形的茔域，是一种地表上的关于墓葬的遗迹现象。内蒙古地区墓茔主要发现在元上都附近，用大小不一的自然石块垒砌而成。据墓茔的平面形制结构上的不同分为若干个不同的类型，这样对墓茔内的墓葬就

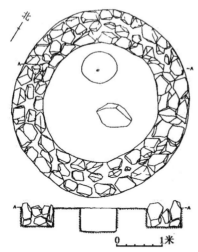

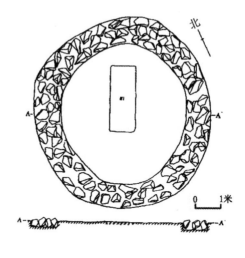

图三十五　A型墓茔平、剖面图（MY4）　　图三十六　B型墓茔平、剖面图（MY1）

有了相应的分类和分期。

1．墓茔的类型

内蒙古地区元代墓地内发现墓茔121座，均位于锡林郭勒盟元上都附近。其中锡林郭勒盟多伦县砧子山墓地发现墓茔44座[1]，多伦县砧子山西墓地发现墓茔48座[2]，正蓝旗卧牛石墓地发现墓茔1座，正蓝旗一棵树墓地发现墓茔7座，正镶白旗伊松敖包墓地发现墓茔6座，镶黄旗博克敖包山墓地发现墓茔1座，正蓝旗羊群庙墓地发现墓茔4座。所发现的墓茔都是用自然石块垒砌的茔墙，最大的墓茔达到长64.5米、宽31.4米，小者长3.82米、宽3.72米。

据墓茔平面形状不同，分为A、B、C、D、E、F等6种类型。

A型　圆形墓茔。平面呈圆形，使用大小不一的自然石块垒砌。内蒙古地

[1]　内蒙古文物考古研究所，锡林郭勒盟文物工作站，多伦县文物管理所．元上都城南砧子山南区墓葬发掘报告［G］//内蒙古自治区文物考古研究所．内蒙古文物考古文集：第一辑．北京：中国大百科全书出版社，1994：639．

[2]　内蒙古文物考古研究所，吉林大学边疆考古中心．元上都城址南砧子山西区墓葬发掘简报［J］．文物，2001（9）．

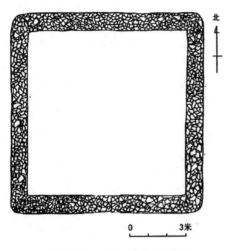

图三十七　Ca型墓茔平面图
（砧子山南区M29）

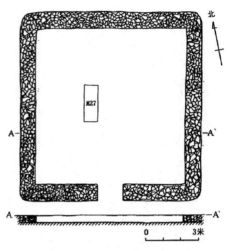

图三十八　Cb型Ⅰ式墓茔平、剖面图
（MY10）

区发现的元代墓葬墓茔中圆形墓茔较少，在正蓝旗伊松敖包墓地发现圆形墓茔2座，均为单墓茔，无门道（图三十五）。

B型　椭圆形墓茔。平面呈椭圆形，使用大小不一的自然石块垒砌。根据考古发掘报告不完全统计，在内蒙古地区发现3座，其中镶黄旗博克敖包山椭圆形墓茔1座（图三十六）、正蓝旗伊松敖包墓地椭圆形墓茔1座、正蓝旗一棵树墓地椭圆形墓茔1座。均未发现墓茔门道。

C型　方形墓茔。根据考古发掘材料不完全统计，内蒙古地区元代墓茔中发现的方形墓茔共有5座，其中多伦县砧子山南区墓葬发现1座（M29墓茔），砧子山西区墓地发现4座（MY10、MY33、MY39、MY41）。根据以上几个墓茔平面建造结构和形状上有无门道，分为Ca、Cb两个亚型。

Ca型　无门道方形墓茔。发现1座，砧子山南区墓地M29（图三十七）。

Cb型　有门道方形墓茔。砧子山西区墓地发现的方形墓茔均属有门道墓茔。根据单墓茔和"回"字状墓茔的不同分Ⅰ、Ⅱ两式。

Ⅰ式　方形单墓茔。共发现3座，砧子山西区墓地MY10（图三十八）、MY33、MY39。墓茔平面呈正方形，单墓茔。

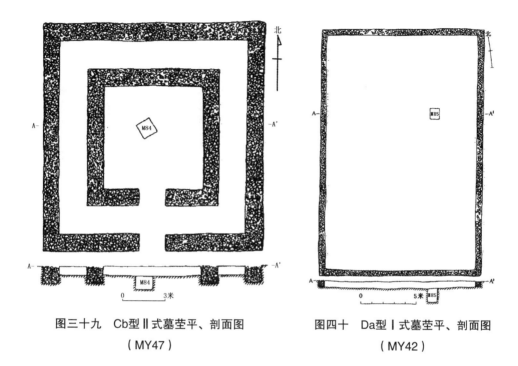

图三十九　Cb型Ⅱ式墓茔平、剖面图
（MY47）

图四十　Da型Ⅰ式墓茔平、剖面图
（MY42）

Ⅱ式　"回"字状方形墓茔。共发现1座，砧子山西区墓地MY47（图三十九）。平面呈方形，有内、外两茔组成。门道在南墙中部，内茔在外茔正中心。

D型　长方形墓茔。内蒙古地区发现的长方形墓茔发现的较多。根据墓茔的门道和结构的不同分为Da、Db二亚型。

Da型　无门道长方形墓茔。根据结构的不同，分为Ⅰ、Ⅱ、Ⅲ三式。

Ⅰ式　无门道单墓茔。在砧子山南区墓地发现较多，44座墓茔中，有1座（M29墓茔）是方形墓茔，其余的均为长方形墓茔，且都是单墓茔。此墓地中墓茔最大者30.5米×47.8米，最小的是4.4米×3.7米。在砧子山西区墓地发现同类的墓茔9座［MY12、MY17、MY18、MY21、MY25、MY30、MY42（图四十）、MY46、MY47］。正蓝旗一棵树墓地发现5座（MY1、MY2、MY4、MY5、MY6、MY7），伊松敖包墓地发现2座（MY1、MY2）。

Ⅱ式　"回"字状无门道墓茔。共发现1座，多伦砧子山西区墓地MY14。平

197

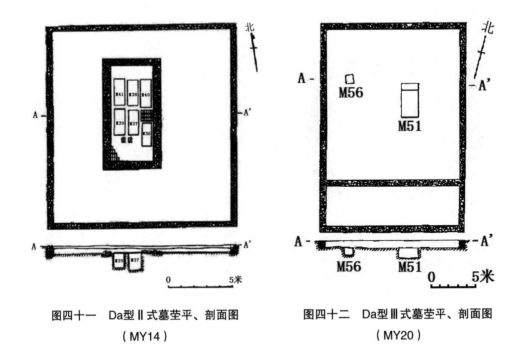

图四十一　Da型Ⅱ式墓茔平、剖面图
（MY14）

图四十二　Da型Ⅲ式墓茔平、剖面图
（MY20）

面呈长方形"回"字状（发掘者称为"双重式墓茔"[1]），无门道。内墓茔位于外墓茔中心位偏西北部，平面呈长方形，西南角有少量的用砖铺的砖面（图四十一）。

Ⅲ式　"日"字状墓茔。共发现1座，多伦县砧子山西区墓地MY20。无门道，平面呈"日"字状，南北长23米，东西宽16.6米，方向11度。茔墙宽0.7米、残存高0.6米。在墓茔内距南墙4.4米处，东西向垒砌一墙，把墓茔分割成南、北两个区域。北区有2座墓葬和1座祭祀台。祭祀台用砖垒砌，平面呈长方形，东西长1.4米，南北宽1米，残存高0.15米（图四十二）。

Db型　有门道长方形墓茔。共发现37座，在砧子山西区墓地发现较多，共35座，占已发现的有门道长方形墓茔总数的94.6%；其余两座，一座在伊松敖包

［1］　魏坚，李兴盛，杨春文，等．多伦县砧子山西区墓地［G］∥魏坚．元上都．北京：中国大百科全书出版社，2008．

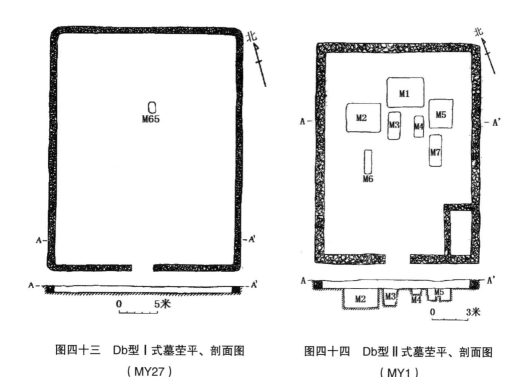

图四十三　Db型Ⅰ式墓茔平、剖面图
（MY27）

图四十四　Db型Ⅱ式墓茔平、剖面图
（MY1）

墓地，一座在卧牛石墓地（NY1）。根据墓茔的平面建筑形状的不同，可以分为Ⅰ、Ⅱ、Ⅲ、Ⅳ、Ⅴ等5式。

Ⅰ式　有门道单墓茔。共发现18座，其中砧子山西区墓地发现17座〔MY6、MY7、MY8、MY10、MY15、MY19、MY27（图四十三）、MY29、MY31、MY32、MY33、MY30、MY37、MY38、MY39、MY44、MY48〕，伊松敖包墓地发现1座（MY5）。平面均呈长方形，门道在墓茔南墙中部。墓茔的大小不一，平面形制相同，最大的32米×26米，小者3.72米×3.82米。

Ⅱ式　建房单墓茔。共发现1座，多伦县砧子山西区墓地MY1（图四十四）。平面呈长方形，门道位于南墙中部。在墓茔东南角处发现一处房址，房址平面呈长方形，未发现门道。房址利用墓茔东、南墙体，西墙和北墙用自然石块。座用黑灰色胶泥砌成。

Ⅲ式　"回"字状墓茔。共发现2座，砧子山西区墓地MY9和MY16。平面呈"回"字状。内、外墓茔均有门道。内墓茔位于墓茔北部。外墓茔南北长20

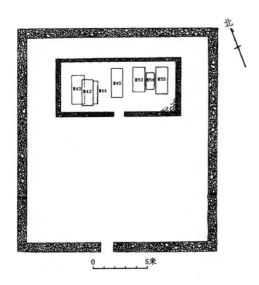

图四十五　Db型Ⅲ式墓茔平、剖面图
（MY16）

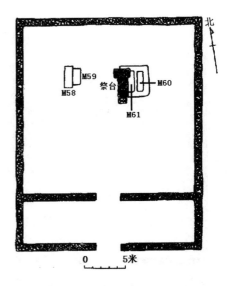

图四十六　Db型Ⅳ式墓茔平、剖面图
（MY24）

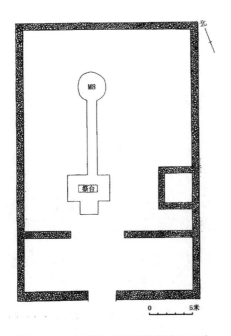

图四十七　Db型Ⅳ式建房墓茔（MY2）

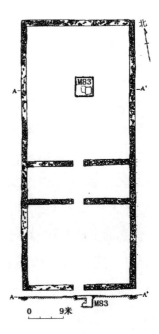

图四十八　Db型Ⅴ式墓茔平、剖面图（MY40）

米、东西宽18.5、墙宽0.8、残高0.9米，方向15度。门道位于南墙中部略偏西，宽1.2米。内墓茔东西长11.55米、南北宽5.2米、茔墙宽0.4米、残存高0.9米。门道位于南墙正中，宽1米。内墓茔东南角处发现用长0.35米、宽0.2米灰色砖铺地面，在砖的下方有5厘米厚的夯土层。内墓茔发现7座墓葬（图四十五）。

Ⅳ式　"日"字状墓茔。共发现12座，均在砟子山西区墓地［MY2、MY5、MY11、MY13、MY22、MY23、MY24（图四十六）、MY26、MY28、MY34、MY35、MY45］。平面呈长方形，门道位于南墙正中部，东西垒砌一道墙，把墓茔分割成南、北两区。北区门道位于南墙中部。MY2内发现房址（图四十七）。

Ⅴ式　"目"字状墓茔。共发现3座，都在砟子山西区墓地［MY3、MY4、MY40（图四十八）］。墓茔平面呈长方形。在南墙往北一定距离处垒砌两道墙，将墓茔分割成南、中、北三个茔区。

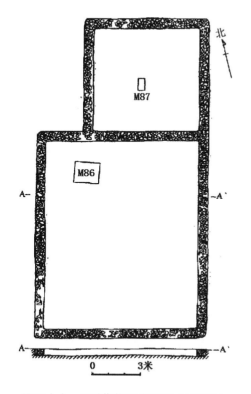

图四十九　E型墓茔平\剖面图（MY43）

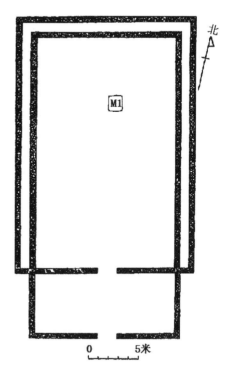

图五十　F型墓茔平面图（MY1）

E型　刀把状墓茔。在内蒙古地区蒙元墓葬中仅发现1座，多伦县砧子山西区墓地MY43。墓茔无门道，平面呈刀把形，由南、北两个茔区组成，方向12度。南区平面呈长方形。北茔利用南茔北墙向北延伸，平面呈长方形（图四十九）。

F型　凸字状墓茔。共发现1座，正蓝旗卧牛石墓地MY1。平面呈"凸"状。茔区分南、北两区。北区除南墙，都是双层茔墙。茔墙外凸于南茔区，茔墙平面呈"凸"字状。墓茔南北总长32米，北区外茔墙南北长25.5米、东西宽18.5米；内墙南北长24米、东西宽15.5米，内墙、外墙之间的间距为1米。南区东西长15.5米、南北宽6.5米、墙体厚0.5米、残存高0.65米。门道位于南墙正中部，均宽2米，方向343度。北区墓茔内发现1座墓葬（图五十）。

2. 相关问题

在内蒙古地区蒙元墓葬中独有的遗迹现象就是墓茔，它在不同地点、不同墓地中都有差别，为我们了解蒙元时期的墓葬、葬俗、经济生活等方面提供了实物资料。通过以上的基础材料，我们能看到墓茔分为圆形墓茔、椭圆形墓茔、无门道方形墓茔、有门道方形墓茔、无门道长方形墓茔、有门道长方形墓茔、刀把形墓茔、凸字形墓茔等类型（表四）。有的墓茔有铺砖地面，有的墓茔内建有房屋，有的建有祭祀台、牌坊、供桌、石凳、石狮、砖塔等。

表四　墓茔所对应的墓群及墓葬

墓茔	墓地名称	墓茔编号	墓葬编号
圆形墓茔	伊松敖包	MY3、MY4	M6、7
椭圆形墓茔	伊松敖包	MY6	M9
	博克敖包山	MY1	M1
	一棵树	MY3	M5
无门道方形单墓茔	砧子山南区	M29	M29
有门道方形单墓茔	砧子山西区	MY10、MY33、MY39	M27、M74、M82

（续表）

墓茔	墓地名称	墓茔编号	墓葬编号
回字状方形墓茔	砬子山西区	MY49	M84
无门道单墓茔	砬子山南区	MY1 ~ MY28、MY30 ~ MY44	M1 ~ 6、M8 ~ 19、M21 ~ 28、M30 ~ 41、M43 ~ 49。
	砬子山西区	MY12、MY17、MY18、MY21、MY25、MY30、MY42、MY46、MY47	M30、31、32、50、M46、M47、M52、M62、M70、72、M85、M92、M93
	一棵树	MY1、MY2、MY4、MY5、MY6、MY7	M3、M4、M6、M7、M8、M10
	伊松敖包	MY1、MY2	M1、M2
无门道日字状墓茔	砬子山西区	MY20	M51、M56
无门道回字状墓茔	砬子山西区	MY14	M36、37、38、39、40、41
刀把形墓茔	砬子山西区	MY43	M86、M87
有门道长方形单墓茔	砬子山西区	MY1、MY6、MY7、MY8、MY10、MY15、MY19、MY27、MY29、MY31、MY32、MY33、MY30、MY37、MY38、MY39、MY44、MY48	M1 ~ 7、M14、M15、16、19、M17、18、M27、M34、35、M49、M65、M68、M71、M69、73、M74、M70、72、M79、M81、M82、M88、M94
	伊松敖包	MY5	M5
有门道长方形"日"字状墓茔	砬子山西区	MY2、MY5、MY11、MY13、MY22、MY23、MY24、MY26、MY28、MY34、MY35、MY45	M8、M13、M28、29、M33、M57、M64、M58、59、60、61、M63、M66、67、M76、M77、M89、90、91、
有门道长方形回字状墓茔	砬子山西区	MY6、MY16	M14、M53、54、55
凸字状墓茔	卧牛石	MY1	M1
"目"字状墓茔	砬子山西区	MY3、MY4、MY40	M10、M11、12、M83、

墓茔是内蒙古地区蒙元时期墓葬中不可分割的部分。人们对蒙元时期墓葬墓茔的功用有不同的看法：有人认为蒙元时期墓葬墓茔的功用"很可能是防范牲畜践踏墓地而采取的措施"[1]，有人认为蒙元时期墓葬墓茔的功用"1. 墓地各墓茔应是死者生前宅院的象征；2. 墓茔反映了家庭或家庭纽带的存在；3. 墓茔是保护墓葬和墓茔内地面建筑的围墙"[2]。

根据上述材料可以看到，墓茔不应该是单纯的为保护墓地而立的墙。1. 反映了元代人们宗教信仰上的表现。2. 从出现有门道墓茔来看，墓茔是当时墓地的界线，是墓地领域。《至元杂令》之"官民坟地"条载："一品，四面各三百步。二品，二百五十步。三品，二百步。四品、五品，一百五十步。六品下，一百步。庶人及寺观各三十步。若地内安坑坟茔，并免税赋。"[3] 上述墓茔中最大的长64.5米、宽31.4米，小的长3.82米、宽3.72米，这是由于人们的生活水平及官职的不同，建立的墓茔也大小不同，是元代社会贫富裕差距的表现。3. 墓茔均发现在草原地带，因墓地要进行各种祭祀仪式，都需要用火，所以从草原防火角度来考虑，墓茔应具有防御草原火灾的作用。4. 根据有的墓茔在墓茔内有专门的铺砖地面，有的墓茔内建立房屋，有的建立祭祀台、牌坊、供桌、石凳、石狮、砖塔等，不难看出墓茔是进行祭祀活动的固定场所。

（二）有关内蒙古地区发现蒙元时期的贵族墓葬

在内蒙古地区发现的蒙元时期的贵族墓葬有苏尼特左旗恩格尔河元墓、镶黄旗乌兰沟蒙元时期蒙古族贵族墓、兴和县五甲地墓地M1等3处墓葬，其他蒙元时期贵族墓葬遗物有翁牛特旗国公府村元代张氏先茔碑、大元同知微政院事住童先德之碑、翁牛特旗元代竹温台碑等。苏尼特左旗恩格尔河元墓，兴和县五甲地墓地M1前文已有论述，这里不再重复。

---

[1] 内蒙古考古研究所，锡林郭勒盟文物管理局，多伦县文物管理所. 元上都南砧子山南区墓葬发掘报告 [J]. 内蒙古文物考古，1999（2）：122.

[2] 魏坚，李兴盛，杨春文，等. 多伦县砧子山西区墓地 [G] // 魏坚. 元上都. 北京：中国大百科全书出版社，2008.

[3] 黄时鉴. 元代法律资料辑存 [M]. 浙江古籍出版社，1988：42-43，74.

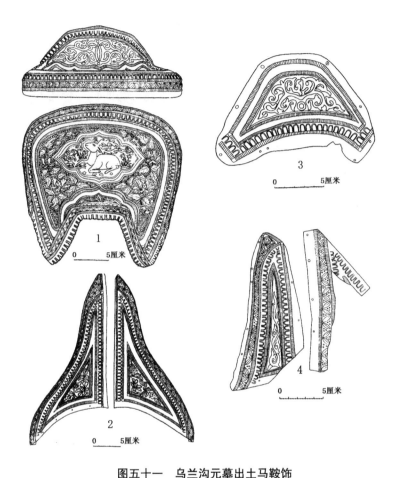

图五十一 乌兰沟元墓出土马鞍饰

1. 前桥饰 2. 前翅饰件 3. 后桥饰件 4. 后翅饰件

1. 镶黄旗乌兰沟蒙元时期蒙古族贵族墓

此墓位于内蒙古镶黄旗宝格道郭勒苏木哈沙图嘎查南约1千米的乌兰沟。乌兰沟地处于阴山以北，锡林郭勒草原西南端，西邻乌兰察布市商都县、察哈尔右翼后旗，南接化德县。该墓的形制为土坑竖穴木棺墓，墓顶无封土，墓底距地表2米。该墓出土了1具比较完整的人骨骨架，死者为17～19岁的女性。随葬品有金马鞍饰件1套（包括前桥1件、后桥1件、前翅1件、后翅1件、前鞍翅2件、后鞍翅2件，详见图五十一）、金高足杯1件、金手镯2件、金耳坠1件、铜镜1件、银马鞍具残件3件、黑釉长瓶残件1件、木梳1件[1]以及死者身穿的丝织品衣物[2]。此外，该墓出土的桦树皮碎片内侧有一层薄绢，绢上有清晰的针眼，很可能是墓主人随葬时戴的固姑冠。

该墓出土的金质马鞍前桥上顶纵向较高，下脚内敛明显，整体上宽下窄。此类鞍桥也见于陕西户县贺胜墓出土骑马俑[3]，贺胜葬于1326年。出土的高足金杯与兴和县五甲地墓地、苏尼特左旗恩格尔河墓出土的金高足杯相似，所以认定该墓年代应是元代晚期。《多桑蒙古史》中谈到蒙古马鞍具有装饰美化的作用，往往用银雕镂出各种纹样。乌兰沟出土的马鞍用金雕镂花纹，比银雕镂更胜一筹。

固姑冠是蒙元时期蒙古贵族妇女的特有冠帽。以此可以认定该墓墓主人是蒙古族人。

2. 翁牛特旗国公府村元代张氏先茔碑

该碑位于翁牛特旗乌丹镇东南约12千米的梧桐花乡国公府村。墓地遗露汉白玉石刻15件。石碑高5.63米，宽1.35米，厚0.37米。碑首正面额题篆书"大元敕赐荣禄大夫辽阳等处行中书省平章政事柱国追封蓟国公张氏先茔碑"，碑首背面为八思巴文，译写正面之汉文。碑身正面为汉文楷书，共39行，约2500字，文内有"赠荣禄大夫辽阳等处行中书省平章政事柱国追封蓟国公讳应瑞，世为全宁大家""元统三年岁次乙亥孟春吉日建"等字样。碑身背面阴刻蒙古畏兀儿文字约3000字，是对碑身正面汉文的翻译。碑身东侧刻有汉文一行："大都西南房山县独树村石经山铭石"等字。这通石碑是从今北京房山区石经山刻好后，转运到国公村的。据碑文铭刻可知，此碑建于元顺帝元统三年（1335年），碑的所在地是元代蓟国公张应瑞的家族墓地。

[1] 内蒙古自治区博物馆等. 镶黄旗乌兰沟出土一批蒙元时期金器[G]//内蒙古自治区文物考古研究所. 内蒙古文物考古文集：第一辑. 北京：中国大百科全书出版社，1994.

[2] 夏荷秀，赵丰. 镶黄旗哈沙图古墓出土的丝织品[J]. 内蒙古文物考古，1992（Z1）.

[3] 陕西省考古研究所. 陕西户县贺氏墓出土大量元代俑[J]. 文物，1979（4）.

碑文首先列出奉旨撰文者、书丹者、书篆者的姓名和官职，他们分别是尚师简、张起岩、巎巎、许师敬。其中张起岩、巎巎、许师敬三人《元史》等书有传，皆为当时重臣俊杰，并参加与编撰宋、辽、金三史。

从碑文得知，张应瑞家族原籍河北清河县，自三世以下入籍蒙古弘吉剌氏，迁至全宁路，并"世为全宁大家"。该碑碑文内容丰富，记述了从元世祖忽必烈至元顺帝妥欢帖睦尔时期，张应瑞家族为元朝，尤其为蒙古弘吉剌部尽忠效力之事。碑文许多内容可补《元史》的不足，比如关于元朝皇帝与弘吉剌部世代联姻以及弘吉剌部的生活和内部矛盾等。

碑所在地南北方向排列石碑两道，碑座龟趺造型生动。有文官石像两尊，武官石像两尊，石兽、石狮、石麒麟各两座。石人衣雕刻细腻，惟妙惟肖。文官身着官服，手执笏板；武将身披铠甲，手按宝剑，生动地展现了我国古代北方石雕艺术的成就。

3. 大元同知微政院事住童先德之碑

该碑位于翁牛特旗乌丹镇东南约12千米的梧桐花乡国公府村。石碑为龟趺螭首，大理石质，残长3.57米，宽1.53米。额刻篆书，正面阴刻汉字楷书，共28行，每行68字。碑文已难辨认全貌，《翁牛特旗文物志》有早期抄件。碑额之汉文篆文为"大元同知微政院事住童先德之碑"。据碑文记载，住童碑立于元文宗至顺四年，即1333年。碑文首先列出奉旨撰文者、书丹者、书篆者的姓名和官职，他们分别是马祖常、巎巎、尚师简。此碑是张应瑞之长子住童的墓碑。[1] 据碑文所载，蒙古弘吉剌部地位显赫，"与皇家为世姻，贵亚于国姓"。其封地一为全宁，另为应昌。据张应瑞墓碑还可以得知，住童有3个儿子：郯闾、忻都、卜兰溪。他们在草原上主管畜牧与建筑，还担任过弘吉剌部总管府的总管。

翁牛特旗国公府村元代张氏先茔碑、大元同知微政院事住童先德之碑都属

---

[1]　翁牛特旗国公府村元代张氏先墓［G］//内蒙古文物工作队. 内蒙古文物资料选辑. 呼和浩特：内蒙古人民出版社，1964.

王大方. 翁牛特旗元代"张氏先茔碑"与"住童先德碑"探讨［G］//内蒙古自治区文物考古研究所. 内蒙古文物考古文集：第二辑. 北京：中国大百科全书出版社，1997.

于蒙元时期的汉族贵族。张氏家族本是河北汉族，其累代为蒙古弘吉剌部尽忠效力，受到了蒙古人的欢迎和重用，并改用蒙古名，融于蒙古族之中。张应瑞死后，元朝十分重视，由元顺帝下圣旨召集天下知名的书法家为其树碑立传，隆重纪念，恩宠有加，这在蒙汉关系史上是罕见的。

4. 翁牛特旗元代竹温台碑

该碑于1921年在翁牛特旗乌丹镇南7千米的乌兰板村出土。现已不存，但碑文存于《翁牛特旗志》[1]中。该碑用大理石雕刻，高4.67米，宽1.51米，厚0.27米。碑文共27行，每行70字，正书，总计2000余字。碑刻于元顺帝至元四年（1338年）。奉敕撰文者是翰林待制、奉邑大夫兼国史院编修官揭傒斯；书丹者为奎章阁大学士、资善大夫、知经筵事巎巎；篆额者为奎章阁待书学士、中奉大夫、同知经筵事尚师简。三人中揭傒斯、巎巎均在《元史》中有传。他们奉旨为竹温台树碑立传，可见竹温台地位之高，受此特殊荣誉者，绝对不是一般人。

碑额部分刻有篆字"大元敕赐故中顺大夫诸色人匠都总管府达鲁花赤竹君之碑"。碑文记载，竹温台为鲁国大长公主媵臣，是鲁王淳不剌的爱臣，被恩准为鲁王族雍吉拉氏。竹温台家居全宁，在全宁时擅长畜牧业经营，"蓄马牛羊累钜万"。由于竹温台理财有道，管理有方，在其生前，多次受到皇帝、皇后及鲁国大长公主的厚赏。竹温台于元英宗至治三年（1323年）死于元大都人寿里，享年42岁。其后葬于全宁城西南五里之欢喜岭。他是蒙古族有绩可察的理财专家。

五、结语

蒙元时期墓葬是研究蒙元时期文化、经济、社会等方面的不可缺少的实物资料。本文对内蒙古地区蒙元时期的墓葬进行了分类、分析，力图解决部分蒙元墓葬的族属问题，并根据已发表的材料，将在内蒙古地区发现的蒙元时期墓葬分为10类。之后对每类墓葬进行分类（不包括土坑竖穴墓）和判断其年代和族属，提

---

[1] 《翁牛特旗志》编纂委员会. 翁牛特旗志 [M]. 呼和浩特：内蒙古人民出版社，1993.

出了蒙古汗国时期、元代早期和晚期墓葬的规律。

在蒙元时期墓葬相关问题中，本文首先对在内蒙古地区发现的蒙元时期墓葬墓茔进行了分类，主要对它的外观和平面结构进行归纳，分析和讨论了相关问题。其次对在内蒙古地区发现的蒙元时期贵族墓葬有关问题进行了陈述及分析。

本文原计划对蒙元时期墓葬随葬品进行研究归纳，但因内蒙古地区蒙元时期墓葬分布广，出土遗物多而杂，并存在实物材料的局限，遗憾未能进行研究。

本文的墓葬的分类也存在不尽如人意之处。如有的墓葬仅找到墓葬形制而没得到随葬品的信息，有的墓葬仅有随葬品未能得到墓葬结构与形状等方面的信息，因此所提供的见解很不成熟，难免有不周之处。期待着更多的考古发掘材料的发现和更多的研究，使蒙元时期墓葬方面的研究日趋深入和完善。

乌兰察布市历代长城的现状
与保护管理探讨

长城是我国从春秋战国时期至明朝时期，历代王朝都曾修筑过的军事防御工程。长城以一道不闭合的长墙为主体，墙体有石墙、土墙和土石混筑之墙。[1] 长城是中华民族的象征，是人类伟大的力量和智慧的结晶。它横跨今黑龙江、吉林、辽宁、北京、天津、河北、山西、内蒙古、陕西、河南、山东、宁夏、甘肃、青海、新疆等15个省、自治区、直辖市，是国内现存最大的人文景观之一。中国历代长城墙体总长度达21196.18千米。1987年，因其独特的历史、艺术和科学价值，长城部分被联合国教科文组织列入《世界遗产名录》，是世界上体量最大的文化遗产。

一、乌兰察布市长城现状

乌兰察布市境内保存了战国时期、秦汉、北魏、金、明等各个朝代的长城，是内蒙古自治区保存不同朝代长城最多的地区，总长度约1400千米，分布于全市的11个旗、县、市、区。乌兰察布市境内长城的构筑方式主要为土夯，还有少量的土石混合和石垒砌长城。

---

[1] 冯永谦. 界壕与长城论辨三题［G］// 冯永谦，孙文政. 辽金史论集：第十一辑. 长春：吉林文史出版社，2008.

（一）战国时期赵长城

乌兰察布市境内的赵长城基本呈东—西走向，横穿乌兰察布市中部，呈月牙形，全长约168千米。赵长城自兴和县民族团结乡二十七号村东南进入乌兰察布市，经察哈尔右翼前旗、集宁区、卓资县，向西进入呼和浩特市。赵长城在卓资县分出一支线，进入入察哈尔右翼后旗。赵长城主要是土夯墙体，基宽约3米，残高1～1.5米，在察哈尔右翼前旗、卓资县境内有少量的石筑墙体。

（二）秦汉长城

乌兰察布市境内分布3段秦汉长城墙体和1段当路塞。

第一段东起兴和县，经察哈尔右翼前旗、丰镇市、凉城县进入卓资县境内，基本呈东北—西南走向，长约15千米。第二段南起凉城县蛮汉镇圪林沟村西北，至卓资县梨花镇北与赵北长城会合，部分墙体向北延伸，基本呈南—北走向，长约26千米。第三段由南向北途经卓资县、察哈尔右翼中旗、察哈尔右翼后旗，分布于辉腾梁之上，墙体分布范围平面呈"几"字形，长约46千米（本段长城原先被认为是九十九泉北魏皇家御苑遗址。2013年7—8月，内蒙古自治区长城资源调查项目组在乌兰察布市博物馆、察右中旗文物管理所配合下做了复查，发现该遗址不是御苑，而是一道大略呈"几"字形分布于辉腾梁上的西汉长城）。当路塞修筑于凉城县与卓资县交界处，长约500米。

（三）北魏长城

北魏长城在乌兰察布市境内基本为东南—西北走向，全长约348千米，可以分为北魏六镇长城南线和北线两条线。

北魏六镇长城南线乌兰察布段，东起乌兰察布市商都县玻璃忽镜乡二吉淖尔村北部，经屯垦队镇，墙体呈内外弧线形弯曲分布，大体呈东北—西南走向，至大拉子村后向南进入察哈尔右翼后旗境内，墙体总长51141米。在察哈尔右翼后旗境内，从红格尔图镇红格尔图村南开始，经当郎胡洞苏木杨贵村向西进入察哈尔右翼中旗境内，墙体总体呈直线分布，大体呈东—西走向，墙体总长39583米。在察哈尔右翼中旗境内，从库伦苏木西大脑包村北起，经大北村南、新建村北、格尔哈套牧点北、沙河两岸的风力发电厂厂区，继续西偏北行，进入四子王旗境内。长城墙体总长22870米，总体作内外弧线形分布，大体呈东南一西北走向。在四子王旗境内墙体总长107627米，经供济堂镇、查干补力格苏木和吉生太镇，长城墙体前段大体直线分布，局部地段有内、外弧线形弯曲，穿越山地向西北行。至巴音陶勒盖牧点以西的中段墙体，总体作外向圆弧形分布，由东南一西北走向转为东北一西南走向，经下滩村、西边河村和小沟子三村东部，走出山地后，南偏西进包头市境内。北魏六镇长城南线乌兰察布段总长约221千米。

北魏六镇长城北线乌兰察布段位于四子王旗境内。墙体经白音朝克图镇、查干补力格苏木和吉胜太镇，整体作外向弧线形分布，大体呈东北一西南走向，总长约127千米。长城建筑方法为夯筑土墙。该长城可分为乌兰哈达、白星图、乌兰淖尔、郭达乌苏、海日罕楚鲁、南号、土脑包、东卜子、西老龙忽洞等段，沿线还有白星图1、2、3号戍堡，红水泡1、2号戍堡，乌兰淖尔1、2、3号戍堡，郭达乌苏1、2、3、4、5号戍堡，海日罕楚鲁1、2、3戍堡，什卜太戍堡等戍堡。[1]

（四）金界壕

乌兰察布市境内的金界壕由南、北两条主线组成，全长约448千米。金界壕南线由河北省康保县进入乌兰察布市境内，自东向西分布于化德县、商都县、察哈尔右翼后旗、四子王旗乌兰哈乡，在查干敖包苏木的哈拉诺尔和北线界壕相交。金界壕北线由锡林郭勒盟苏尼特右旗进入四子王旗，与南线合并后，向西南延伸进入包头市达尔罕茂明安联合旗。

乌兰察布市境内的南、北两条金界壕，在四子王旗查干敖包苏木交会之前均为单墙单壕，壕沟一般在城垣的外侧，墙体多为夯土结构，个别地段为土石混筑，采用因地制宜、就地取材的办法，墙基宽12米，残高1~2米，壕堑宽6~8米。两条界壕交会后并列同行，间距为8~150米，分别为内、外（主、副）墙。主墙基宽12~16米，残高1~2米，夯筑，夯层厚12~20厘米。在主墙的外侧建筑

[1] 内蒙古自治区文化厅（文物局），内蒙古自治区文物考古研究所.内蒙古自治区长城资源调查报告·北魏长城卷［M］.北京：文物出版社，2014.

有高大的马面，高1~3米，间距300~500米，夯筑。副墙基宽8米，残高0.5~2米，夯筑，夯层厚12~20厘米，土色为黄砂石，土质坚硬。在副墙的南侧每隔3~4千米修建有方形的边堡，大小不等，因地势而修。边堡均为夯筑，土质坚硬。大边堡长200米，宽150米，基宽2米，残高0.5米。四周有护城壕，壕宽1.5米，深0.5米。在边堡内大部分地表无暴露遗物，个别边堡内发现石臼，但没有发现陶片。小边堡长150米，宽100米，残高0.5米，基宽2米。边堡的城门均向南开，外墙是利用界壕的墙体而建。[1]

（五）明长城

乌兰察布境内有南、北两道明长城，间距2~50千米，历史上称为大边、二边。在兴和县境内大边和二边之间存在一段支线。

乌兰察布市境内明长城大边由东向西分布于兴和县、丰镇市、凉城县，长城墙体大致呈东北—西南走向，从兴和县店子镇南口村进入乌兰察布市。兴和县境内大边长50645米，有敌台24座、烽火台12座。丰镇市境内大边长70352.5米，有敌台4座、烽火台16座、石刻1处。凉城县境内大边长80572米，有敌台6座、烽火台33座。乌兰察布市境内大边总长度201569.5米。

乌兰察布市境内明长城二边分布于丰镇市、凉城县，长城墙体大致呈东北—西南走向。丰镇市境内二边长23712米，有敌台24座、烽火台15座。凉城县境内二边长29687米，有敌台67座、马面50座、烽火台2座、墙体外单体建筑3座、挡马墙8段。乌兰察布市境内二边总长度53399米，其中14531米墙体为内蒙古自治区和山西省的省界线。[2]

2005年开始的全国为期10年的"长城保护工程"，国家累计投入资金超过19亿元，启动、实施长城保护项目170余项。其间，乌兰察布市对全市各个时期的长城进行了系统调查，得出乌兰察布市是内蒙古自治区长城保留长城时代最多的地区的结论。此外，长城沿线明确了管理责任机构和责任人，1400多千米的长城

〔1〕 内蒙古自治区志·文物志［M］.内部发行，2014.

〔2〕 内蒙古自治区文化厅（文物局），内蒙古自治区文物考古研究所.内蒙古自治区长城资源调查报告·明长城卷［M］.北京：文物出版社，2013.

沿线上，在重要地段和人类活动较多地区的区域都设置了保护标志说明牌、界桩以及其他各类警示标志和安全提示等。

二、乌兰察布长城保护工作的主要问题及对策建议

（一）主要问题

1. 本体保护存在的主要问题

长城本体保护存在的问题有很多，主要涉及长城墙体本体的保护。乌兰察布市长城90%以上的墙体为黄土夯筑，主要涉及土遗址的保护。大体有如下几个方面。

（1）长城本体基本为黄土夯筑，黄土土质疏松，易发生水土流失，导致长城墙体倒塌、高度变矮等。此外，其他自然因素，如山体滑坡、雨水冲刷、风力侵蚀等，也会对长城墙体造成破坏。

（2）部分长城墙体外层原为砖石砌筑，几百年来当地人肆意拆取砖石，用以修建房屋等，对长城墙体造成极大破坏，而且这种破坏现在还在继续。目前长城沿线虽然还有许多地段保存有砖石砌筑的墙体，但是附近村民不时上山拆取。另外长城墙体附近多为农田，村民在农耕时，为躲避风雨或储存物资，纷纷在长城墙体及敌台、马面是掏挖洞口，严重破坏了长城。

（3）由于长期的破坏，很多墙体及附属设施、相关遗存或者消失，或者已经难以窥其原貌，这对于我们将来修复长城是个很大的困难。

2. 自然与人文环境存在的主要问题

在我们进行长城资源调查的过程中，常常被一种沉痛的心情笼罩，因为一路上，我们看到了太多的受到各种各样破坏的长城墙体和附属设施，而且根据我们的调查，长城仍然在受着非常严重的自然和人为因素的破坏。

（1）自然因素

自然因素的破坏是不可抗拒的因素，可以分为雨水冲刷、风沙侵蚀、野兽掘洞等。

①雨水冲刷。很多长城墙体依山势而建，多在山脊和山顶处蜿蜒，所经过

的地区多为地势崎岖之地，沿线沟谷纵横，沟谷中水流湍急，长城墙体经常被自然冲沟冲断。墙体以黄土夯筑为主，附属设施也多为黄土夯筑，极易受到雨水冲刷。当地气候较为干旱，土质多为黄土，植被覆盖率低，水土流失严重，致使墙体坍塌、损坏严重。部分长城墙体地处河流沿岸或跨河而过，水流冲刷，加之年久失修，造成大段墙体消失。

②风沙侵蚀。因为长城多建于较高的山脊上，敌台、烽火台等附属设施也往往建在山顶或较为突出的地方，这些地方风力都很大，且是沙尘暴肆虐之地，所以墙体和附属设施遭受风沙侵蚀较为严重。许多敌台、烽火台墙壁表面上均有大大小小的风蚀孔洞和台阶状痕迹，常年的破坏致使台体体积变小，面目全非。

③野兽掘洞。长城经过的地段大部分为荒无人烟的地方，生活着各类野生动物，它们在长城墙体上掘洞而居，导致长城墙体被严重破坏，甚至坍塌。

（2）人类生活生产因素

①人类活动破坏。长城墙体经过的许多地段有大量的人类活动，许多村民世代居住于长城脚下，他们直接在墙体上掏挖窑洞居住，将有围院的敌台当作圈养牲畜的场所，把长城墙体上的砖石拆下来盖房子、垒砌院墙，严重的还将长城墙体挖出断口，以方便行走等。

②长城附近的工程建设对墙体的破坏。长城是以一道不闭合的长墙，随着我国经济社会的发展，为修建公路、铁路等基础设施，不可避免地要通过长城。很多施工单位对长城的了解不多，且使用大机械来施工，基宽不到20米的长城本体很容易被破坏。我们知道，施工单位只有经过有关部门批准，在国家允许的情况下，才可以挖开长城墙体。我们作为长城保护者，应该了解施工的性质，让施工单位设计好保护方案，尽量保存长城本体，尽量避免挖开长城本体施工的情况。还有一些长城墙体附近有矿山、石头场等，为了给工程建设腾出空地，就将大段的长城墙体推倒，这属于极其恶劣、严重的破坏行为。

3. 保护与管理存在的主要问题

总体来说，我们对于长城的保护与管理十分不力，这一方面存在的问题最大。因为长城在一定程度上可以说是中国最大的遗迹，在实施保护与管理上有诸

多不便，所以实行起来是相当困难的。

很长时间以来，我们对长城的全貌认识不够，也就是说，对于长城到底有多长、分布在哪里、保存现状如何等一系列问题都认识不清，没有摸清长城的家底，就难以制定清晰而有效的保护与管理措施。

对于文物考古工作，大家往往把焦点聚集在那些以点为单位的遗址、遗迹上，而长城是一个线形的遗迹，总体绵延几万千米。以往，我们只能尽力对某一处或者较为重要的地段的长城进行保护和修复，比如乌兰察布市正在进行的辉腾锡勒西汉长城杏桃沟段墙体和五道沟障城以及商都县、察右后旗金界壕抢救性保护等，而对于那些绵延在荒无人烟之地的长城就鞭长莫及了，加之人力、物力、财力有限，实施保护就难上加难。

以下是对存在问题的一些初步认识：

（1）对长城的破坏较为严重。长城正在慢慢消失，虽然这是不可避免的，但是我们可以采取必要的保护措施，控制和减少人为破坏，延缓自然破坏的速度。

（2）保护力度很薄弱。关于长城保护的法律法规，除了《文物保护法》，就只有《长城保护条例》。虽然国家文物局根据《中华人民共和国文物保护法》和《长城保护条例》出台了《长城保护员管理办法》《长城执法巡查办法》等规定，但是缺乏有效的具体措施和实施手段制止人为破坏长城的行为。

（3）对《长城保护条例》的宣传力度不够。生活在长城附近的村民往往对长城熟视无睹，认为这些土墩、土墙无足轻重。每当长城妨碍了村民种地或者行路时，村民就会推倒长城。有些村民还在墙体上掏挖窑洞，作为长期居住的地方。这些都是因为没有对长城沿线的村民进行宣传教育，没有使他们认识到长城的重要意义。

（二）对策及建议

1. 本体保护对策及建议

长城保护是指对长城本体（包括各代长城墙体与墙体上的各种设施）及附属设施（包括与长城墙体关系较为密切的重要的防御设施，例如关堡、烽火台等）、相关遗存（包括与长城本体及其附属设施有关系的一切遗存，例如石碑、挡马墙、壕沟等）整体进行系统性或局部的保护工作。保护的目标是保证上述体系的整体完整性，尽可能避免自然消失之外的其他破坏。在这方面，乌兰察布市做得比较好，已经制定措施，对辉腾锡勒西汉长城，丰镇市隆盛庄明长城局部墙体及敌台、石刻，商都县、化德县、察哈尔右翼后旗部分段落金界壕进行局部保护。

2. 自然与人文环境改善对策及建议

自然环境改善对策及建议如下：

（1）在长城墙体两侧一定距离内植树造林，防风固沙，防止水土流失。

（2）在长城本体上适当地种植一些草类，延缓长城本体消失速度。

人文环境改善对策及建议：设立长城保护区，树立长城保护标志，禁止在保护区内开垦农田及进行其他破坏长城的人类活动；

3.保护与管理对策及建议

长城是不可再生、不可替代的重要文化遗产。现在的长城保护总体上处于一种无序的状态。申请自治区人民政府明确统一规定长城的重点保护范围和一般保护范围，出资在长城保护范围内多设保护标志。

（1）对于保存相对完好的长城墙体与附属建筑进行重点保护。对于长城遗址进行全面保护，对个别重要地段进行适当还原修复。在长城沿线设立保护标志，宣传长城保护的重要意义。

（2）在长城遗迹消失前尽可能地对长城进行全面深入、翔实的记录与研究。

（3）防止部分具有毁灭性的自然现象对长城造成的破坏，如山体滑坡、水土流失等，可修筑堤坝拦截洪水，或修建沟渠以疏通洪水。

（4）提高公众保护长城的意识。制作电视纪录片、编撰长城普及书籍等，通过大众传媒方式提高人们的认识。

三、结语

长城遗存的保护对于学术研究、经济开发和精神文明建设都有着重要的意义与价值。面对这些问题，我们呼吁有关部门，应该及时发现，尽快研究、制定保护长城的措施。因为长城是我们中华民族的文化遗产，长城的历史便是中华文明发展史，长城是中华民族智慧、力量和创造力的结晶。保护长城应该是我们义不容辞的责任。

乌兰察布市灰腾梁西汉长城与九十九泉遗址

九十九泉遗址，又称北魏九十九泉御园遗址，位于内蒙古自治区乌兰察布市卓资县、察哈尔右翼中旗、察哈尔右翼后旗三地交界地带的辉腾梁中南部，地理坐标为东经112°41′06.8″，北纬41°06′17.1″。遗址东西长17千米，南北宽16.5千米，总面积约280.5平方千米。遗址南距卓资县及110国道、G6京藏高速公路22千米，北距察哈尔右翼中旗18千米，西距集宁市区60千米，东距内蒙古自治区首府呼和浩特市90千米。556县道自遗址中部自北向南纵向穿过，将遗址分割为东、西两部分。九十九泉遗址目前虽未经正式的考古发掘工作，但20世纪90年代及2011年9月间的两次大规模的考古田野调查，已基本辨明其具体形制。目前在遗址内共发现呈"几"字形的长城墙体42.585千米、大型高台建筑遗迹（亭障）11处、沿长城外围等距分布的望台遗迹48座和多处古墓葬群。

一、九十九泉遗址自然环境

九十九泉遗址地处中纬度中温型半干旱草原地带，海拔较高（多在2000米以上），气候类型属山地寒温型湿润、半湿润类型。所处区域风能资源十分丰富，10米高度年均风速7.2米/秒，40米高度年均风速8.8米/秒。风能功率密度662瓦/平方米，平均空气密度1.70千克/立方米，5～25米/秒的有效风时数可达6255～7292小时。遗址内年平均温−0.34摄氏度，小于等于10摄氏度的积温低于1200摄氏度；年降水量在400毫米以上，蒸发量在1500毫米以下，温湿度0.65，相对湿度

70%。其大部分气候指标与寒温型的大兴安岭指标相近。九十九泉遗址内主要分布山地草甸土、山地栗钙土和灰色森林土3种土壤，其中山地草甸土壤主要分布于遗址中部、西部地区，即察哈尔右翼中旗种马场、草垛山以西区域；山地栗钙土主要分布于遗址东部地区，即察哈尔右翼中旗种马场至玻璃脑包一带；灰色森林土分布于黄花沟至独贵一带沟谷阴坡区域。九十九泉遗址所处熔岩台地高且平坦，台地大部分区域呈现外围高凸、中部低平的地貌特征，故水系均滞留在台地内的火山口和洼地内，进而形成近百个全封闭的小型湖泊和湿地。经卫星影像分析可知，目前九十九泉遗址范围内常年积水湖泊40多个、季节积水湖泊近30个、季节积水湿地近20个。所有湖泊既无河流补给又无河流流出，湖泊水量平衡完全依靠天然降水与蒸发进行调节。九十九泉遗址西南、东南部和黄花沟各存有一个出水口，沿下切沟谷形成常年流水或季节流水的小河、溪，并在卓资县境内汇入黄河支流大黑河。

二、对九十九泉遗址调查工作情况

从20世纪80年代开始，文博工作人员对九十九泉遗址开展了多次调查工作。1987年，全国第二次文物普查中，乌兰察布盟文物管理站对九十九泉遗址进行了初步调查，认为该遗址战国赵长城的北线[1]。1988年，乌兰察布市察哈尔右翼中旗人民政府公布大阳卜子边堡遗址（3号亭障）为旗级文物保护单位。1996年，内蒙古自治区文物考古研究所、乌兰察布盟博物馆、察哈尔右翼中旗文物管理所为配合《中国文物地图集·内蒙古自治区分册》的编写，对九十九泉遗址进行了全面的调查，考证为北魏九十九泉御园遗址[2]。2005年，察右中旗文化广播电视局成立九十九泉长城遗址工作站。同年，察右中旗人民政府颁布《察右中旗人民政府关于划定北魏御苑遗址的保护范围和监控地带的通知》，并于年底申报其为第四批自治区级重点文物保护单位。2006年，经内蒙古自治区人民政府核准，

---

[1]　李兴盛，郝利平. 乌盟卓资县战国长城调查［J］. 内蒙古文物考古，1994（2）.
[2]　李逸友. 北魏九十九泉御园遗址［J］. 内蒙古文物考古，1998（1）.

公布九十九泉长城遗址为内蒙古自治区级重点文物保护单位。2011年，乌兰察布市博物馆为配合长城资源调查，对九十九泉长城遗址进行大规模、全方位的综合调查，发现大量北魏时期以外的遗物。2012年，内蒙古自治区文物保护中心、乌兰察布市博物馆为保护九十九泉御园遗址杏桃沟段长城和五道沟障址2号亭障（原螺儿山亭障），对其进行试掘。2013年，长城资源调查队又进行复查。2015年，九十九泉御园遗址外围墙体和其他区域障城、古城加在一起被国家文物局确认为西汉长城，称辉腾梁西汉长城（又称辉腾锡勒西汉长城），为内蒙古自治区级重点文物保护单位。

辉腾锡勒西汉长城又称辉腾梁长城[1]，主要由墙体、烽燧、障城等三类遗迹组成（图一）。墙体主要分布于辉腾梁锡勒，从东、北、西三个方向将辉腾锡勒包了起来，平面呈"几"字形。总长46.585千米，其中土墙长36.885千米、石墙长9.7千米，共分18段墙体。在长城墙体沿线及周边地区，共有烽燧47座，障城、障址11座，古城1座（详见表一）。内蒙古自治区文物考古研究所、乌兰察布市博物馆、察哈尔右翼中旗文物管理所《内蒙古乌兰察布市辉腾梁长城调查简报》中有烽燧49座，多了米家湾烽燧和后温都花烽燧，而在国家文物局确认表中缺少这两处烽燧。

辉腾锡勒西汉长城共划分为18段，其中土墙14段、石墙4段。土墙构筑方式均系外侧挖壕取土、堆筑于内侧筑成，没有明显夯层。土墙段落包括栗家堂长城1段、三盖脑包长城、杏桃沟长城2段、杏桃沟长城3段、五道沟长城1段、七道沟长城、新教滩长城、隆胜义长城、宏盘长城、草垛山长城、大西沟长城、蓿麻湾长城、大阳卜长城、独贵坝长城。以大阳卜障城以西的长城属于保存相对较好者，墙体底宽顶窄，剖面呈梯形，底宽14~16米，顶宽8~13米，残高0.5~0.8米。

石墙主要修筑在起伏较大的山丘间或山丘顶部。墙体就地取材，以自然石块

---

[1] 张文平. 乌兰察布市灰腾梁长城调查的新收获——兼对九十九泉基本史料及相关研究的初步辨析 [G] // 内蒙古社科院历史所，呼和浩特塞北文化研究会. 朔方论丛：第五辑. 呼和浩特：内蒙古大学出版社，2016.

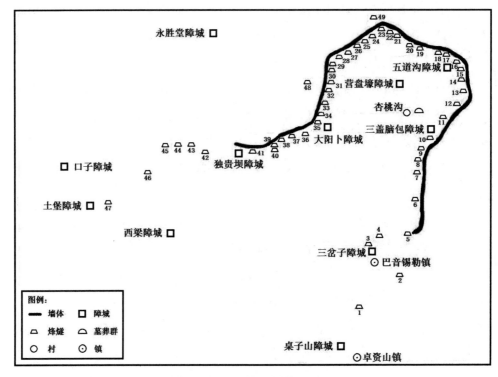

图一　九十九泉遗址平面示意图

1. 小桌子山烽燧　2. 后温都花烽燧　3. 十股地1号烽燧　4 十股地2号烽燧

5. 大东沟烽燧　6. 栗家堂1号烽燧　7. 栗家堂2号烽燧　8. 三盖脑包1号烽燧

9. 三盖脑包2号烽燧　10. 三盖脑包3号烽燧　11. 杏桃沟1号烽燧　12. 杏桃沟2号烽燧

13. 杏桃沟3号烽燧　14. 七道沟烽燧　15. 五道沟1号烽燧　16. 五道沟2号烽燧

17. 五道沟3号烽燧　18. 新教滩1号烽燧　19. 新教滩2号烽燧　20. 新教滩3号烽燧

21. 隆胜义1号烽燧　22. 隆胜义2号烽燧　23. 隆胜义3号烽燧　24. 宏盘1号烽燧

25. 宏盘2号烽燧　26. 草垛山1号烽燧　27. 草垛山1号烽燧　28. 草垛山2号烽燧

29. 草垛山3号烽燧　30. 大西沟1号烽燧　31. 大西沟2号烽燧　32. 大西沟3号烽燧

33. 大西沟5号烽燧　34. 蓿麻湾1号烽燧　35. 蓿麻湾2号烽燧　36. 大阳卜1号烽燧

37. 大阳卜2号烽燧　38. 火盘沟1号烽燧　39. 火盘沟2号烽燧　40. 火盘沟3号烽燧

41. 独贵坝烽燧　42. 二道坝1号烽燧　43. 二道坝2号烽燧　44. 二道坝3号烽燧

45. 二道坝4号烽燧　46. 米家湾烽燧　47. 阳坡烽燧　48. 大西沟4号烽燧

49. 宏盘3号烽燧

图二　辉腾锡勒西汉长城杏桃沟1段墙体（南—北）

砌成。石墙段包括大东沟长城、栗家堂长城2段、杏桃沟长城1段、五道沟长城2段。以杏桃沟村长城1段为例，墙体底宽顶窄，剖面呈梯形，底宽5～7米，顶宽3～4米，残高0.5～1.5米（图二）。

烽燧绝大部分修筑于墙体沿线，构筑方式可分为土筑、石筑和土石混筑三类（图三）。大多数烽燧分布于墙体内侧，只有个别烽燧分布于墙体外侧。分布于墙体内侧的烽燧，与墙体之间的直线距离10～600米。分布于墙体外侧的烽燧，与墙体之间的直线距离较远，大约在1千米，均建于周边的制高点上，可与分布于墙体内侧的烽燧遥相呼应。相邻烽燧之间的距离，一般1千米左右，最远的可达3千米，均可两两相望。

障城11座，其中5座分布于墙体内侧，6座远离墙体。这些障城的形制大致相同，平面大多呈正方形或长方形，边长40～50米，面积大致相同，只有个别面积稍大或稍小。障墙底宽顶窄，有石块垒砌、沙土夯筑和内部土筑、外表包石等三

图三　辉腾锡勒西汉长城4号烽燧

种构筑方式。墙体内侧修筑的障城，与墙体之间的距离不等，独贵坝障城与墙体之间的距离只有30米，三盖脑包障城、五道沟障城、大阳卜障城与墙体之间的距离在200米左右，营盘壕障城因修筑在辉腾梁腹地，与墙体的距离较远，达3.5千米。墙体内侧相邻障城之间的距离大体在10千米。其他7座远离墙体的障城，主要修筑在交通要道的沟畔和路口之上。

　　在辉腾梁西北侧沟谷的一条西侧支沟的出口处，有隆胜德当路塞扼守沟口。该段长城墙体呈南北走向，长59米，为毛石干垒而成的石墙[1]。这段当路塞在国家文物局确认批复文件中没出现。是否属于辉腾梁长城范畴，有待确认。

　　辉腾锡勒西汉长城调查中发现的遗物，多为陶片，少量为瓦片（多为板

　　[1]　张文平.乌兰察布市灰腾梁长城调查的新收获——兼对九十九泉基本史料及相关研究的初步辨析[G]//内蒙古社科院历史所，呼和浩特塞北文化研究会.朔方论丛：第五辑.呼和浩特：内蒙古大学出版社，2016.

瓦）。陶片陶质多为泥质灰陶、褐陶，还有少量黑陶，可辨器形有罐、盆、釜等，纹饰有粗绳纹、细绳纹、弦断绳纹、凹弦纹和附加堆纹等。瓦片可分为板瓦、筒瓦两类，外壁均多饰绳纹，其中板瓦内腹多饰菱形格纹，筒瓦内腹多饰布纹[1]。

国家文物局认定辉腾锡勒梁西汉长城的大部分遗迹在九十九泉遗址内，有极个别的遗址，如三道营古城等不属于九十九泉遗址范围。

三、九十九泉遗址史料记载和研究

九十九泉，《史记》《汉书》称"单于台"，《魏书》称"九十九泉"，《契丹国志》称"九十九泉"，《辽史》称"百泉岭"，《金史》称"官山"，《元史》称"官山"或"九十九泉"，《大明一统志》称"官山九十九泉"，《大清一统志》称"伊伦伊孙泊"，今称"辉腾锡勒"或"辉腾梁"。"伊伦伊孙泊"为蒙古语，意为"九十九湖"。"辉腾"是蒙古语"寒冷"之意；"锡勒"是蒙古语"脖颈"或"高山上的平地"，汉语意为"山梁"。

20世纪80年代，学术界开始对九十九泉遗址进行研究，如高旺《内蒙古长城史话》，李兴盛、郝利平《乌盟卓资县战国赵长城调查》，李逸友《北魏九十九泉御园遗址》《内蒙古史迹丛考》，孟克巴雅尔《九十九泉》《历史上的九十九泉》，巴音查干、孟克巴雅尔《九十九泉与匈奴文化》《从旅游开发角度看九十九泉与鲜卑文化》，张文平《乌兰察布市辉腾梁长城调查的新收获——兼对九十九泉基本史料及相关研究的初步辨析》，张文平等《内蒙古乌兰察布市辉腾梁长城调查报告》，等等。

四、九十九泉遗址的年代

九十九泉遗址内分布有数量不等的石圈遗迹和石积堆遗迹，可能属古代墓葬

---

[1] 张文平. 乌兰察布市灰腾梁长城调查的新收获——兼对九十九泉基本史料及相关研究的初步辨析 [G] // 内蒙古社科院历史所，呼和浩特塞北文化研究会. 朔方论丛：第五辑. 呼和浩特：内蒙古大学出版社，2016.

遗迹。由于缺乏系统的考古学调查与试掘，九十九泉遗址内墓葬遗迹的数量与年代均不详。九十九泉遗址内发现的少量墓葬均已被盗。从盗坑残存痕迹推断，这些墓葬应为长方形竖穴土坑墓，墓坑四壁垒砌有石块，形制规整。墓葬附近发现的盗出陶片数量少，但是特征明显，是北魏时期陶片。李逸友《北魏九十九泉御园遗址》中明确提到大阳卜障城采集到北魏时期的遗物。2012年，内蒙古自治区文物保护中心、乌兰察布市博物馆为保护九十九泉御园遗址杏桃沟段长城和五道沟障址2号亭障（原螺儿山亭障），对这两处遗址进行试掘，初步判断其始建于汉代，北魏时期大规模修复并继续使用，至北魏后期废弃。另结合以往考古调查所获部分战国、辽、蒙元时期遗物，可推测九十九泉长城遗址使用年代久远且延续性较强。汉代与北魏时期应是其鼎盛时期。

根据上述，九十九泉遗址是一处汉代至北魏时期的综合型文化遗存。

辽代和蒙元时期是否沿用，尚待考证。

五、结语

根据史料记载，九十九泉遗址自匈奴时始，历经鲜卑、突厥、契丹、女真、蒙古等多个时期，是北方各族统治者巡游、观景、游猎、讲武之地，其中匈奴冒顿、老上、军臣三单于在此避暑办公、处理军政要务；北魏道武帝拓跋珪于404年来此造石亭、巡幸避暑；北魏明元帝拓跋嗣在此避暑观光、经营御苑；突厥启民可汗在此避暑消夏，接待前来巡查观景的隋炀帝；辽世宗和辽兴宗在九十九泉避暑办公，商讨了辽史上两次重大军事行动；元太宗窝阔台汗在此避暑消夏、屯兵、养病后攻金；北元也先汗在"土木之变"前后一段时间内扎营于九十九泉……九十九泉遗址所属时间节点，上联系以忻州窑子、小双古城、崞县窑子、毛庆沟、水泉等墓地为代表的长城沿线东周时期北方系考古学文化，下联系突厥、契丹、女真、蒙古等历史时期游牧民族，可最大限度地复原九十九泉地区、内蒙古中南部地区以至长城沿线中段地区的游牧文明史，对探讨中国古代游牧民族文明起到积极作用。

内蒙古自治区乌兰察布市新发现长城认定表（本表格为国家文物局批复确认表格）

省	市	县	编号	名称	位置	时代	现保护级别
内蒙古自治区	乌兰察布市	卓资县	150921353201040044	十股地1号烽燧	巴音锡勒镇十股地村南0.1千米	汉	内蒙古自治区文物保护单位
内蒙古自治区	乌兰察布市	卓资县	150921353201040045	十股地2号烽燧	巴音锡勒镇十股地村南0.8千米	汉	内蒙古自治区文物保护单位
内蒙古自治区	乌兰察布市	卓资县	150921353201040046	大东沟烽燧	巴音锡勒镇大东沟村西南1.4千米	汉	内蒙古自治区文物保护单位
内蒙古自治区	乌兰察布市	卓资县	150921353201040047	栗家堂1号烽燧	巴音锡勒镇栗家堂村西北0.8千米	汉	内蒙古自治区文物保护单位
内蒙古自治区	乌兰察布市	卓资县	150921353201040048	栗家堂2号烽燧	巴音锡勒镇栗家堂村北2.8千米	汉	内蒙古自治区文物保护单位
内蒙古自治区	乌兰察布市	卓资县	150921353201040049	三盖脑包1号烽燧	巴音锡勒镇三盖脑包村西南0.7千米	汉	内蒙古自治区文物保护单位
内蒙古自治区	乌兰察布市	卓资县	150921353201040050	三盖脑包2号烽燧	巴音锡勒镇三盖脑包村西北0.4千米	汉	内蒙古自治区文物保护单位
内蒙古自治区	乌兰察布市	卓资县	150921353201040051	三盖脑包3号烽燧	巴音锡勒镇三盖脑包村北1千米	汉	内蒙古自治区文物保护单位
内蒙古自治区	乌兰察布市	卓资县	150921353201040052	杏桃沟1号烽燧	巴音锡勒镇杏桃沟村东1千米	汉	内蒙古自治区文物保护单位
内蒙古自治区	乌兰察布市	卓资县	150921353201040053	杏桃沟2号烽燧	巴音锡勒镇杏桃沟村东北3.5千米	汉	内蒙古自治区文物保护单位
内蒙古自治区	乌兰察布市	卓资县	150921353201040054	杏桃沟3号烽燧	巴音锡勒镇杏桃沟村东北4.2千米	汉	内蒙古自治区文物保护单位
内蒙古自治区	乌兰察布市	卓资县	150921353201040055	阳坡烽燧	复兴乡阳坡村0.2千米	汉	内蒙古自治区文物保护单位
内蒙古自治区	乌兰察布市	卓资县	150921353201040056	小桌子山烽燧	卓资山镇孔家沟村北侧1.2千米	汉	内蒙古自治区文物保护单位
内蒙古自治区	乌兰察布市	察哈尔右翼中旗	150928353201040001	七道沟烽燧	锡勒乡七道沟村东2.5千米	汉	内蒙古自治区文物保护单位

（续表一）

省	市	县	编号	名称	位置	时代	现保护级别
内蒙古自治区	乌兰察布市	察哈尔右翼中旗	150927353201040001	五道沟1号烽燧	辉腾锡勒园区五道沟村东南4.2千米	汉	内蒙古自治区文物保护单位
内蒙古自治区	乌兰察布市	察哈尔右翼中旗	150927353201040002	五道沟2号烽燧	辉腾锡勒园区五道沟村东南3.3千米	汉	内蒙古自治区文物保护单位
内蒙古自治区	乌兰察布市	察哈尔右翼中旗	150927353201040003	五道沟3号烽燧	辉腾锡勒园区五道沟村南2.1千米	汉	内蒙古自治区文物保护单位
内蒙古自治区	乌兰察布市	察哈尔右翼中旗	150927353201040004	新教滩1号烽燧	辉腾锡勒园区新教村南1.9千米	汉	内蒙古自治区文物保护单位
内蒙古自治区	乌兰察布市	察哈尔右翼中旗	150927353201040005	新教滩2号烽燧	辉腾锡勒园区新教村东南0.8千米	汉	内蒙古自治区文物保护单位
内蒙古自治区	乌兰察布市	察哈尔右翼中旗	150927353201040006	新教滩3号烽燧	辉腾锡勒园区新教村南0.2千米	汉	内蒙古自治区文物保护单位
内蒙古自治区	乌兰察布市	察哈尔右翼中旗	150927353201040007	隆胜义1号烽燧	辉腾锡勒园区隆胜义村西1.3千米	汉	内蒙古自治区文物保护单位
内蒙古自治区	乌兰察布市	察哈尔右翼中旗	150927353201040008	隆胜义2号烽燧	辉腾锡勒园区隆胜义村西南1.7千米	汉	内蒙古自治区文物保护单位
内蒙古自治区	乌兰察布市	察哈尔右翼中旗	150927353201040009	隆胜义3号烽燧	辉腾锡勒园区隆胜义村西北2.6千米	汉	内蒙古自治区文物保护单位
内蒙古自治区	乌兰察布市	察哈尔右翼中旗	150927353201040010	宏盘1号烽燧	辉腾锡勒园区宏盘村北0.6千米	汉	内蒙古自治区文物保护单位

（续表二）

省	市	县	编号	名称	位置	时代	现保护级别
内蒙古自治区	乌兰察布市	察哈尔右翼中旗	150927353201040011	宏盘 2 号烽燧	辉腾锡勒园区宏盘村西北 0.8 千米	汉	内蒙古自治区文物保护单位
内蒙古自治区	乌兰察布市	察哈尔右翼中旗	150927353201040012	宏盘 3 号烽燧	辉腾锡勒园区宏盘村西 1.9 千米	汉	内蒙古自治区文物保护单位
内蒙古自治区	乌兰察布市	察哈尔右翼中旗	150927353201040013	草垛山 1 号烽燧	辉腾锡勒园区草垛村西 1.8 千米	汉	内蒙古自治区文物保护单位
内蒙古自治区	乌兰察布市	察哈尔右翼中旗	150927353201040014	草垛山 2 号烽燧	辉腾锡勒园区草垛村北 1.8 千米	汉	内蒙古自治区文物保护单位
内蒙古自治区	乌兰察布市	察哈尔右翼中旗	150927353201040015	草垛山 3 号烽燧	辉腾锡勒园区草垛村西北 1.9 千米	汉	内蒙古自治区文物保护单位
内蒙古自治区	乌兰察布市	察哈尔右翼中旗	150927353201040016	大西沟 1 号烽燧	辉腾锡勒园区大西沟东 1.5 千米	汉	内蒙古自治区文物保护单位
内蒙古自治区	乌兰察布市	察哈尔右翼中旗	150927353201040017	大西沟 2 号烽燧	辉腾锡勒园区大西沟南 1.2 千米	汉	内蒙古自治区文物保护单位
内蒙古自治区	乌兰察布市	察哈尔右翼中旗	150927353201040018	大西沟 3 号烽燧	辉腾锡勒园区大西沟南 1.4 千米	汉	内蒙古自治区文物保护单位
内蒙古自治区	乌兰察布市	察哈尔右翼中旗	150927353201040019	大西沟 4 号烽燧	辉腾锡勒园区大西沟西南 1.5 千米	汉	内蒙古自治区文物保护单位
内蒙古自治区	乌兰察布市	察哈尔右翼中旗	150927353201040020	大西沟 5 号烽燧	辉腾锡勒园区大西沟东南 2.2 千米	汉	内蒙古自治区文物保护单位

（续表三）

省	市	县	编号	名称	位置	时代	现保护级别
内蒙古自治区	乌兰察布市	察哈尔右翼中旗	150927353201040021	褡麻湾1号烽燧	辉腾锡勒园区褡麻湾村北0.3千米	汉	内蒙古自治区文物保护单位
内蒙古自治区	乌兰察布市	察哈尔右翼中旗	150927353201040022	褡麻湾2号烽燧	辉腾锡勒园区褡麻湾村南0.7千米	汉	内蒙古自治区文物保护单位
内蒙古自治区	乌兰察布市	察哈尔右翼中旗	150927353201040023	大阳卜1号烽燧	辉腾锡勒园区大阳卜村东北1.1千米	汉	内蒙古自治区文物保护单位
内蒙古自治区	乌兰察布市	察哈尔右翼中旗	150927353201040024	大阳卜2号烽燧	辉腾锡勒园区大阳卜村东南0.9千米	汉	内蒙古自治区文物保护单位
内蒙古自治区	乌兰察布市	察哈尔右翼中旗	150927353201040025	大阳卜3号烽燧	辉腾锡勒园区大阳卜村东南1.3千米	汉	内蒙古自治区文物保护单位
内蒙古自治区	乌兰察布市	察哈尔右翼中旗	150927353201040026	火盘沟1号烽燧	辉腾锡勒园区火盘沟村东北0.9千米	汉	内蒙古自治区文物保护单位
内蒙古自治区	乌兰察布市	察哈尔右翼中旗	150927353201040027	火盘沟2号烽燧	辉腾锡勒园区火盘沟村西北0.6千米	汉	内蒙古自治区文物保护单位
内蒙古自治区	乌兰察布市	察哈尔右翼中旗	150927353201040028	火盘沟3号烽燧	辉腾锡勒园区火盘沟村西南0.54千米	汉	内蒙古自治区文物保护单位
内蒙古自治区	乌兰察布市	察哈尔右翼中旗	150927353201040029	独贵烽燧	乌兰哈页苏木独贵村东南1.9千米	汉	内蒙古自治区文物保护单位
内蒙古自治区	乌兰察布市	察哈尔右翼中旗	150927353201040030	二道坝1烽燧	乌兰哈页苏木二道坝村西北0.5千米	汉	内蒙古自治区文物保护单位

（续表四）

省	市	县	编号	名称	位置	时代	现保护级别
内蒙古自治区	乌兰察布市	察哈尔右翼中旗	150927353201040031	二道坝2烽燧	乌兰哈页苏木二道坝村西北1.4千米	汉	内蒙古自治区文物保护单位
内蒙古自治区	乌兰察布市	察哈尔右翼中旗	150927353201040032	二道坝3烽燧	乌兰哈页苏木二道坝村西北2千米	汉	内蒙古自治区文物保护单位
内蒙古自治区	乌兰察布市	察哈尔右翼中旗	150927353201040033	二道坝4烽燧	乌兰哈页苏木二道坝村西北2.7千米	汉	内蒙古自治区文物保护单位
内蒙古自治区	乌兰察布市	卓资县	150921353310204000 1	三岔子障城	巴音锡勒镇三岔子村东	汉	内蒙古自治区文物保护单位
内蒙古自治区	乌兰察布市	卓资县	150921353310204000 2	三盖脑包障城	巴音锡勒镇三盖脑包村东北2.1千米	汉	内蒙古自治区文物保护单位
内蒙古自治区	乌兰察布市	卓资县	150921353310204000 3	土堡障城	复兴乡土堡村西侧	汉	内蒙古自治区文物保护单位
内蒙古自治区	乌兰察布市	卓资县	150921353310204000 4	桌资山障城	卓资山镇北侧1.3千米	汉	内蒙古自治区文物保护单位
内蒙古自治区	乌兰察布市	卓资县	150921353310204000 5	三道营古城	梨花镇土城子村	汉	内蒙古自治区文物保护单位
内蒙古自治区	乌兰察布市	察哈尔右翼中旗	150927353310204000 1	五道沟障城	辉腾锡勒园区五道沟南村2.5千米	汉	内蒙古自治区文物保护单位
内蒙古自治区	乌兰察布市	察哈尔右翼中旗	150927353310204000 2	浪荛海障城	巴音锡勒镇杏桃沟村西2.2千米	汉	内蒙古自治区文物保护单位
内蒙古自治区	乌兰察布市	察哈尔右翼中旗	150927353310204000 3	营盘壕障址	辉腾锡勒园区营盘壕村东0.3千米	汉	内蒙古自治区文物保护单位
内蒙古自治区	乌兰察布市	察哈尔右翼中旗	150927353310204000 4	大阳卜障城	辉腾锡勒园区大阳卜村东南1.2千米	汉	内蒙古自治区文物保护单位
内蒙古自治区	乌兰察布市	察哈尔右翼中旗	150927353310204000 5	西梁障城	辉腾锡勒园区西梁村	汉	内蒙古自治区文物保护单位

（续表五）

省	市	县	编号	名称	位置	时代	现保护级别
内蒙古自治区	乌兰察布市	察哈尔右翼中旗	150927353102040006	独贵坝障城	乌兰哈页苏木独贵坝村西南 1.2 千米	汉	内蒙古自治区文物保护单位
内蒙古自治区	乌兰察布市	卓资县	150921382102040014	大东沟长城	起点：巴音锡勒镇大东沟村东南 0.9 千米 止点：巴音锡勒镇大东沟村东 0.6 千米	汉	内蒙古自治区文物保护单位
内蒙古自治区	乌兰察布市	卓资县	150921382102040015	栗家堂长城 1 段	起点：巴音锡勒镇栗家堂村东南 1.7 千米 止点：巴音锡勒镇栗家堂村西北 0.72 千米	汉	内蒙古自治区文物保护单位
内蒙古自治区	乌兰察布市	卓资县	150921382102040016	栗家堂长城 2 段	起点：巴音锡勒镇栗家堂村西北 0.7 千米 止点：巴音锡勒镇栗家堂村北 3.5 千米	汉	内蒙古自治区文物保护单位
内蒙古自治区	乌兰察布市	卓资县	150921382102040017	三盖脑包长城	起点：巴音锡勒镇三盖脑包村西南 0.6 千米 止点：巴音锡勒镇三盖脑包村东北 3.3 千米	汉	内蒙古自治区文物保护单位
内蒙古自治区	乌兰察布市	察哈尔右翼中旗	150927382101040001	五道沟长城 1 段	起点：辉腾锡勒园区五道沟村东南 5.5 千米 止点：辉腾锡勒园区五道沟村东南 4 千米	汉	内蒙古自治区文物保护单位
内蒙古自治区	乌兰察布市	察哈尔右翼中旗	150927382101040002	五道沟长城 2 段	起点：辉腾锡勒园区五道沟村东南 3.7 千米 止点：辉腾锡勒园区五道沟村南 1.9 千米	汉	内蒙古自治区文物保护单位

（续表六）

省	市	县	编号	名称	位置	时代	现保护级别
内蒙古自治区	乌兰察布市	察哈尔右翼中旗	1509273821010040003	新教滩长城	起点：辉腾锡勒园区新教滩村东南 2.3 千米 止点：辉腾锡勒园区新教滩村西北 1.1 千米	汉	内蒙古自治区文物保护单位
内蒙古自治区	乌兰察布市	察哈尔右翼中旗	1509273821010040004	隆胜义长城	起点：辉腾锡勒园区隆胜义村南 0.5 千米 止点：辉腾锡勒园区隆胜义村西 2.8 千米	汉	内蒙古自治区文物保护单位
内蒙古自治区	乌兰察布市	卓资县	1509213821020040018	杏桃沟长城 1 段	起点：巴音锡勒镇杏桃沟村东南 1.3 千米 止点：巴音锡勒镇杏桃沟村东北 3.2 千米	汉	内蒙古自治区文物保护单位
内蒙古自治区	乌兰察布市	卓资县	1509213821020040019	杏桃沟长城 2 段	起点：巴音锡勒镇杏桃沟村东北 3.2 千米 止点：巴音锡勒镇杏桃沟村东北 3.7 千米	汉	内蒙古自治区文物保护单位
内蒙古自治区	乌兰察布市	卓资县	1509213821020040020	杏桃沟长城 3 段	起点：巴音锡勒镇杏桃沟村东北 3.7 千米 止点：巴音锡勒镇杏桃沟村东北 4.3 千米	汉	内蒙古自治区文物保护单位
内蒙古自治区	乌兰察布市	察哈尔右翼后旗	1509283821010040001	七道沟长城	起点：锡勒乡七道沟村东南 2.5 千米 止点：锡勒乡七道沟村东南 2.1 千米	汉	内蒙古自治区文物保护单位
内蒙古自治区	乌兰察布市	察哈尔右翼中旗	1509273821010040005	宏盘长城	起点：辉腾锡勒园区宏盘村西 1.2 千米 止点：辉腾锡勒园区宏盘村西 1.8 千米	汉	内蒙古自治区文物保护单位

（续表七）

省	市	县	编号	名称	位置	时代	现保护级别
内蒙古自治区	乌兰察布市	察哈尔右翼中旗	150927382101040006	草垛山长城	起点：辉腾锡勒园区草垛山村北 1.8 千米 止点：辉腾锡勒园区草垛山村西北 2.4 千米	汉	内蒙古自治区文物保护单位
内蒙古自治区	乌兰察布市	察哈尔右翼中旗	150927382101040007	大西沟长城	起点：辉腾锡勒园区大西沟村东 1.5 千米 止点：辉腾锡勒园区大西沟村南 3.1 千米	汉	内蒙古自治区文物保护单位
内蒙古自治区	乌兰察布市	察哈尔右翼中旗	150927382101040008	褡裢湾长城	起点：辉腾锡勒园区褡裢湾村北 0.4 千米 止点：辉腾锡勒园区褡裢湾村南 1.5 千米	汉	内蒙古自治区文物保护单位
内蒙古自治区	乌兰察布市	察哈尔右翼中旗	150927382101040009	大阳卜长城	起点：辉腾锡勒园区大阳卜村东北 1.1 千米 止点：辉腾锡勒园区大阳卜村西南 3.8 千米	汉	内蒙古自治区文物保护单位
内蒙古自治区	乌兰察布市	察哈尔右翼中旗	150927382101040010	独贵坝长城	起点：乌兰哈页苏木独贵坝村东南 3.7 千米 止点：乌兰哈页苏木独贵坝村西南 1.2 千米	汉	内蒙古自治区文物保护单位

论乌兰察布市明代长城

——兼谈长城防御体系视野下的明蒙关系

　　明朝建立后，始终与北撤草原的北元—蒙古诸部关系紧张，双方时常发生战争，其主要原因为北元—蒙古诸部落频频南下。当时北元—蒙古诸部的主要经济形态为畜牧业，遇到自然灾害之年，不得不南下取得生活必需品。为了应对北元—蒙古各部落南下，加强北部边境的防御，明朝陆续在北边修建了边墙，即被称为"万里长城"的明长城。明长城在当时的史料文献中一般被称为"边墙"，或简称"边"。"边墙"之称，如《明史·兵志》载："请修宣、大边墙千余里。"这是说修宣府、大同一段的长城。又如《明史·孙丕扬传》载："按行关隘，增置敌楼三百余所，筑边墙万余丈。"《明史·翁万达传》则称："乃请帑银六十万两，修大同西路、宣府东路边墙，凡八百里。万达精心计，善钩校，墙堞近远，壕堑深广，曲尽其宜。寇乃不敢轻犯。墙内戍者得以暇耕牧。"从中不仅知道明长城普遍被称为"边墙"，还知道明长城结构中有"壕堑"。明代"九边"之首的辽东镇长城，也称"辽东边墙"，而其结构，结合考古调查可知有的地段是外掘深沟而内为壕墙的。明长城还有其他名称，如《明史·兵志》称"内复堑山堙谷曰夹道，北人称为橐驼城"，将明长城称为"夹道"；《明史·余子俊传》载"寇扼于墙堑，散漫不得出"，将长城称为"墙堑"。

　　明朝不仅修筑长城墙体，还在长城内侧逐步建立了一整套长城防御体系，而大规模修筑的军事性城堡就是这个防御体系的重要组成部分。当时明朝将北边防御区划分为9个军镇，是为"九边"，也称"九镇"："其边陲要地称重镇者凡九：曰辽东，曰蓟州，曰宣府，曰大同，曰榆林，曰宁夏，曰甘肃，曰太原，曰固原。皆分统卫所关堡，环列兵戎。"[1]"元人北归，屡谋兴复。永乐迁都北平，三面近塞，正统以后，敌患日多。故终明之世，边防甚重。东起鸭绿，西抵嘉峪，绵亘万里，分地守御。初设辽东、宣府、大同、延绥四镇，继设宁夏、甘肃、蓟州三镇，而太原总兵治偏头，三边制府驻固原，亦称二镇，是为九边"。[2]乌兰察布地区的明长城基本上属于"九边"中的大同镇管辖。

确定乌兰察布市明长城建筑时间的最直接的实物证据为丰镇市隆盛庄明长城石刻（图二）。石刻位于丰镇市隆盛庄镇兰家沟村东北1.4千米处双台山西北坡上。该石刻刻于双台山上一块较大的岩石向阳一面，雕刻手法为阴刻，主体文字外侧刻有内、外围框，外围围框宽1.1米、高0.95米，内围围框宽1米、高0.85米。围框上部自右向左刻有"□记"两字，围框内刻有56个字，自右向左竖排，每排7个字，共分为8排。具体文字内容如下：

图一　内蒙古乌兰察布市兴和县四道沟长城

[1]　张廷玉，等. 明史·地理志一 [M]. 北京：中华书局，1974.

[2]　张廷玉，等. 明史·地理志一 [M]. 北京：中华书局，1974.

图二　"大明洪武二十九年"石刻题记

里陸□煙墩三座
捌丈□□壹拾壹
山坡長貳千捌拾
隘口東山坡至西
都指揮使司建築
甲寅吉日山西行
年歲次丙子四月
大明洪武貳拾玖
□記

该碑文用简体字表述如下：

□记：大明洪武二十九年，岁次丙子，四月甲寅吉日，山西行都指挥使司建筑隘口，东山坡至西山坡长二千八十八丈，□□一十一里六□，烟墩三座。[1]

根据石碑可得知，乌兰察布地区的长城最晚在1396年（洪武二十九年）开建。但是，这不一定是明朝在乌兰察布地区建筑长城的最早时间。根据《明史》记载，明朝控制乌兰察布地区并建筑长城的时间应该为1370—1398年（洪武三年到洪武二十六年）。1370年，明朝派两路大军北征，西路军"自潼关出西安，捣定西，以取王保保"，东路军"出居庸，入沙漠，以追元主"[2]。1372年，明朝北征蒙古失败，"洪武六年，命大将军徐达等备山西、北平边，谕令各上方略。从淮安侯华云龙言，自永平、蓟州、密云迤西二千余里，关隘百二十有九，皆置戍守"[3]。明朝在北疆的防御策略从进攻为主转为防御为主，开始修建长城并设置地方军政机构。

明朝的长城防御体系具体情况如下：

第一，中央政权的军事机关兵部和五军都督府中的后军都督府，奉皇帝之命掌管长城沿线及全国的军事。作战时由兵部尚书或侍郎总督军务，或另派大臣总督军务。

第二，在长城沿线设立军事管理区——镇，即"九边"。明代兵制，"总兵官、副总兵、参将、游击将军、守备、把总，无品级，无定员。总镇一方者为镇守，独镇一路者为分守，各守一城一堡者为守备，与主将同守一城者为协守。又有提督、提调、巡视、备御、领班、备倭等名"[4]，这说明，总兵是一个镇的最高军事指挥官，其下为副总兵。每镇的兵员大约10万人，随着长城防守的需要时有增减，如隆庆年间，宣府镇额共151452名，大同镇额兵135778名，九镇兵员在100万人上下。镇的总兵所驻地点大多在长城沿线较大的城镇，如山西镇驻兵

---

[1]　翟禹，张文平. 内蒙古丰镇市双台山"大明洪武二十九年"石刻考释——兼论明代早期北边防御体系的转变［J］. 中国文物科学研究，2012（3）.

内蒙古自治区文化厅（文物局），内蒙古自治区文物考古研究所. 内蒙古自治区长城资源调查报告·明长城卷［M］. 北京：文物出版社，2013：427.

[2]　明太祖实录·卷四八·洪武三年春正月癸巳［M］.

[3]　张廷玉，等. 明史·兵三［M］. 北京：中华书局，1974.

[4]　张廷玉，等. 明史·兵三［M］. 北京：中华书局，1974.

图三　内蒙古乌兰察布丰镇隆盛庄敌台

地点主要是水泉营、老营城和偏头关等几个战略要地。

第三，总兵之下又按实际情况分设几路防守，路的军事头目一般以参将任之，所驻地点大多在重要的关城地。如大同西路管辖平虏城、败胡堡、迎恩堡、阻胡堡四城，而参将驻扎在平虏城，败胡堡为操守驻守，迎恩堡和阻胡堡均为守备驻守。各路根据实际情况而各有变化。在今和林格尔县与山西右玉县交界地带的十三边附近，长城墙体附近仍留存2块界碑，上书"大同威远路分属东界"和"大同中路分属西界"，两碑的落款均为"万历二十七年季秋吉日立"。这两块界碑就是当时大同镇下辖的两个路——威远路和中路分管长城的分界线，能够留存至今，实属不易，给我们研究大同镇的军事建置提供了实物资料。

第四，长城隘口。隘口是长城沿线的重要据点，驻扎在隘口的官兵往往负责管辖附近一段长城的巡防，并支援相邻关隘的防务。重要的关口设守备、把守，次要关口设千总、把守。守备兵额无定员，均在数百人至千人上下。例如，洪武初年，大将军徐达备边，便在北方沿边关隘各置戍守。

图四　内蒙古乌兰察布市兴和县烽火台

第五，烟墩或火路墩，也叫烽火台，是专门用来传递军情的，台上有少量守兵，敌人逼近时进行抗击。

第六，敌台或敌楼，是跨建在长城城墙上的台子，上面可住人、巡逻、眺望和打击来犯的敌人。视台大小，可驻兵至二三十人不等。

乌兰察布地区长城防御体系中，现存最多的防御设施就是敌台（图三）和烽火台（图四）。其中，保存较好，较为有名的敌台、烽火台，在长城防御体系的军事力量配置上，与长城建筑是互相配合一致的，它们彼此互相配合制约、联系，共同成为一个有机的整体。

那么明朝时期的乌兰察布是属于明朝的管辖范围吗？根据考古发现的材料及史料可知，乌兰察布地区所留存的明代遗迹极少，主要以明长城为主体。

乌兰察布境内有南、北两道明长城，间距2~50千米，历史上称为大边、二边。在兴和县境内大边和二边之间存在一段支线。

乌兰察布市境内明长城大边由东向西分布于兴和县、丰镇市、凉城县，长城墙体大致呈东北—西南走向，从兴和县店子镇南口村进入乌兰察布市。兴和县境内大边长50645米，有敌台24座、烽火台12座。丰镇市境内大边长70352.5米，有敌台4座、烽火台16座、石刻1处。凉城县境内大边长80572米，有敌台6座、烽火台33座。乌兰察布市境内大边总长度201569.5米。

乌兰察布市境内明长城二边分布于丰镇市、凉城县，长城墙体大致呈东北—西南走向。丰镇市境内二边长23712米，有敌台24座、烽火台15座。凉城县境内二边长29687米，有敌台67座、马面50座、烽火台2座、墙体外单体建筑3座、挡马墙8段。乌兰察布市境内二边总长度53399米，其中14531米墙体为内蒙古自治区和山西省的省界线。[1]

明朝乌兰察布市范围内的行政建置主要以军事机构为主，即卫所。

兴和守御千户所，1397年（洪武三十年）置，管辖元代兴和路故地，隶属于北平行都指挥使司，辖境包括今兴和县和察哈尔右翼前旗部分地区。

官山等处军民千户所，在今察右中旗境内，1375年（洪武八年）置，隶大同都卫，卫址在今卓资县梨花镇三道营古城[2]。

失宝赤、五花城、韩鲁忽奴、燕只斤、翁吉剌五千户所，管辖今内蒙古乌兰察布市南部至鄂尔多斯市东胜区东北境部分地区[3]。

察罕脑儿卫，1374年（洪武七年）置，包括今商都县境。

宣德卫，元宣宁县故地，1393年（洪武二十六年）置，今凉城县境内，卫址在今凉城县淤泥滩古城[4]。

根据上述，乌兰察布地区的遗存从所属看来，可以分为明朝的乌兰察布和北元的乌兰察布两大类。

明蒙关系主要表现在明蒙双方统治阶级对中原地区政权的争夺问题上，退回

[1] 内蒙古自治区文化厅（文物局），内蒙古自治区文物考古研究所. 内蒙古自治区长城资源调查报告·明长城卷［M］. 北京：文物出版社，2013.

[2] 李兴盛. 内蒙古三道营古城调查［J］. 考古，1992（5）.

[3] 曹永年. 内蒙古通史：第二卷［M］. 呼和浩特：内蒙古大学出版社，2007.

[4] 张郁. 凉城县淤泥滩元代古城［G］//内蒙古文物工作队. 内蒙古文物资料选辑. 呼和浩特：内蒙古人民出版社，1964.

　　漠北的蒙古贵族为继续保持自己的政权而与明朝政权势力南北对立，连年战争，长达270多年。直到17世纪蒙古诸部归附后金和明朝被清朝取代，漫长的明蒙关系史才宣告结束。

论现代高科技在田野考古中的应用

—— 以Microsoft Access软件、GPS的应用为例

计算机技术的迅速发展和广泛普及正在改变着人们传统的生产、生活和管理方式。处身于信息时代中的考古工作者所面临和需要思考的一个重要问题，就是在考古学的未来发展中，计算机技术究竟会带来怎样的推动和变化。考古学的学科目标是通过对古代历史信息的辨识、认知和分析、整合来复原古代社会[1]。考古学的这一特性和需求，也正是计算机所具备的优势之一，因此我们相信，计算机技术与考古学的紧密结合，将会对考古信息的认知和进一步的分析、整合提供强有力的工具，也势必将会对考古学的研究方法、手段产生深远的影响和意义。

本文对计算机在田野考古学中的应用进行初步的讨论。

一、计算机数据处理在考古中的应用

自1946年第一台计算机问世以来，计算机产业的飞速发展已远远超出人们对它的预料，在某些生产线上，甚至几秒钟就能生产出一台微型计算机，产量猛增，价格低廉，这就使得它的应用范围迅速扩展[2]。如今，计算机已深入人类社会的各种领域。计算机的应用不再局限于科学计算，而是更多地用于控制、管理及数据处理等非数值计算的处理工作。与此相应，计算机加工的对象由纯粹的

［1］　夏鼐. 什么是考古学［J］. 文物，1981（10）：931.

［2］　谭浩强. C程序设计［M］. 北京：清华大学出版社，1991.

数值发展到字符、表格、图像等各种具有一定结构的数据（data，数据是对客观事物的符号表示，在计算机科学中指所有能输入计算机中并被计算机程序处理的符号的总称）。[1]数据库是什么？很简单，数据库就是把数据有条理地整理组织在一起的一个集合。我们举个例子来说明这个问题。一个考古工地有很多项目，如工地名称、工地编号、探方编号、遗迹单位编号、遗迹单位发掘记录、小件登记表、遗物登记表、陶片统计表等。这些都为整理材料、复原历史原貌、研究历史提供了方便。这里的每一项都可以制作一个最简单的数据库。比如按一个探方来做数据库，探方编号、本探方发现的遗迹单位、出土遗物等信息就是这个数据库中的数据。实际上数据库就是为了实现一定的目的按某种规则组织起来的数据的集合。像Access、Filemaker Pro、Oracle或SQL Server之类的数据库管理系统（database management system，简称DBMS）就是用于管理这些数据的软件工具。这些管理工具有很多功能，包括从数据库中添加、修改和删除数据记录，查询数据库里存储的数据信息，整理总结所需数据记录并生成报表，等等。在考古工作中出现的一系列信息的汇总、分类、分析等问题都能在Access中得到很好的处理。Microsoft Access是目前市场上能找到的最简单、最灵活的数据库管理系统方案。习惯使用微软产品的用户可以享受其Windows视窗的简易界面，而且Microsoft Access与其他微软办公软件紧密联系。软件中大量的向导窗口能够大大简化管理任务的复杂程度，而且微软办公软件都提供帮助功能。表包含了任何数据库所需的基本组成部分。如果你熟悉电子数据表，你就会发现数据库表跟电子表格非常相似。使用Microsoft Access 2003制作考古工地所需要的数据库文件，给修改、查找、整理等工作带来无边的方便和快捷。下面结合考古工作的需要和要求，简单说明一下Microsoft Access 2003在考古中的应用[2]。

首先来看看Microsoft Access用户一般都要用到的三个组成部分：表、查询和窗体。创建Microsoft Access的表对象可以通过三种方式来创建表结构:通过设计器

［1］ 刘刚，程克明. Access数据库程序设计教程［M］. 北京：清华大学出版社，2005.
［2］ 郑小玲. Microsoft office办公自动化Access 2003中文版使用教程［M］. 北京：清华大学出版社，2004.

创建表结构、通过表向导创建表结构、通过输入数据创建电脑表。

下面讲一下建立一个数据库的过程。

（一）选择需要的数据库类型

在使用数据库向导建立数据库之前，必须选择需要建立的数据库类型。因为不同类型的数据库有不同的数据库向导，要是选错了向导，那我们的工作可就白费了。单击屏幕上方工具栏中最左边的"新建"按钮，弹出"新建"对话框，在"常用"和"数据库"两个选项卡中选择"数据库"选项。"数据库"选项卡里有很多图标，这些图标代表不同的数据库向导，每个图标下面都有一行文字，这些文字表明了数据库向导的类型。

（二）定义数据库名称和所在目录

屏幕上出现"文件新建数据库"的对话框，提示应该给建立的数据库文件取个名字，并且将它保存在计算机的某个目录下。在"文件名"右边的文本框中输入数据库的名字，然后单击左上角"保存位置"右面的下拉框，在下拉列表中选择存放这个数据库文件的目录。现在将新建的数据库文件取名为"南宝力皋图田野发掘数据库"，选择保存类型为"Microsoft Access 数据库"。在完成了这些工作后，单击窗口右下角的"创建"按钮，创建新数据库这一步就完成了。

（三）选择数据库中表和表中的字段

创建新数据库后，屏幕上出现一个信息提示对话框，上面有数据库需要存储的考古工地、遗迹单位编号、遗迹单位记录等内容。看过这些提示信息后，单击"下一步"按钮。对话框中提出一个问题："请确定是否添加可选字段？"这个对话框分类列出了数据库中可能包含的信息，左边框中是信息的类别，右边框中是当前选中的类别中的信息项。

（四）屏幕的显示方式和打印报表的样式

如果没有别的要求，就单击"下一步"按钮。对话框提示让我们选择屏幕的显示方式，即选择将要建立的数据库中窗口的背景、窗口上的默认字体大小和颜色。用鼠标单击一个选项，就会发现在窗口左边的方框中展示出所选的"显示样式"，查看这些选项，最终找到比较合适的效果。选择"工业"，单击"下一步"按钮，弹出对话框，要求选择打印报表的样式。打印报表就是把数据库中的数据打印在纸上，而打印报表的样式就是指打印时所用的格式。和刚才屏幕的"显示样式"一样，每选定一个选项，左面的方框中都会将所选的打印报表样式显示出来，选定"组织"样式。

（五）为数据库指定标题

选定打印报表的样式以后单击"下一步"按钮，给新建的数据库指定一个标题，在对话框上面的文本框里输入"南宝力皋图田野发掘数据库"。

（六）启动数据库

对话框中"下一步"按钮的颜色变灰，表示已经是最后一步了。单击"完成"按钮，建好数据库。屏幕上显示的是新建的数据库"南宝力皋图田野发掘数据库"的主窗体。想看哪项内容，只要单击相应的按钮就可以了。现在的数据库中什么数据都没有，因为Microsoft Access是数据库管理系统，它的向导只是为数据库管理搭建好数据库框架，而数据则需要自己输入。

二、全球定位系统在考古学领域的应用

全球定位系统（Global Positioning System，简称GPS）是一种小型计算机，是全球定位系统在小型计算机中的典型应用。全球定位系统是美国从20世纪70年代开始研制的，于1994年全面建成，是具有在海、陆、空进行全方位实时三维导航与定位能力的新一代卫星导航与定位系统。全球定位系统的特点：1.全球，全天候工作；2.定位精度高；3.功能多，应用广。GPS76是一款新型的12通道全球定位系统接收机，有5个主页面，分别是信息页面、地理页面、罗盘导航页面、公路导航页面和当前线页面。

下面简单介绍一下GPS76接收机的基本操作。[1]

（一）开机

按住红色的电源键，并保持至开机，屏幕首先显示开机欢迎画面和警告页

---

[1]　根据作者参加全国第三次文物普查内蒙古西部培训班时的笔记整理而成。

面，按下翻页键后将进入信息页面，当足够的卫星被锁定时接收机将计算出当前的位置。如果在进入信息页面后，没有进行任何的按键操作，机器在定位后将自动切换到地图页面。

（二）保存当前位置

在田野考古的野外调查中，常遇到的一个问题就是保存当前的位置，以便于在以后的考古工作中进行寻找和发掘。开机定位后，可以对任何一个地方的位置坐标进行保存，保存在机器中的位置点就是我们说的"航点"。GPS76可以存储1499个航点。保存当前位置的操作方法是在开机捕捉卫星后按住输入键2秒钟，GPS76将立刻捕获当前的位置，并显示"标记航点"的页面。页面左上角的黑色方块是机器为航点所设定的默认图标，此外机器还会从数字0001开始为航点分配一个默认名称。此时按下输入键确认，当前的位置被保存到机器中。在机器中保存的机器默认名称也可以改成汉文或英文名称。怎么样输入汉字呢？在开机状态下，按住输入键2秒钟，显示出来所存储的航点，将光标移动到要修改的航点名称上，再一次确认就会出现汉字拼音输入法的工作框。比如将名称"0001"改为"南宝力皋图"，输入汉语拼音"NAN BAO LI GAO TU"，每输完一个字的拼音必须按一下输入键，然后在上行汉字中选择需要的字，再按一次输入键，最后将光标移动到"确定"，按输入键，方可把"0001"改成"南宝力皋图"。要注意的是GPS76设置汉字名称时能输入1~5个汉字，也就是2~10个字节。

（三）航迹

GPS76会在地图页面中按照你的运行路线画出一条轨迹，我们通常称为"航迹"。我们可以利用已经存储的航迹进行导航。在考古中利用航迹可做以下几项工作：

1. 利用航迹找到无标志的遗址点。

2. 利用航迹可以在电脑中画出遗址的范围和平面的形状。

3. 利用航迹存储功能在平面上能绘制出一个较大的古城址的平面布局，古城城墙的布局和各项数据均可从GPS76中得到。

4. 利用多台GPS76，可在电脑中可以画出长城的平面位置和高度、宽度等。

以上工作不一一介绍，下面简单说一下怎样存储航迹。

在航迹页面中，用方向键将光标移动到"存储"按钮上，按下输入键确认。GPS76显示"请选择起始时间"，用方向键选择起始时间，再按下输入键确认。打开航迹信息页面，再一次按下输入键确认，存储航迹的列表中将出现刚刚保存的航迹，机器默认把当前日期作为航迹的名称，可以根据航点名称修改的操作步骤逐来完成名称修改并存储。在GPS76接收机完成定位后将自动开始记录航迹，可以自己设置记录航迹的距离、间隔或时间间隔。在航迹页面中，可以看到记录航迹空间的使用比例。此外，GPS76还能够另外存储9条航迹，在页面的上部会显示出机器还能够存储航迹的数量。

怎么样设置航迹记录？在航迹页面的选项菜单中选择"设置航迹记录"，将打开航迹记录设置窗口，在"记录设置"中有3个选项：关闭（不记录航迹）、记录满后从头覆盖和记录满后停止记录。对于后两个选项，在航迹记满后，记录航迹的使用空间将总是显示99%。其区别，一个是仍然在做航迹记录，不过早期的航迹将会被逐渐删除；另一个是不再进行航迹记录。在"记录方式"中也有3个选项：距离、时间和自动。选择按距离记录航迹或者按时间记录航迹，可以在下面的"记录间隔"中用方向键输入间隔的具体数值。选择自动记录航迹，机器将会按照最节省空间的方式来记录航迹，可以设置记录间隔的疏密程度。

（四）使用GPS76测量遗址面积

在GPS76天文功能项中有"面积计算"功能。在田野考古调查和发掘中，常用到此功能来计算某处遗址的平面面积。使用GPS76测量的数据比传统方法测量的数据更快、更准确。GPS76在户外定位时，才能使用此功能进行测量面积。操作方法如下：在天文功能选项中提供的面积计算页面中，屏幕中间的按钮显示"开始"，按下输入键后该按钮将自动变成"停止"，此时可以沿着待测量区域的边界行进。当返回到起点时，再按下输入键就会得到待测区域的面积。要注意的是在测量开始之前确定好使用的面积单位，可选项有m^2（平方米）、ha（公顷）、yd^2（平方码）、ac（英亩）、km^2（平方千米）、ft^2（平方英尺）、mi^2

（平方英里）、nm²（平方海里）。测量后，屏幕中间的按钮将变为"存储"，按下输入键将进入航迹信息页面。如果再一次按下输入键确认，将会把刚刚所测量区域的边界航迹保存在机器中。如果不希望存储此航迹，可以在选择"存储"前按下菜单键，再按下输入键就可以重新开始新的测量。如果没有进行重置操作，下次进入面积计算的时候，屏幕中间的按钮仍然会显示为"存储"。如果没有走完待测区的边界就选择"停止"，机器将会自动将首尾的位置连接起来，然后计算面积。

三、结语

考古学的学科目的，归根到底是通过对古代遗迹、遗物的发掘，来获取各类蕴含的历史信息，以最终复原古代社会，探究古代社会发展规律。从这个意义上说，考古学的学科目的也可视作对古代历史信息的辨识、认知，并通过对这些信息的分析、整合来复原古代社会。考古学的这一特性和需求，正是计算机技术所具有的优势之一。计算机技术与考古学的紧密结合，将会为考古信息的认知和进一步的整合、分析提供强有力的工具，带给考古学新的研究方法和手段，也将会对考古学的未来发展产生深远的影响。计算机技术在考古学中的应用，从表层来说，是为考古学增添了一对信息时代飞翔的翅膀，而从深层次来说，将会有力地推动和促进信息时代考古工作的解构和重组。

当然，限于目前计算机技术的发展水平，本文只是对计算机技术应用于考古学所做的初步设想。我们相信，随着未来计算机技术的不断发展和成熟，随着计算机技术在考古工作中应用的不断深入，计算机技术将会在考古工作中发挥更大的作用。

鲜卑铜鍑的铸造工艺考察及其技术变迁的讨论

  铜鍑，亚欧草原游牧居民使用的一种带喇叭形圈足的深腹有耳铜器，从我国黄河流域到欧洲多瑙河流域皆有出土，是较有代表性的草原青铜器。铜鍑在我国境内主要出土于新疆、陕西、山西、内蒙古和东北地区，时代自西周末期到北魏。当前已有不少对亚欧草原出土铜鍑的考古学研究，但对于这种器物的制造技术则较少谈及。笔者对乌兰察布市博物馆和山西艺术博物馆所藏两件鲜卑铜鍑的铸造工艺进行了考察，对其制造工艺的源流和技术变迁的机制进行了探讨。

  乌兰察布市博物馆所藏铜鍑（图一），出土于内蒙古商都县东大井东汉晚期拓跋鲜卑墓地。器物当前为破碎残缺状态，经初步拼对，可知器物为鼓腹造型，两环耳立于口沿之上，圈足上有大镂孔。山西艺术博物馆所藏铜鍑（图二），形制与内蒙古土默特左旗砖室墓出土铜鍑类似，深筒腹，高圈足，大镂孔，时代为北魏早期[1]。铜鍑是匈奴文化较为典型的代表。匈奴人的铜鍑圈足无镂孔，而鲜卑铜鍑的显著特征是大镂孔的圈足。制作匈奴铜鍑所用的铸型结构（图三），双合范F1、F2加两块芯X1、X2，芯上自带芯头，芯头与范上的芯座配合，使泥芯得以固定。两范芯座Z1夹持泥芯X1自带的芯头T1，防止范、芯之间发生错位，耳部型腔加工在芯头T1上，使铸后的立耳位于口沿之上，由于这种结构链接强度较差，因此器物破损也容易出现在这个部位；两范芯座Z2夹持圈足泥芯X2

---

  [1] 李逸友. 内蒙古土默特旗出土的汉代铜器 [J]. 考古通讯，1956（2）：60.

图一　乌兰察布博物馆藏鲜卑铜鍑

图二　山西艺术博物馆藏鲜卑铜鍑

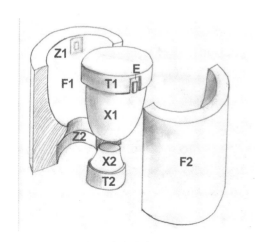

图三　匈奴铜鍑铸型结构

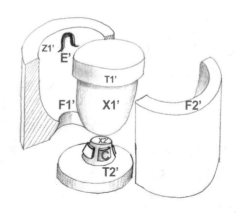

图四　鲜卑铜鍑铸型结构

自带的芯头T2，防止范、芯之间的错位。铸型组装后，熔化金属铸出铜鍑。制作鲜卑铜鍑时所用的铸型结构与制作匈奴铜鍑的铸型结构不同之处在于芯X2'带有凸起的泥芯撑C，双合范F1和F2直接落在芯头T2'的水平分型面上（图四），这样的结构使芯的定位更准确，并且能够铸出圈足上的大镂孔，耳部型腔E'加工于范的芯座Z1'上，这样铸成器物的耳部不再立于单薄的口沿上，而是附在口沿外侧，增加了耳部与器物的接触面积，使铸成的器物更加结实。

从铸型结构的整体特征看，匈奴铜鍑与鲜卑铜鍑皆采用双合范结构，迄今所见从鄂尔多斯到中欧出土的小型铜鍑，大多是由双合范铸造，制作技术单一、稳定。这与商周时期中原地区青铜容器的块范铸造技术截然不同。商代的四足方鼎至少需要四块范和一块芯（有些分型方式还需要多加一块底范）（图五），西周三足圆鼎则需要三块外范、一块底范另配合一块型芯的铸型结构，最为简化的铸型结构也需要三块外范另加一芯。

从匈奴式铜鍑到鲜卑式铜鍑，极简的双合范的铸型结构设计始终没有大的改变，反映在器物造型上，就是鲜见型式之突变，细小的差异多体现在纹饰和装饰物上，如方耳或环耳上的蘑菇状凸起、兽形耳等，这些装饰比器物的造型本身更能体现出亚欧草原游牧民族的信仰。而中原青铜器则截然不同，商代的四足方鼎、三足爵、三足斝、四足方斝、西周的三足圆鼎等造型各异，与其对应的则是多样化的范铸技术与更为复杂的铸型结构。中原青铜容器的礼器属性，借由器物表达出的复杂而多样的象征意义而体现出来。这可能折射出商周中原文化的信仰

图六　山西艺术博物馆藏商代塞伊玛—图耳宾诺式矛

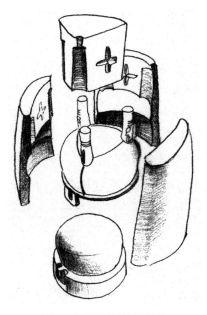

图五　西周圆鼎铸型结构　　　图七　制作带銎武器的双合范加泥芯的铸型结构

系统较之草原民族更为复杂。反映到青铜容器上，不同的祭祀需求，必须要求不同的造型，比如周易中奇偶数与自然界的对应关系：奇数为阳，对应天、男性、生者；偶数为阴，对应地、女性、亡者。那么，对于青铜容器的多样化造型的需求，可能意味着信仰已不再是巫术和萨满，四足方鼎用于祭祀母系或大地和对亡者的重视，三足容器用于祭祀父系或天和对生者的重视。而信仰萨满教的草原民族，则仅仅将青铜容器看作巫术的道具，并未给青铜器物的多样化造型赋予象征意义，自然无须为了追求青铜容器的多变造型而发展更为复杂的青铜器铸造技术。

除内蒙古地区出土的草原铜器，桂、滇、陇、蜀等地也广泛采用双合范铸造地方特色的青铜器，如桂、滇的铜釜、铜鼓、鐎壶，蜀地的錾等。在青铜技术相对落后于中原地区的地带，常常有习惯使用最简化的双合范铸造容器的倾向和技术特征。这可能和这些地区更早的时候所接受的使用双合范铸造实用工具和武器的技术传统有关。山西艺术博物馆藏商代塞伊玛—图耳宾诺式倒钩矛（图六），体现出早期青铜器的典型技术特征，使用双合范F1和F2和泥芯N的铸型（图七），泥芯上的芯头T被范上的芯座Z夹持，确保泥芯不会与范发生错位，使金属液能够在型腔Q内顺利完成充型，铸造出带有空心銎的兵器。这种原始的铸造技术和图三所示匈奴铜鍑在分型设计、铸型定位、陶范生产工艺上是一致的，带銎武器是匈奴容器铸造技术的雏形。然而，这种较为原始的铸型结构设计，因循扁平状武器的铸型技术，因此极大的限定了器物的造型设计。想要让泥范顺利脱模，匈奴式铜鍑的深筒腹部、立于口沿上的扁耳和喇叭口状圈足等造型，几乎是最合理的也是被材料和工艺所限定的必然的设计。也就是说，草原民族所使用的这种双合范配合芯的铸型结构，极大地限制了器物造型设计的多样性。

亚欧草原广大地带所出铜鍑造型上的相似性，技术延续的稳定性是值得进一步讨论的问题。从青铜器生产实践的角度来看，技术在那个知识传播媒介极其有限的时代显然只有通过工匠传承，因此，工匠的流动和迁移如同器物被带到他处一样，也会反映在如今我们所见到的物质文化上。探讨亚欧草原物质文化的变迁，除了考虑器物随游牧居民进行迁移，还需考虑另外的因素，就是工匠随游牧居民一起迁移的途中，在不同地点留下他所掌握的生产技术的产物。对于前一种考量，将器物带到别处的游牧居民或流动的贸易者，并不一定掌握生产技术，也就不能在他处进行再生产，那么，他带到别处的器物和留在原地的器物在样式上保持一致似乎更为合理，因为他最初的生产并不能预见未来的产品交换者喜好什么形式的器物。对于后一种考量，携带生产技术的工匠，可以使用类似的技术，在不同地点，生产出形式和装饰有所差异的器物，这种差异则是由不同地区、不同文化的居民对器物功能的要求不同或喜好而决定。因此，在讨论器物形式的变迁与联系时，工匠是必须考虑的因素。关于工匠迁移的必要性，除了其游牧民族的属性，就是为了生计而必须为之。当工匠在草原地带的某处制作完成了某类产

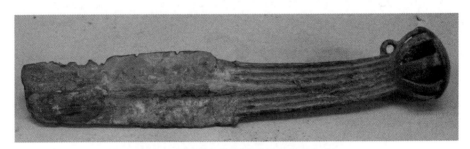

图八　商周之际的晋陕地区的铃首短剑

图九　铃球

品，其需求量暂时已被满足，或需求者已迁移他处，工匠的技术服务不再能交换生产和生活资料，他就势必迁移到其他草原地带进行新的再生产行为。由于产品质量依赖于成熟的经验，使得迁移着的工匠所携带和使用的技术在很久时间内能够保持稳定。这一点不同于中原地区铸铜作坊内的专业化铸工，他们不像游牧民族的工匠那样，可以在迁移途中寻找市场而维持生计，只能固定在某处，通过技术的不断革新提供越来越多样化的手工产品，用以交换必需的生存资料。从这个角度来看，工匠为了生存需求而进行的技术革新推动着物质文化的变迁。

如前文所述，草原游牧民族工匠的技术在很久时间内能够保持稳定，因其不像固定作坊内的专业铸工需要推动技术革新满足新的喜好，因此，草原游牧民族工匠的技术变革的主要途径是在迁移途中与当地技术发生融合。山西艺术博物馆所藏商代晚期铃首短剑（图八），商周之际流行于晋、陕的黄河两岸地区。形制为曲柄上带精致的多瓣铃首。铃球造型的制作（图九），需要掌握芯撑技术才能完成。而鲜卑铜鍑不同于匈奴铜鍑的典型特征的圈足大镂孔，也需要同样的芯撑技术才能达成。北匈奴西迁后，鲜卑迅速占领了草原地带，随即进入黄河流域，中原青铜器制作技术中已经成熟使用的芯撑技术被鲜卑铸铜工匠所学，形成了新样式的鲜卑铜鍑。

（本文发表于《草原文物》2017年第2期）

论纸质文物保护中使用糨糊的制作

文物兼有艺术价值、历史价值与科学价值，是我们打开通往古代社会大门的钥匙。文物作为历史形象的物质载体，能够突破时间和空间的限制，给历史以质感，这一点，是其他任何物质实体都无法取代的[1]。在这浩如烟海的艺术宝库和纸质文物中，中华民族独具特色的图书、书法、绘画艺术，被世人称为东方艺术中的明珠。而修复和保护这些纸质文物都离不开糨糊。

文物保护研究工作可以分为文物保护科学与文物保护技术两个方面。文物保护科学致力于解释和回答"是什么""为什么"的问题，也就是文物材料的性质及其劣变规律，文物在环境中劣变的因果性；文物保护技术则关心"做什么""怎么做"，因而给出了操作方法[2]。

在纸质文物的保护工作中，总体上需要材料准备工序和保护工作实施完成制作两大部分。其中，很重要的一个环节就是修复环节用的糨糊制作。糨糊的好坏，直接决定文物修复的质量。以下结合笔者的体会浅谈糨糊的制作。

文物保护用的糨糊与生活中用的糨糊是不同的，因其是整体文物保护工作中的主要的黏合剂，所以有其特殊的要求，即浆质白净，黏合力强，浓稀可调而黏性不减，不泻，能够长时间地存放而不变质。

---

[1]　胡东波. 文物的X射线成像［M］. 北京：科学出版社，2012.
[2]　胡东波. 文物的X射线成像［M］. 北京：科学出版社，2012.

制作糨糊的最主要的工序是提取制作糨糊的淀粉。提取淀粉的主要目的在于洗去面粉中的杂物、面筋，使制作糊粉的原料达到质地纯净而洁白。

一、提取制作糨糊淀粉的方法

取精面粉1千克，盛放在干净的容器中，加适量的冷清水，将面粉和成面团，软硬适度。面团和得太软，面筋就会洗得不干净，导致淀粉不干净；面团和得太硬，面筋不好抓洗，淀粉的提取量就会减少。面和好后，需要蒙上湿布或者盖上盖，将面团先放1小时左右。然后揭去湿布或盖子，加入少量的清冷水，用力揉、捏、抓、挤，或是将面团放入结实的纱布袋内用力地抓、揉、清洗，等到容器内的清水变成白色的淀粉汁时，便可将淀粉汁过滤到另一个容器内存放。过滤的工具，可选用铜网细纱罗或是细密的纱布。在过滤的过程中，一定要注意过滤器必须干净而不掉色。完成上述操作后，在原来的容器内再加适量的清冷水，使用上述方法继续抓洗，然后将淀粉汁再过滤到存放淀粉汁的容器中。按这样的方法抓洗面团4~5次，直到将面团抓洗得只剩下纯面筋为止。最后将存放淀粉汁的容器放在阴凉而通风的地方沉淀1~3天，容器内的淀粉沉淀于容器底，而上面的清水则变成浑黄色。打制糨糊时，先将浑黄色水轻轻地倒净或是用选好的胶管吸出。

二、制作糨糊的方法

准备一个火炉或加热工具，上面放一生铁锅（或者其他耐火的大口容器），放入8~10倍于淀粉浓液体积的清水，加火煮至沸腾，放入适量的明矾。明矾与面粉的比例大致为2∶100[1]。再将淀粉汁搅拌均匀，倒入沸水锅中。一边倒淀粉浓液，一边用木棍用力搅拌，要不停地往一个方向搅拌，直到锅中的浆液由稀变稠，浆液由白色稍变为淡黄色。等到糨糊起泡，浆面上起亮，立即断火、起

---

[1] 王红梅. 中日书画装裱工艺粘合剂制作与使用的异同［G］//国家文物局博物馆司，中国文物学会文物复专业委员会. 文物修复研究（4）. 北京：民族出版社，2007.

锅，然后将糨糊乘热倒入准备好的另一个容器内，轻轻地把浆面拍平，再顺着容器边慢慢倒入能盖过浆面1~2厘米的冷开水，可以起到保护糨糊的作用。

三、糨糊的保存和调剂

实践证明，只要保证浆面有足够的冷开水并在水少的时候及时补充，就可以长时间保存糨糊。如果经常用糨糊，可以不用放冷开水。如果长时间不用糨糊，就加冷开水。新制的糨糊特别黏，通常称为"火"，加上不便掌握稀稠度，因此冲制后应立即将其浸泡在清水中，凉透后方可使用。这样做还能避免因干结而成浆皮。对于不熟的糨糊，可采用用开水浸透的办法予以补救。做法是在不熟的糨糊表层注入热开水，片刻之后，将水倒掉，持木棒用力搅动糨糊。如果还未达到要求，再重复上述步骤，直至糨糊变熟为止。必须在制浆后迅速判断是否需要进行补救，否则便达不到预期效果。糨糊不熟也难以存放。若糨糊四周泛出白沫甚至出现松散现象，说明糨糊已经变质，不宜再使用。

打制好的糨糊，要根据不同的纸质文物保护修复要求，用清水调释。糨糊的加水量，既要按照每道工序的不同要求，又要根据各种纸质文物的不同情况来调释，必须先了解要保护的纸质文物的厚度、性能、吸水量等，再来决定来加多少清水调释。

在炎热的夏天，糨糊要打得熟透了才好，因为熟透的糨糊不容易发酵，再经常地换水，就能延长糨糊的存放时间。如果糨糊打得不熟，则容易发酵变质，出现霉斑和异味，其黏性大大减退而涩性倍增，使用时行刷不顺畅，容易起纸毛和破裂，还会使纸质文物发霉。为了防止糨糊发霉，可以适量使用一些防腐剂，特别是炎热的三伏天。但是由于防腐剂的毒性太大，不易直接用手调和，不然会使皮肤出现红点或硬化等中毒现象，使用时必须戴上胶皮手套或是用木棍搅拌。所以尽量不要添加防腐剂，可以使用一些有防腐功效的中草药来代替防腐剂。

从秋末到初春，天气较冷，尤其是北方地区，糨糊打得不宜太熟，要打得软一些，既方便使用，又能保证糨糊的黏性。

使用糨糊时，应该做到当天使用的糨糊要当天调释，尽量不要使用隔夜的调释过的糨糊。若糨糊调释得过多，第二天需要使用的时候，要将糨糊上的水倒掉，再加上适量的新水重新调释。不要一次加水过多，应该慢慢地稀释，不然会把糨糊调泻了，使水中含浆量不均，导致浆液的黏性减弱，修复纸质文物时容易出现空层不易黏合的问题。在实际的操作中，应该尽量避免这类问题的发生。

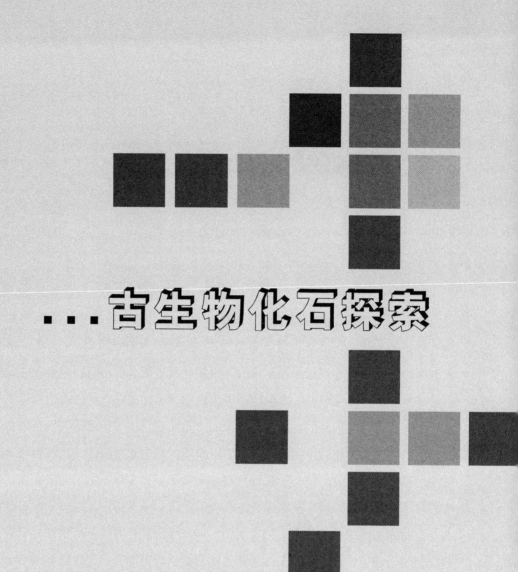

...古生物化石探索

乌兰察布地区古生物化石

乌兰察布市位于祖国北疆、内蒙古中部，北与蒙古国毗邻，东接锡林郭勒盟，西连包头市、呼和浩特市，南与山西省接壤。近100多年以来，乌兰察布地区较系统的新生代地层层序和丰富的古生物化石成为世界古生物学界所瞩目的中心之一。很多中外著名科学家及国际古生物学界考察团在此开展古生物化石考察与发掘，其中较有影响的有1872年德国的李希霍芬，1893年俄国的奥布鲁切夫，1921—1930年美国纽约自然历史博物馆组织的美国中亚考察团，1922年瑞典的安特生，1927年中国袁复礼、丁直衡与瑞典斯文赫定、步林等组织的中瑞西北科学考察团，1930年杨钟健、法国德日进组织的中法科学考察团，1959年中国科学院与苏联科学院组织的中苏古生物考察团，1995年内蒙古博物馆与比利时皇家自然科学院组织的中比恐龙考察团，1980年周明镇、邱占祥与西德托宾、法尔布什组织的中德生物考察团，1988年董枝明与加拿大戴尔·罗索组织的中加恐龙考察团等，先后在乌兰察布地区重点考察，发现了大量的动物化石。

乌兰察布地区发现的化石以新生代化石为主，中生代、古生代、元古代、太古代化石发现较少。下面就新生代化石做一重点介绍。

一、新生代化石

新生代时期的古生物化石以哺乳动物为主，重要的哺乳动物群有古近纪古新世脑木根动物群，始新世沙拉木伦动物群、马兰戈楚动物群，新近纪中新世晚期二登图动物群、中新世至上新世三趾马动物群为代表。

（一）古近纪古新世化石

古近纪古新世化石以四子王旗脑木根哺乳动物群为代表。脑木根化石群位于四子王旗脑木根苏木，1976年由周明镇教授发现。化石产于脑木根苏木阿曼马苏、哈留特、公忽洞等地点，时代为晚古新世，距今5600万年前。在距地表4米深的浅红色泥质结核层内，有小锯齿兽、伟楔齿兽、鼓泡斜剪齿兽、小古柱齿兽、大古柱齿兽、伴同齿兽、安徽鼠兔、北方鼠兔、假古猬、双尖中曾、斜齿中兽、湖牧兽、圆谷齿兽、哈流特谷齿兽、陆龟等化石。

（二）古近纪始新世化石

乌兰察布地区始新世化石较多，始新世中期以沙拉木伦哺乳动物群和马兰戈楚哺乳动物群为代表。

沙拉木伦动物群距今4000万年，产自四子王旗白音敖包的马拉木苏、巴楞少、土格木庙卫井的江岸牧场，脑木根的乌兰希力等地。化石埋藏于河湖相的浅灰色砂岩、泥岩层内，有托戈壁兔、谷氏沙漠兔、弱全脊齿兽、壮全脊齿兽、奇异戈壁兽、原恐角兽、蒙古安氏中曾、东方强中曾、蒙古裂齿兽、喜列肯纳氏兽、强大细齿兽、土克木链齿雷兽、蒙古鼻雷兽、蒙古沼貘、快棱脊齿默貘、原新脊犀、沙拉木伦始巨犀、原巨两栖犀、东方戈壁猪兽、小拉乌苏兽、喜悦古鼷鹿、锡拉陆龟、蒙古无盾龟、内蒙古鳖等动物化石。

马兰戈楚哺乳动物群距今3500万年前，化石分布于四子王旗脑木根的脑岗代梁，白音敖包的乌兰戈楚、岗盖脑包，红格尔的岗岗敖包、浩台敖包，兴和县白脑包、大同窑子，察哈尔右翼前旗玫瑰营等地，主要有阿尔丁鼠、呼尔嘎那鼠、安氏戈壁兔、汤氏后冠齿兽、粗壮强中兽、安氏大角雷兽、进步晚雷兽戈壁简脊爪兽、阿尔丁卡地犀、全门齿乌尔丁巨犀、葛氏巨犀、巨两栖犀、河套古猪曾、恐猾、鹿类和半圆锡拉龟、簇鳖等动物化石。

（三）新近纪中新世化石

乌兰察布地区新近纪中新世化石中最有代表性的是中新世晚期二登图化石群，距今800万年至500万年前。中新世化石产地主要分布于四子王旗红格尔、阿曼马苏、供济堂，察右后旗土牧尔台、土城子、石门口、大六号，化德县哈尔敖包、官围子、十三股地大湾，四子王旗乌兰花、布鲁台庙，察右中旗铁沙盖、广益隆、元山子，察哈尔右翼前旗巴音塔拉、红卫、黄旗海、赛汉塔拉，丰镇市红圪塔洼，商都县西房子、章毛乌苏，兴和县大同窑、团结窑，集宁区等地区，主要有戈壁安琪马、铲齿象、古长颈鹿、爪蹄曾、汤氏皇冠鹿、三叉柄杯鹿、蒙古刺猬、原掘鼹、柯氏麝鼩、意外水鼩、后生上新猿、西洲假山河狸、副跳鼠、德氏黎明仓鼠、艾氏原鼢鼠、开端仿田鼠、弗氏跑兔、拉氏兔等化石。

（四）新近纪晚中新世至上新世化石

乌兰察布地区分布最广泛的化石是新近纪晚中新世至上新世哺乳动物化石，距今800万年至260万年前。晚中新世至上新世化石中最有代表的是四子王旗乌兰花犀牛动物群，主要产地有四子王旗乌兰花、供济堂、红格尔、布鲁台庙，察右中旗铁沙盖、广益隆、元山子，察右后旗土牧尔台、土城子、石门口、大六号，察哈尔右翼前旗巴音塔拉、红卫、黄旗海、赛汉塔拉，丰镇市红圪塔洼化德县十三股地、官围子，商都县西房子、章毛马苏，兴和县大同窑、团结窑，集宁区、卓资山等地。动物化石种类主要有齐氏中华马、小三趾马、贺风三趾马、李氏三趾马、安氏大唇犀、维氏大唇犀、古中华对角犀、五棱齿象、集宁轭齿象、内蒙古轭齿象、山西轭齿象、双枝后麛、麛后麛、原麝、谷氏叉角鹿、长颈鹿、保德羚羊、古猪、熊、鬣狗、似剑齿虎和鸟类、龟类化石等。

（五）新生代第四纪化石

乌兰察布地区第四纪化石主要发现在晚更新世，距今3万年至1万年前。化石主要产地有集宁区霸王河岸，丰镇市麻迷图、大庄科、元山子，凉城县永兴、刘家夭、双古城，商都县六台河、二道洼，兴和县二台乡、大同窑，察哈尔右翼前旗黄旗海，察右中旗得胜乡，察右后旗马兰哈达，四子王旗大庙，化德县朝阳乡，卓资县旗下营、卓资山等地。化石大多发现在山前阶地、河谷台地的黄土层内。主要有纳玛象、披毛犀、野驴、野马、诺氏双峰驼、原始牛、马鹿、普氏羚羊、鹅喉羚、纳呼尔绵羊、盘羊、水牛、虎、熊、最后鬣狗、安氏鸵鸟等。

二、结语

乌兰察布地区古生物化石中，古近纪古新世脑木根哺乳动物群是我国华北地区首次发现的古新世化石群，其中有一半以上的种类为国际上首次发现的新种类。古近纪始新世沙拉木伦哺乳动物群是我国及亚洲最早发现的始新世动物群，目前亚洲绝大多数始新世纪化石的名称均沿用了此地的首次命名。该地区出土了目前世界上唯一保存完整的始巨犀骨架、蒙古两栖犀骨架、蒙古鼻雷曾骨架等。沙拉木伦是目前国际上唯一产喜悦古鼷鹿的化石产区。在凉城县发现的中生代禽龙背椎、荐椎、尾椎化石是我国迄今所知唯一的禽龙珍贵标本。总之，乌兰察布地区化石及化石群在世界古生物、中国古生物中占有很重要的地位，有极高的研究价值。

（本文发表于《内蒙古文物考古》2005年第1期）

乌兰察布地区主要哺乳动物化石产地

　　乌兰察布是我国乃至世界重要的古生物化石产区，特别在古哺乳动物方面占有相当地位。很多中外著名科学家及国际古生物学界考察团在此开展古生物化石考察与发掘，其中较有影响的有1872年德国李希霍芬，1893年俄国奥布鲁切夫，1921年至1930年美国纽约自然历史博物馆组织的中国中亚考察团，1922年瑞典安特生，1927年中国袁复礼、丁道衡与瑞典斯文赫定、步林等组织的中瑞西北科学考察团，1930年杨钟健、法国德日进组织的中法科学考察团，1959年中国科学院与苏联科学院组织的中苏古生物考察团，1995年内蒙古博物馆与比利时皇家自然科学院组织的中比恐龙考察团；1980年周明镇、邱占祥与西德托宾、法尔布什组织的中德古生物考察团，1988年董枝明与加拿大戴尔·罗索组织的中加恐龙考察团等，先后在乌兰察布地区重点考察，发现了大量的动物化石。根据地球上的哺乳动物有相似的演化过程和特征这一基本原则，中国科学院古脊椎动物与古人类研究所童永生研究员等人（1995）、王伴月研究员（1997a、1997b），对中国新生代陆生哺乳动物化石进行了较详细的研究与划分，在所划分的18个哺乳动物期（童永生等1995）中，以内蒙古地名命名的哺乳动物期就有7个。其中古近纪10期中，以乌兰察布市四子王旗化石地点命名的有始新世阿山头期、伊尔丁曼哈期、沙拉木伦期、渐新世乌兰戈楚期4个。根据国际上对始新世—渐新世界线划分的研究成果，王伴月研究员（1997）通过对哺乳动物群的充分分析与对比，论证了我国原认为是早渐新世的乌兰戈楚期和呼尔井期的时代应改定为晚始新世，原认为中渐新世的哺乳动物群改归早渐新世，并以"内蒙古乌兰戈楚动物群"命名，划分出我国哺乳动物排序中的晚始新世较早期乌兰戈楚期（Ulangochuian，Midde Late Eocene）。这充分说明了内蒙古地区在新生代地层、古生物研究中的重要地位，同时也确切地反映了乌兰察布地区丰富的新生代各时期哺乳动物化石，所具有的时代特征、区域特点和普遍意义。乌兰察布地区的新生代，均为陆相沉积地层，它广泛分布于区内各地，从古近纪、新近纪至第四纪更新世末各个时期都有出露，是我国北方研究新生代地层古生物、古地理变迁、古气候变化的最理想地区之一，特别是古近纪时期的地层和古生物化石更具代表性和典型性，也是我国研究早期哺乳动物的发祥地之一。

一、晚古新世脑木根哺乳动物群

脑木根哺乳动物群，1975年发现，名称由内蒙古第一区调队命名。主要分布于四子王旗额尔登敖包、塔布陶勒盖天青石矿区、哈留特和苏尼特右旗苏崩敖包等地区，以斜剪齿兽（Lambdopsalia）、楔齿兽（Sphenopsalis）、古柱齿兽（Palaeostylops）等属的发育和含假古猬（Pseudictops）、貘鼠兔（Mimotona）、双尖中兽（Dissacus）、牧兽（Pastoralodon）等为特征。共生的介形类以繁盛的湖花介（Limnocythere）、柔星介（Syprois）、玻璃介（Candona）等组合为特征。脑木根哺乳动物群的分布范围，仅限于四子王旗及周边地区，从动物群的组成看与我国晚古新世浓山期（Nongshanian，late Paleocene，以广东南雄盆地浓山动物群命名）动物群在性质上基本一致，故划归此期。

二、早始新世巴彦乌兰哺乳动物群

巴彦乌兰哺乳动物群，1976年发现，由内蒙古第一区调队建组命名。主要分布于四子王旗巴彦乌兰，苏尼特右旗苏崩敖包、乌兰勃尔和等地区。巴彦乌兰动物群在承继、发展脑木根动物群中的主要属种，如锯齿兽（Prionessus）、古柱齿兽（Palaeostylops）等的基础上，以祖雷兽（（Lambdotherium）、蒙古兽（Mongolotherium）、犀貘（Heptodon）等的首次出现为特征。共生的其他门类动物有介形类、鱼类、龟鳖类和鳄类等。巴彦乌兰哺乳动物群与我国早始新世岭茶期（Lingchan，Early Eocene，以湖南衡东岭茶动物群命名）典型动物群组合相比较，在属种级上虽有一定的差异，但就典型种、标志种而言，大同小异，应属这一时期。

三、中始新世早期阿山头哺乳动物群

阿山头哺乳动物群，1922—1923年发现，由美国自然历史博物馆中亚考察团建组命名。主要分布于四子王旗脑木根、巴彦乌兰、额尔登敖包、岗盖敖包等地，苏尼特右旗呼和勃尔和、乌兰博尔和、道特音敖包及阿尔善特地区，以奇蹄目中雷兽类的后沼雷兽（Metatelmatherium）、原雷兽（Protitan）、链齿雷兽（Desmatotitan）等和脊齿貘类的脊齿貘（Lophialetes）等，戴氏貘类的全脊貘（Teleolophus）等的出现与繁盛，古老有蹄动物中大型的戈壁兽（Gobiatherium）、尤因他兽（Uintatherium）等恐角兽类的存在，早始新世残留分子较多如始祖貘（Homogalax）、犀貘（Heptodon）、貘鼠兔（Mimotona）、假古猬（Pseudictops）等为特征。共生的介形类以土星介（Llyocypris）、柔星介（Cyprois）、湖花介（Limnocythere）等组合为特征。阿山头哺乳动物群的组成，从生物演化特征和群体组合性质等方面，在我国范围相同生物年代哺乳动物组合中不仅具有普遍意义，还是深入研究哺乳动物演化序列及其与世界其他地区哺乳动物群对比，揭示相互关系的重要环节。

因此，以内蒙古阿山头动物群命名的中始新世早期阿山头期（Arshantan，Early Middle Eocene），成为我国哺乳动物群序列中重要的生物年代分期。

四、中始新世中期伊尔丁曼哈哺乳动物群

伊尔丁曼哈哺乳动物群，1922年发现，由美国自然历史博物馆中亚考察团建组。主要分布于四子王旗脑木根苏木一带的巴彦乌兰、阿力乌苏、额尔登敖包，苏尼特右旗那日音敖包（伊尔丁曼哈）、阿尔善特敖包、昆得冷，阿拉善右旗笋布日苏木乌兰乌珠尔等地，以雷兽类的后沼雷兽（Metatelmatherium）、原雷兽

（Protitan）、小雷兽（Microtitan）等和戴氏貘类的全脊貘（Teleolophus）、戴氏貘（Deperetella）、脊齿貘类的红山貘（Rhodopagus）、脊齿貘（Lophialetes）、短齿貘（Breviodon）等的高度繁盛，卢氏犀（Lushiamynodon）、谷氏爪兽（Grangeria）、弗氏犀（Forstercooperia）、戈壁猪兽（Gobiohyus）等的首次出现，小哺乳动物原始梳趾鼠类、兔形类的繁盛为特征。特别是中间全脊貘类化石，成为区别于中始新世晚期沙拉木伦动物群的重要分子。

乌兰希热地方哺乳动物群分布于卫境苏木土格木北部地区，与伊尔丁曼哈动物群比较，几乎完全相同的属种占多数，但所含某些同属奇蹄类其个体大小有一定的差异，如乌兰希热尖雷兽（Acrotitan　Ulanshirehensis）、周氏钟键貘（Zhongjianoletes　chowi）的颌骨和颊齿不仅较属中其他种平均值大，还表现有一定的原始性。从整体群落组成看，在已知的16科33种中就有12科23种化石相同，这表明两地动物群属同一时期。按地域区分，乌兰希热地方哺乳动物群应是伊尔丁曼哈地方性动物群向西北延伸的重要一支，也是我国伊尔丁曼哈期哺乳动物群的重要组成部分。作为我国哺乳动物生物时代，以内蒙古伊尔丁曼哈动物群命名的中始新世中期伊尔丁曼哈期（Irdinmanhan，Middle Eocene），其哺乳动物化石地点遍布全国，是古近纪已知哺乳动物种类最多的时期。这时古老的有蹄类哺乳动物已趋衰退，奇蹄类占据统治地位，小哺乳动物繁盛，很多种属成为南北方动物交流、迁徙的见证。因此，对内蒙古伊尔丁曼哈期地方哺乳动物群的深入细致研究，在地层古生物、古哺乳动物迁徙、古动物地理区系、古生物进化及古地理、古生态变迁等方面具有重要研究价值。

五、中始新世晚期沙拉木伦哺乳动物群

沙拉木伦哺乳动物群，1923年发现，由美国自然历史博物馆中亚考察团伯基（Berkey）和格兰杰（Granger）建组。主要分布于武川县希拉莫日高勒塔布河（沙拉木伦河）河口至四子王旗希拉莫日高勒塔布河两岸陡坎的中下部，以雷兽类中的鼻雷兽（Rhinotitan）、猛雷兽（Titanodectes），貘类中的红山貘（Rhodopagus）、戴氏貘（Deperetella），蹄齿犀类的新脊犀

（Caenolophus），两栖犀类的两栖犀（Amynodon）、西安犀（Sianodon），炭兽类的先炭兽（Anthracokeryx）、乌拉乌苏兽（Ulausuodon），异鼷鹿类的古鼷鹿（Archaeomeryx），兔形类的戈壁兔（Gobilagus）等的繁盛和含有肉齿类的肯纳氏兽（Kennatherium）、翼齿兽（Pterodon），啮齿类的副鼠（Asiomys）等为特征。这一时期哺乳动物群发展的总趋势是大量反刍动物古鼷鼠和炭兽类的分化，打破了伊尔丁曼哈期奇蹄类占绝对优势的局面。共生的其他动物有介形类柔星介（Cyprois）、真星介（Eucypris）、美星介（Cyprinotus）组合，龟鳖类阿杜库斯龟（Adocus）、陆龟（Testudo）、无盾龟（Anosteira）、古鳖（Amyda）群及鱼类。这一时期的植物群落除湖泊中繁盛有大量的轮藻处，陆地上生长着以暖温带至亚热带的针阔叶混交林至落叶阔叶林为特征的植物群落，其中既有柔荑花序为主的泛北极成分（胡桃科、桦科等），又有少量亚热带植物罗汉松、五加科等属种，同时还出现了麻黄及大量的草本植物。

沙拉木伦哺乳动物群自1923年发现以来，一直是我国和世界古生物学界关注的对象，动物群名称于1966年由罗默（Romer）在做哺乳动物时代并进行洲际对比时最先使用（同时命名使用的还有阿山头动物群、伊尔丁曼哈动物群）。在我国，由于动物群群体组成和演替特征及分布范围具有一定的代表性和普遍性，因此在我国哺乳动物分期中以内蒙古沙拉木伦动物群命名，划分为中始新世晚期沙拉木伦期（Sharamurunian，Late Middle Eocene），是我国中始新世晚期的标志性哺乳动物群。

六、晚始新世较早期乌兰戈楚哺乳动物群

乌兰戈楚哺乳动物群，1929年发现，由美国自然历史博物馆中亚考察团伯基（Berkey）和格兰杰（Granger）建组。主要分布于四子王旗萨若拉庙、脑岗代、额尔登敖包（乌尔丁鄂博）、岗盖敖包、巴彦敖包（乌兰戈楚），希拉莫仁庙（大庙）至包热哈沙（巴索伦）附近的希拉莫日高勒塔布河两岸陡坎的半坡或下部、白音花一带的洼地、脑木浑平台等地区，以兔形类的链兔（Desmatolagus），雷兽类的锤鼻雷兽（Embolotherium）、

副雷兽（Parabrontops）、晚雷兽（Metatitan），两栖犀类的副两栖犀
（Paramynodon）、副卡地犀（Paracadurcodon）的首次出现，鼷鹿类的脊齿鼷鹿
（Lophiomeryx）的繁盛和古老的娅兽（Anagale）、蒙古中兽（Mongolestes）类的
最后出现，早、中始新世极为繁盛的脊齿貘、戴氏貘类的衰落或绝迹为特征。

关于乌兰戈楚期哺乳动物时代的划分，罗默（Romer，1996）最早命名使
用，认为它与北美的查德尔期（Chadronian）和欧洲的桑瓦兹期（Sannoisian）相
当，时代为早渐新世；童永生等（1995）将中国早渐新世哺乳动物期统称为乌兰
戈楚期，还把呼尔井期归入乌兰戈楚期中，认为呼尔井期一名似与乌兰戈楚期同
义；王伴月（1997）根据国际上对始新世—渐新世界线划分的研究成果，通过对
哺乳动物群的充分分析与对比，论证了我国原认为是早渐新世的乌兰戈楚期和呼
尔井期的时代应改定为晚始新世，原认为中渐新世的哺乳动物群改归早渐新世，
并以"内蒙古乌兰戈楚动物群"命名，划分出我国哺乳动物排序中的晚始新世较
早期乌兰戈楚期（Ulangochuian，Midde Late Eocene）。

七、晚始新世较晚期呼尔井哺乳动物群

呼尔井哺乳动物群，1922年发现，由美国自然历史博物馆中亚考察团伯
基（Berkey）和格兰杰（Granger）建组命名。主要分布于二连盐池南岸呼尔
井陡崖及周边地区和希拉莫日高勒塔布河一带的高平台顶部，以含食虫类内
蒙东方猬（Anatolechinos Neimongolensis）、莱氏鼬鼩（Lctopidium Lechei），
啮齿类双连异蹶鼠（Allosminthus cf. A.diconjugatus）、大异蹶鼠（Allosminthus
majusculus）、蕾异蹶鼠（Allosminthus ernos）、北方始仓鼠（Eocricetodon
borealis）、二连锐齿仓鼠（Oxynocricetodon erenensis）、原始原松鼠（Prosciurus
pristinus），旱獭族（Marmotini），翼手类小蝙蝠亚目（Microchiroptera），灵
长类曙猿（Eosimias sp.）、二连假懒猴（Pseudoloris erenensis），兔形类托氏戈
壁兔（Gobiolagus tolmachovi）、年迈链兔（Desmatolagus vetustus）、奇蹄类兰
州巨獠犀（Caenopus lanzhouensis）、咸海巨犀（Aralotherium）、呼尔井卡地犀
（Cadurcodon houldjinensis）、裂爪兽（Schizotherium），偶蹄类恐猪（Entelodon

dirus）、戈壁狶（Entelodon gobiensis）等为特征。从动物群以大型哺乳动物为主的组成看，很接近乌兰戈楚动物群，但在种的区分上仍有明显差别，反映出动物群的过渡和进步性。呼尔井期末，由于全球性的"始新世末事件"的发生，一些曾经较繁盛的古老种类开始绝灭，如中兽、雷兽、两栖犀及具低冠和丘形颊齿的啮齿类、兔形类等。

在我国哺乳动物排序中，以内蒙古呼尔井哺乳动物群命名划分出，晚始新世较晚期呼尔井期（Houldjinian，Late Late Eocene）。

八、晚中新世土城子、黑沙图、哈尔鄂博和二登图哺乳动物群

主要分布于化德县土城子、黑沙图、哈尔鄂博、二登图等地。土城子动物群以三趾马（Hipparion）、中华马（Sinohippus）、鹿（Cervocerus）、古麟（Palaeotragus）、大唇犀（Chilotherium）、无角犀（Aceratherium）等属的繁盛为特征；窑沟动物群以含原貂（Proputorium）、鼬鬣狗（Lctitherium）、三趾马（Hipparion）、大唇犀（Chilotherium）、湖麂（Muntiacus lacustris）、羚羊（Gazella）、古麟（Palaeotragus）、萨摩麟（Samotherium）等为代表的组合为特征；二登图动物群以小哺乳动物刺猬（Erinaceus）、水鼩（Neomys）、鼠兔（Ochotona）、中华河狸（Sinocastor）、脊齿仓鼠（Lophocricetus）、原鼢鼠（Prosiphneus）、副姬鼠（Parapodemus）、貂（Martes）、轴鹿（Axis）等的繁盛为特征。以上哺乳动物群，在我国哺乳动物生物年代与分期上属于晚中新世保德期Baodean，Late Miocene（以"山西省保德三趾马动物群"命名）。

在我国保德期的哺乳动物目前已记述研究的有200种以上，仅内蒙古地区就发现有七八十种。这一时期的哺乳动物群是在继承通古尔期哺乳动物群的基础上而进入了更为现代化的阶段，总体上啮齿类以鼠形动物占绝对优势，食肉类以鼬科、鬣狗科和猫科的开始繁盛为特征，长鼻类进一步分化出现了更能适应干燥草原环境的高齿冠象类，奇蹄类中以三趾马属和大唇犀属占优势，偶蹄类中出现了以猪、鹿、麕、古麟、大羚、羚羊、近旋角羊为主的动物组合，已经形成"在高阶元组成上与现代哺乳动物相似的格局"（童永生，1995）。

九、上新世榆社期内蒙古的地方哺乳动物群

上新世榆社期（Yushean，Pliocene）内蒙古的地方哺乳动物化石地点及种类都明显少于保德期，哺乳动物群的发展趋向是保德期三趾马动物群的延续与演化、发展，含有大量与保德期动物群相同的属，如三趾马（Hipparion）、大唇犀（Chilotherium）等，但也出现了一些新的成员，如貘鼠（Mimomys）、日耳曼鼠（Germanomys）、次兔（Hypolagus）、副驼（Paracamelus）等属。内蒙古这一时期的哺乳动物化石地点主要分布于化德县、四子王旗、武川县等地区。地方性哺乳动物群从早到晚主要有化德县二登图北约3千米的哈尔鄂博动物群、二登图东北约45千米的比例克动物群和四子王旗乌兰镇西南3千米的乌兰花动物群。其中，哈尔鄂博动物群以含次兔（Hypolagu）、鼠兔（Ochotona）和姬鼠（Rhagapodemus）等属为代表；比例克动物群以发育貘鼠（Mimomys），含食虫类贝列门德兽（Beremendia）、镰鼠句（Drepanosorex）和（Desmana）等新属种为特征；乌兰花动物群以三趾马（Hipparion）、大唇犀（Chilotherium）、羚羊（Gazella）、轴鹿（Axis）等属分子的繁盛为特征。

十、结语

乌兰察布是我国乃至世界重要的古生物化石产区，特别在古哺乳动物方面占有相当地位，其古近纪时期的地层和古生物化石更具代表性和典型性，是我国研究早期哺乳动物的发祥地之一。它们有晚古新世脑木根哺乳动物群，早始新世巴彦乌兰哺乳动物群，中始新世早期阿山头哺乳动物群、中期伊尔丁曼哈哺乳动物群、晚期沙拉木伦哺乳动物群，晚始新世较早期乌兰戈楚哺乳动物群、较晚期呼尔井哺乳动物群，晚中新世土城子、黑沙图、哈尔鄂博和二登图哺乳动物群，上新世榆社期内蒙古的地方哺乳动物群等为代表。

总之，乌兰察布地区化石及化石群在世界古生物、中国古生物中占有很重要的地位，有着极高的研究价值。

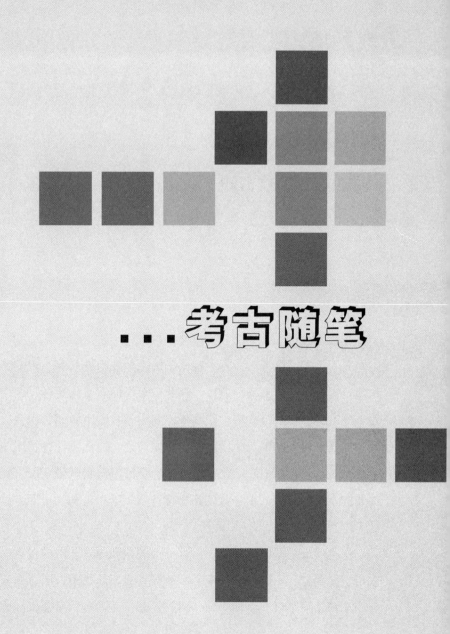

...考古随笔

我的文物考古研究之旅

　　我真正接触文物考古工作是在1998年，至今已20年，其间参加发掘了四子王旗乌兰花南梁化石群、元上都砧子山墓地及附近墓葬、集宁路古城遗址、三峡水库工程重庆奉节宝塔坪遗址、湖北金家坪仰韶文化遗存、"南水北调"工程北段十堰市郧县安阳镇余嘴汉代墓群、安徽省六安市霍邱县砚台村商周时期台式遗址、赤峰市初头浪镇三坐店洞子山山城遗址、通辽市扎鲁特旗南宝力皋吐新时代墓群、科尔沁左翼中旗哈民忙哈遗址、宁波市海曙区望京门宋元古城遗址、蒙古国北杭爱省浩腾特苏木乌兰朝路巴嘎乌布尔哈布其勒三号四方遗址等国内外50余处考古遗址。

　　这些遗址根据区域划分，可以分为国内和国外。国内包括内蒙古自治区、重庆市、湖北省、安徽省、云南省和浙江省；国外是蒙古国。内蒙古自治区的遗址分布在乌兰察布市、锡林郭勒、阿拉善盟、通辽市、赤峰市等地区。

一、乌兰察布地区的考古之旅

　　我参与的乌兰察布地区的考古发掘包括四子王旗乌兰花镇南梁化石群、商都县东大井鲜卑墓群、集宁路古城遗址、集宁区白海子辽金墓葬、卓资县围堡村元代墓葬、察哈尔右翼前旗呼和乌苏汉长城、察哈尔右翼前旗三岔口乡南六州古营盘遗址、兴和县西壕堑遗址等。

（一）四子王旗乌兰花镇南梁化石群发掘

1998年4—6月，我在四子王旗乌兰花镇南梁参加发掘古生物化石群，领队是郭殿勇。

四子王旗地处内蒙古自治区中部、乌兰察布市西北部，位于北纬41°10′～43°22′、东经110°20′～113°。东与乌兰察布市察哈尔右翼中旗、察哈尔右翼后旗及锡林郭勒盟苏尼特右旗毗邻，南与乌兰察布市卓资县、呼和浩特市武川县交界，西与包头市达尔罕茂明安联合旗相连，北与蒙古国接壤，国境线全长104千米。全旗总面积25516平方千米。乌兰花镇是四子王旗人民政府所在地，位于旗境中心偏南部，北纬41°36′、东经111°42′处。距自治区首府呼和浩特市100千米，距二连浩特口岸280千米，0521省道从镇中心纵穿而过。地形东南高、西北低，平均海拔1300米，辖区总面积44平方千米。因东面的红土山丘而得乌兰花之名。

本次发掘是我田野考古生涯的开始，对我第一次接触田野考古这项神圣的事业。1998年4月10日一大早，我上了集宁到乌兰花的班车，中午时到了四子王旗城关镇，四子王旗文物管理所工作人员前来接站，随后住进四子王旗宾馆。

第一次参加田野考古发掘，我是一头雾水，不知道怎么发掘。领队发给我一个工作包，包内装有文具盒1个（内装铅笔、橡皮、油笔、两角尺、三角尺、铁钩），笔记本1本，手铲、刷子各1把，10米的卷尺1把，绘图板及几张绘图纸。以上用具是田野考古工地日常使用工具（图一），也是考古发掘工作中的必备工具。

次日，考古发掘工作开始。工地在一个简易土建棚内。从工地的情景来看，工地不是第一次发掘，应该是第二次发掘。领队先布了1米×1米的探方，方向正南北方。然后他把罗盘递给我，让我继续布两个探方。这是我第一次见到罗盘，所以下了功夫去熟悉罗盘（图二）。罗盘在考古工地上的作用很大，可以定方向、定水平、定坡度等。

通常考古工地布方，探方方向为正南北，即0度。用罗盘的瞄准器指向北，和探方边线保持平形状，把罗盘的N标志指针调为0度，确定探方的方向，可以

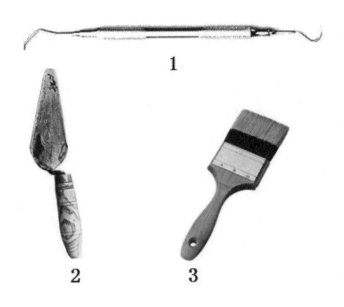

图一　田野考古工地日常用具

1. 铁钩　2. 手铲　3. 刷子

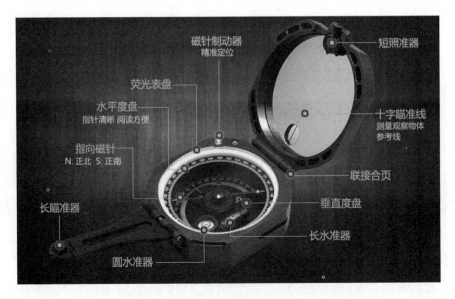

图二　地质罗盘部件名称

钉桩，固定探方边线。要注意罗盘的圆水准器的水珠必须在中心部位。田野考古发掘中并不是所有的探方方向都是0度，有的时候根据地形布方，这主要是为了探方发掘工作面工作起来便利。

用罗盘测量发掘完成的遗迹单位的方向。以墓葬为例：测量土坑竖穴墓的方向，通常以人头骨方向的中心基线的方向为该墓葬方向。测量办法是用罗盘的长瞄准器指向人头骨的方向，拉好基线，基线和罗盘平行，罗盘保持水平状，指北针指向度数为该墓葬的方向度数。测量有墓门的墓葬的方向，以墓门及墓道的中心线的方向为该墓葬的方向。测量办法是用罗盘的长瞄准器指向墓道口，拉好基线，基线和罗盘平行，罗盘保持水平状，指北针指向度数为该墓葬的方向度数。

田野考古发掘中，绘制剖面图时拉基准线要使用罗盘。绘制时，先选择好基准线位置，确定基准线的两端，用罗盘进行调整，调整到水平位置。基线和罗盘平行，罗盘横向竖起，长水准器水珠保持在水准器中心位置，即可绘制剖面图。

田野考古工地通常的布方规格有1米×1米（此规格主要用于旧石器时代及之前时代遗址的发掘）、5米×5米（此规格通常用于平民墓葬群或小型遗址的发掘）、10米×10米（此规格主要用于城市考古及大型墓葬发掘）三个规格。此外还有布探沟发掘，主要用于城市考古中了解外围布局、城墙及长城等重要遗迹的发掘和发掘不确定的大遗迹单位。

乌兰花镇南梁化石群发掘使用的是1米×1米的探方，取出土遗物使用了打石膏法。

打石膏法通常用于易碎类遗物采集。此办法使用的原料有麻纸、水（最好是蒸馏水）、石膏、铁、丝、木板、木条、容器、勺子等。采集方法：1.清理、揭露好要取得的遗物。2.用水弄湿麻纸，把麻纸覆盖在要取得的遗物上。麻纸尽量整体包裹遗物，这样以后清理出遗物不会发生损坏情况。3.用铁丝或木条在麻纸上根据形状变化，按10厘米×10厘米方格平整铺开。4.把水和石膏按1：2的比例倒入容器，用勺子搅和均匀，抹在铁丝或木条制作的方格之内，石膏的厚度3~4厘米，太厚了清理遗物时不好工作。5.石膏凝固后，用手铲等工具把石膏整体翻过来，平整翻出面，垫一层湿麻纸，再抹一层薄石膏，把遗物封闭在内，之后就可以运走了。

这次发掘古生物化石，主要发现三趾马、大唇犀、中华马、古鹿、羚羊、麝、鸟类化石等（图三）。该化石群的时代为新近纪晚中新世至上新世。

发掘经历了20多天。通过本次发掘，我收获不少，从布探方到清理遗物、出土遗物绘图，熟练运用了罗盘，更重要的收获是初步了解了乌兰察地区的古生物化石。

（二）商都县东大井鲜卑墓地[1]发掘

1998年7月对我来说是幸运之月，内蒙古自治区文物考古研究所在乌兰察布盟商都县东大井鲜卑墓葬进行抢救性发掘，我有幸参加发掘。发掘领队是魏坚。

图三　四子王旗乌兰花南梁古生物化石发掘局部图

---

[1]　魏坚. 内蒙古地区鲜卑墓葬的发现与研究［M］. 北京：科学出版社，2004.

商都县位于内蒙古自治区中部、乌兰察布市东北部，地理坐标为北纬41°018′～42°009′、东经113°008′～114°015′。东与化德县和河北省康保县、张北县、尚义县连接，南与兴和县接壤，西与察哈尔右翼后旗交错，北与锡林郭勒盟苏尼特右旗、镶黄旗毗邻。县境东西宽约50千米，南北长约90千米，总面积为4283.49平方千米。县人民政府所在地七台镇，是塞外高原通往东北三省的一个节点重镇。

东大井墓地位于乌兰察布盟商都县西坊子乡东大井村西约1千米处，西北距县政府所在地约4千米。

1998年7月18日，我自备行李，用自行车驮到了乌兰察布博物馆（原桥西朝阳街50号日本人建面粉厂），把行李扔到早在那里等待的考古队的车上，然后乘车直奔商都。走了好几个小时，到了东大井村。当时村民的房屋都是土坯房，房内又乱又脏，也没有电。我和内蒙古自治区文物考古研究所的老那师傅清理了一下午才清理出头绪。这就是今后两个月的安身之所、工作之地。

1998年7月20日，考古工地正式开工。执行领队叫杨春文，他叫我跟着他学墓葬的钻探。

田野考古钻探是用探铲（俗称洛阳铲，是半圆形的铁质竖铲，见图四）打出土样，根据打出来的土样的土质、土色、包含物的变化来判断该土样是属于地下文化层哪层的和哪层下什么遗迹的土样，通过钻探工作了解整个遗址内横向、纵向地下基本信息。根据工作需要，钻探工作可以调整，可以细到遗址中的每一个遗迹单位大小深浅和开口层位、打破层位等信息，可以粗略地打探该遗址的文化层大概有几层，厚度、深度有多少等。任何一个考古工地，发掘前的准备工作中都不能少了钻探工作，做好钻探对该工地的发掘结果有着直接影响。钻探后，你能初步了解整体发掘区的基本情况以及哪儿的遗迹丰富、哪儿的遗迹更重要等。

田野考古钻探，使用老式探铲用人工打探必须要做到动作规范，这样才能保证打探质量及人身安全。如果钻探工作中打探铲办法不正确，会导致打探人得腰肌劳损、肩膀脱臼、肩周炎等疾病。

钻探工作正确打探办法：钻探者站立，双脚分开，与肩膀宽度相等，双脚和钻孔的连线呈等边三角形，上身往前倾。右手是用力手，在上面握住探铲杆，与头顶一般高。左手在下，手掌心朝外，握住探铲杆，不可用力握。打探时右手向下用力，探铲头垂直扎进土内10～15厘米即可。探铲打进土层内，不要乱晃动，弯腰90度，双手往下移动到适宜的地方，左掌心向外、右掌心向内，握紧探铲杆，用肩膀顶住探铲杆，双手同时用力转动探铲90度以上，保持原姿势，双手和腰部同时用力，往上垂直拔探铲，将土样带出地面。每次打铲，探铲头的半圆状边尽量更换方向，使打出来的探孔能保持圆孔状态。接下来测量土样的长度，分析土质、土色、包含物，做记录，在左脚尖左前方45度方向平放土样，保持土样的连接性。这样一铲一铲地打探，直到完成一个探孔。

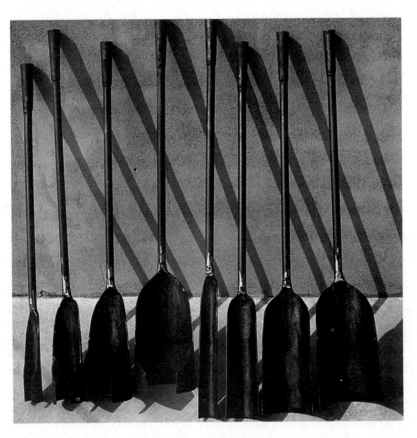

图四　探铲（洛阳铲）图

打探时要打很多个探孔，必须按照特定的规律来打。通常打探时使用梅花桩打孔法。探孔距根据工作要求来确定，一般情况为1～2米。根据探孔和土样中土质、土色、包含物的不同，继续使用梅花桩打孔，探孔距或变小，或变大，就可以确定遗迹的分布范围，再根据探孔进行绘图。

钻探工作需要绘制钻探图和做钻探记录。钻探图包括平面图和剖面图。这里不详述钻探图和钻探记录了。

钻探工作中正确辨识土样是很关键的，不认得土样，做钻探工作也是白做。学会辨识土样需要一个漫长的过程。

此次发掘历时两个月，发现了不少墓葬，同时出土了不少鲜卑时期的遗物。本次发掘，我的收获是学会了田野考古钻探。

（三）集宁路古城遗址发掘

2002年5—9月和2003年4—10月，我参加了2次集宁路古城遗址的发掘，领队都是陈永志。

集宁路古城遗址位于乌兰察布市察哈尔右翼前旗巴音塔拉镇土城行政村北。城址中心点地理坐标为东经113°22′22.0″、北纬40°57′19.0″，海拔高程为1307米。城址坐落于阴山南侧黄旗海盆地的东北部，东北邻近丘陵山地。城址地势平坦，东临磨子河，北部有110国道，G6高速东西向在城址的中部穿过（图五）。1988年6月，集宁路古城遗址被内蒙古自治区人民政府公布为第二批自治区级重点文物保护单位。

集宁路古城建于金章宗明昌三年（1192年），原系金代集宁县，为西京路大同府抚州属邑，是蒙古草原与河北、山西等地进行商贸交易的春市场。元代初年，升为集宁路，属中书省管辖，下辖集宁县。城内曾有元仁宗皇庆元年（1312年）所立"集宁文宣王庙学碑"。

集宁路城址平面呈长方形，南北长940米，东西宽640米。古城东、北墙保存较好，宽5～6米，残高0.5～2.5米。西、南墙破坏严重，已模糊不清。东、西墙各设一门，东门位于东城墙北段，外置方形瓮城；西门设在西城墙中段，外置马蹄形瓮城。南门情况不详。在城墙的东北角和西南角尚存有角楼遗址，城墙上

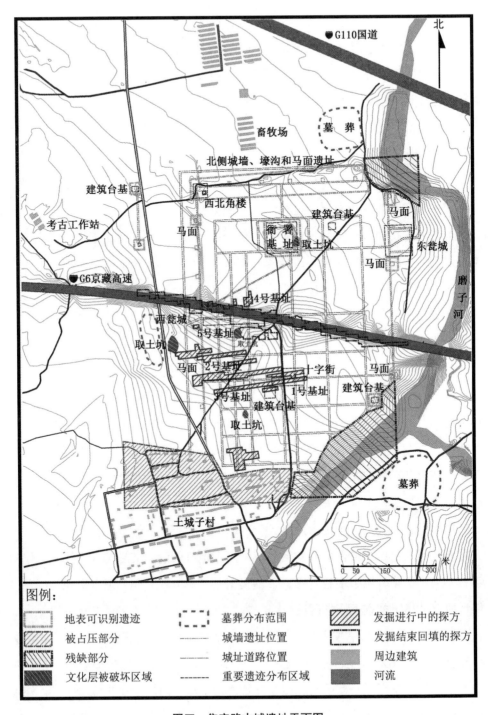

北

G110国道

畜牧场　　　墓葬

北侧城墙、壕沟和马面遗址

建筑台基

西北角楼　　　　　　　建筑台基　　马面

考古工作站　　　　马面　　衙署　取土坑　　东瓮城

基址　　　　　　马面

G6京藏高速

磨子河

4号基址

西瓮城

5号基址

取土坑　　取土坑

马面　2号基址　　十字街　　马面

3号基址　　　1号基址　建筑台基

建筑台基

取土坑　　　　　　　　墓葬

米
0　50　160　300

土城子村

图例：

地表可识别遗迹　　　墓葬分布范围　　　发掘进行中的探方

被占压部分　　　　城墙遗址位置　　　发掘结束回填的探方

残缺部分　　　　　城址道路位置　　　周边建筑

文化层被破坏区域　　重要遗迹分布区域　　河流

图五　集宁路古城遗址平面图

不见有马面遗迹。城内道路六纵七横，将古城分为31个单元，城内北部正中有一大型的建筑台基，台基南部为市肆遗址，城外西侧有一条南北向的道路直通西门瓮城。城内地层堆积东浅西深，文化层厚1.5～5米；遗迹丰富，有大量的房址、灰坑（窖穴）、水井、道路、墓葬、瓮棺葬、地炉、窖藏等，遗迹间叠压打破关系较为复杂。古城内现辟为耕地，地表散见大量的陶瓷片、石柱础、石臼、砖瓦等。

内城正中央为一座大院落，长宽各约60米，院墙用黄土夯筑，较为宽厚，残存高度约3米，但其墙身较外墙薄些。这座院落正中为一处建筑遗址，其旁树立有"集宁文宣王庙学碑"一通，碑文镌刻有元成宗大德十一年（1307年）加封孔子制诏，并有"至大三年正月，赵王钧旨出帑币，……建立大成至圣文宣王庙学碑，……宣守集宁等处前民匠总管府达鲁花赤陈、断事官完、集宁总管府达鲁花赤奚刺耳。……皇庆元年春正月云中检司提石匠宋德祯眷男宋钰镌"[1]等字。该建筑址应为衙署区。

城址内的遗迹、遗物甚为丰富，近几十年来陆续出土大量珍贵文物。1958年，为配合集宁—张家口铁路工程建设，在城址的西南部进行了抢救性考古发掘，发掘面积862平方米，清理墓葬27座、窖藏多处。窖藏中发现大量的瓷器、陶器、铁器等。在窖藏出土的一件漆器底部发现"内府官物"等字，说明此地埋藏有元代官府的器物。1976—1977年先后两次在内城中发现窖藏，出土纺织品、漆器、瓷器等物。纺织品中有提花织锦被面、绣花棉袄、印金提花绫左衽长袍等珍品。在一片提花绫残片上，有"集宁路达鲁花赤总管府"等字的墨书题记。此外，还有龙泉窑香炉、钧窑钵、双耳白瓷壶等。1984年6月，乌兰察布盟文物训练班在集宁路城址进行考古调查与发掘。2002年4月至2003年11月，为了配合集宁—老爷庙高速公路建设，内蒙古自治区文物考古研究所等单位对城内高速公路建设地带进行了抢救性考古发掘，发掘面积达22045平方米，共发现房址91组、灰坑（包括窖穴）822座、灰沟110余条、水井22眼、道路9条、地炉及窖

---

[1]　李兴盛，张涛. 元代集宁路文宣王庙碑［J］. 内蒙古文物考古，2007（2）.

址23座、墓葬11座、瓮棺葬4座、窖藏34座，出土了大量不同质地、不同种类的
器物，发现完整瓷器200余件、可复原瓷器7416件、陶器877件、金银器10件、铜
器351件、铁器268件、骨器456件、铜钱36849枚、其他石器和木器等器物2000余
件。

集宁路城在元代末和明代初期，经历了两次战争的摧残。元顺帝至正十八年
（1358年），红巾军"掠大同兴和塞外诸郡，至陷上都，毁诸宫殿"[1]。明太
祖洪武二年（1369年），明朝大将徐达、常遇春率明军北上攻打集宁路，攻陷元
上都。战争摧毁了集宁路城，后因明长城的分隔，很长时间荒无人烟，以致逐渐
被人遗忘。

集宁路古城遗址考古发掘项目被评为"2003年度全国十大考古新发现"，集
宁路古城遗址被列入"2003年度中国十大考古发现名录"。

集宁古城遗址的发掘是一个典型的城市考古发掘。在此谈谈本人对城市考古
发掘的想法。

城市考古就是以古代城市作为考古对象的考古发掘。内蒙古地区的古代城
市，可以追溯到新石器时代晚期，东部有夏家店下层文化城址，西部有老虎山文
化城址。这些城址均为石城遗址，对它们的发掘属于早期城市的考古发掘，可以
说是城市考古第一阶段的考古发掘。第二阶段的考古发掘是对春秋战国时期的古
城遗址发掘。比如乌兰察布市博物馆曾对乌兰察布地区的战国时期古城遗址卓资
县三道营古城进行过小型发掘，各期文化层和遗迹现象的分布复杂，和上一阶
段的城市比较，叠压打破的关系变得又多又乱，给考古工作带来了较大的困难和
更多的挑战。第三阶段的考古发掘是对秦汉、南北朝时期的古城遗址的发掘。这
个阶段的古城比较多，这里不举例说明了。第四阶段的考古发掘是对隋、唐、辽
时期的古城遗址的发掘。如内蒙古地区分布大量的辽代古城，与之前历代古城相
比，辽代古城的城墙变高、面积变大。第五阶段的考古发掘是对宋、金、元古城
遗址的发掘。这一时期的古城，在乌兰察布地区有很多，如金元古城集宁路、广

---

[1] 张廷玉，等. 明史·列传第十 [M]. 北京：中华书局，1974：3683.

益隆、城卜子、净州路、沙井总管府等。第六阶段的考古发掘是对明清古城的考古发掘。乌兰察布地区明清古城不多,凉城县淤泥滩古城和卓资县三道营古城曾在明朝时建立过宣宁卫和官山卫。有的古城仅在明代使用过;有的沿用至清代,如卓资县三道营古城。仅在明朝使用过的古城,文化层堆积和遗迹现象比较简单;明清两朝连续使用过的古城,其文化层堆积和遗迹现象比较复杂。

对城市考古发掘,要注意以下三点:

第一,要清楚地了解该城址的分布范围并进行测量,绘制城市地表上可看到的遗迹,如城墙、城门、城墙上附属设施以及城址里面宫殿、庙等建筑,分清城的布局(由几个部分组成),城墙内外有没有壕沟或护城河之类的遗迹现象,等等。

第二,通过田野考古钻探工作,对该古城的细节部分进行钻探,补做在平面图上。要注意的是首先要确定城内的道路分布,因为城内的道路是城市考古中最多见的并最容易确定的遗迹现象。了解城内的道路遗迹后,可以分片进行钻探,确定每片之中的重要遗迹进行钻探,再补录在平面图上。

第三,做完以上工作后,就需要布方发掘。城市考古不可能对整个城市进行考古发掘,《中华人民共和国文物保护法》也不允许这样做。城市考古中的布方发掘,最适合的是10米×10米的布方发掘。1.布方前要确定永久性基点(永久性基点最好用石桩或混凝土桩)。留下永久性基点很重要,是留给后人的。因为一个城市的考古发掘不是一代人能完成的,所以留永久性基点,让后人继续做。通常永久性基点留在城市西南角的中心点。2.留基点后,从基点开始测量、布方。使用象限法,这样围绕基点形成四个区域,分别为Ⅰ~Ⅳ。探方编号要用象限法编号TXY开始编号。X为横向的编号,从01开始;Y为纵向的编号,也从01开始。这样城市的每个地方都有了探方编号,之后就可以开始发掘了。

城市考古中存在的最大的难题是有时搞不清城市布局。这样的古城较多,多见南方地区。北方的古城遗址大多数在野外,南方的很多古城址叠压在现代城镇的下面。以北方古城址集宁路、南方古城址宁波市海曙区望京门古城遗址做比较。集宁路古城遗址发掘,截取地表土就到了古城遗址的文化层,城市布局很清楚。但是望京门古城遗址的发掘就难了。地表铺着一层水泥层，取掉水泥层，下为现代的垃圾层，厚约2～3米。如果查不到文献记载，城市布局就很难搞清楚。现在城市叠压的古城遗址清理的最大难题是古代文化层以上的工作，牵扯现代住户、现代垃圾等各方面的问题，很不好处理。当前古城遗址的最大难题是保护问题，很多古城遗址的墙体和遗迹本身都是土质，有些文物保护专家发明土遗址保护剂，喷洒在城墙和遗迹上。可是土遗址保护剂能起作用吗？不见得。太阳晒几天，风吹上几个月就不起作用了。南方地区古城遗址多数叠压在现代城市下，埋在地底下，这是最好的保护；北方大多数古城遗址在荒郊野外，保护难度更大，值得注意。若是不加以保护，经过若干年风吹、日晒、雨打，这些古代文化遗产就会消失。

此外，我参加的乌兰察布地区的考古项目如下：2005年4月3—28日，考察察哈尔右翼前旗呼和乌苏汉长城；2007年4月20至6月20日，发掘兴和县团结乡邓家村元代遗址和西壕堑金元时期村落遗址；2014年，6月，发掘集宁区白海子镇白海子村辽金时期墓葬；2015年10月，发掘卓资县梨花镇围堡村元代墓葬；2017年9月1日至10月15日，发掘察哈尔右翼前旗三岔口乡大东沟村古营盘辽金时期遗址及墓葬，等等。

二、锡林郭勒地区的考古之旅

我是收到内蒙古文物考古研究所的邀请到锡林郭勒盟地区参加考古工作的。发掘领队均为魏坚先生。

我在锡林郭勒地区发掘的是墓葬和山洞遗址。2000年5—7月，我参加锡林郭勒盟正镶白旗伊松敖包、正镶黄旗博克敖包山元代古墓群发掘，8—9月在锡林郭勒盟多伦县砧子山西墓地发掘。2001年6—9月，参加锡林郭勒盟东乌旗金斯太山洞遗址发掘。

墓葬发掘，均使用无探方式发掘。这几处墓葬均为元代墓葬，这里不再赘述。值得一提是山洞遗址的发掘。山洞遗址的发掘和野外遗址的发掘的工作方法和采取的措施均不同。

金斯太山洞遗址位于东乌珠穆沁旗阿拉坦合力苏木以西25千米的东海尔汗山的丘陵山地中，地理坐标为东经115°22′，北纬45°13′，海拔1401米，北距中蒙边界约20千米。遗址洞口朝向西北，方向为北偏西70度，两侧是相对高度10～20米的矮山，前面为长约100米的缓坡，矮山与其间的缓坡形成自然院落。在低山前端形似门阙处有摆放规则的石块，似为一道石墙；紧靠洞口处也有类似构造。洞口最阔处宽16米，进深24米，最窄处4米。洞穴前半部顶部较低，左右较宽敞，中部以后顶部变高，豁然开朗，洞顶呈穹隆状[1]。根据发掘者的描述可知这处山洞遗址形成于几万年前。洞穴内文化层的堆积形成主要是人类活动和自然形成的。发掘几万年来形成的文化层，对考古者而言，是可遇而不可求的好机会。

本次发掘是在5米×5米的探方内再布1米×1米的探方，以10厘米为一个工作单位，往下清理。布5米×5米的探方是为了留格梁，取得标准的剖面图；用1米×1米的探方发掘是为了更准确地得到发掘区的所有数据。

因为要绘图，所以为测量遗物出土位置特地做了两件事：1. 在山洞最内点和山洞口处，拉一条水平的基线，上面放一个可以移动的测量锤。这是一个三位固定仪，是用来测量山洞内所有的出土遗物和遗迹单位的水平控制器。2. 使用木头制作1米×1米的木框，在木框一条边的上方安装圆形水准仪，以使绘图框保持在水平状态。然后用细白线将木框内部分割成10厘米×10厘米的100个小格。这就做成了一个了特制的绘图工具。清理完一层，露出的遗迹、遗物直接用特制的绘图工具套在小探方内，绘制每层的平面图，这样既保证了准确度，又节省时间。

发掘工作进行得很仔细，效果很好，但是遇到了两个难题。

一是因洞穴口朝向西北，得不到太阳光，而荒郊野外没有输电线路，不能从外面接入电线，这给发掘工作带来了困扰。为了解决这个问题，所有人都在想

［1］　王晓坤，魏坚，陈全家，等. 内蒙古金斯太洞穴遗址发掘简报［J］. 人类学学报，2010（1）.

办法：第一种方法是使用发电机发电；第二种方法使用反光镜将太阳光反射进洞内。一开始我们试了第二种办法，但是遇见多云和阴天就没有光线可用了。没办法，我们买来汽油发电机，安上200瓦的灯泡，但还是有点暗，又用反光镜发射太阳光线。两种方法一起用，解决了照明问题。虽然发电机的声音让人闹心，山洞里也充满了汽油味，但是我们没有一个说呛人，仍然坚持工作。

二是发掘到3米多深的时候出现了冰冻层，一下把我们难住了。既不能硬挖，又不能用火烧，只能等了。好在夏天时锡林郭勒地区气温比较高，一天能化10厘米厚的冰。山洞内气温比较低，我们发掘15分钟就被冻得直哆嗦，就得跑出去晒一会儿太阳，再进来继续发掘。

三、阿拉善地区的考古之旅

2000年9—11月，我参加发掘阿拉善盟额济纳旗绿城和居延遗址108号烽燧。此次发掘领队是魏坚。

额济纳旗位于内蒙古自治区最西端，总面积11.46万平方千米。地理坐标东经97°10′～103°7′，北纬39°52′～42°47′。东与阿拉善右旗毗邻，西南与甘肃省酒泉市交界，北与蒙古国接壤，国境线全长507.147千米。中心城镇达来呼布镇距自治区首府呼和浩特市1398千米，距阿拉善盟府所在地巴彦浩特市640千米，距甘肃省酒泉市396千米。

绿城属大型复合型遗址，是迄今在额济纳旗境内发现的西夏时代建筑群落最为集中的一处。在周围10千米范围内分布有城池、民居、庙宇、佛塔、土堡、瓷窑、墓葬群、屯田区和军事防御设施等。与城池毗邻的绿庙遗址，面积大，布局合理，共发掘出十多尊泥塑佛像和多部西夏文经卷。城址平面略呈方形，周长1205米，城垣夯土版筑，夯层厚11～14厘米。墙基残宽3.5米，残高2米左右。北城垣东部置门，有瓮城。城内西部有一座覆钵式佛塔，已残。城内有已崩塌的类似土塔的残址。南垣内侧有一渠道穿城而过。城内文化层可分为上、下两层。有学者认为上层为西夏元代层；下层从出土灰陶片、砖瓦碎块以及绳纹、旋纹、水波纹等考察，似为汉晋时代遗址，可能是汉代居延县城遗址[1]。

该地区属于干旱地区，年均降雨量不到10毫米。发掘时，绿城附近除一户叫巴图的蒙古族牧民，找不到别的住处。我们在他家住了几天。

我们深深感受到了巴图的热情、好客、爽快，但是绿城好像不待见我们，使出了他的秘密武器——坚硬的地表层。我从没见过这么硬的土。用铁镐刨，吃奶的劲都用上了，铁镐只在地面砸出一个白点。9月的额济纳，酷热难当，太阳火辣辣的，这样刨下去是会死人的，得想办法解决。洒水？方圆几十千米没有水源，我们出发时准备了矿泉水，但拿矿泉水浇，16平方米的地方要用多少矿泉水，既太浪费又不实际。我们无奈地坐在探方里看，随手拿起撬棍和锤子，抓住撬棍，用锤子一打，打进去一大半的撬棍。有办法了！绿城地表土是长年累月被太阳晒得这么硬的，用锤子和撬棍慢慢地撬掉12～15厘米的表土层，下面的土虽然还是干的，但是不硬，用手铲就可以清理了。

这给我们以下启迪：在干旱地区进行考古发掘，必须想办法除去坚硬的地表层，一种方法是浇透水，用手铲清理地表层；另一种方法是用撬棍和锤子撬开地表层。

我们继续往下清理，这时要格外小心。比如发现一个灰坑，千万不要着急清理灰坑内的堆积。一旦清理掉灰坑内的堆积，灰坑的边就没了，为什么呢？因为地表层下的土早就变成了沙子，没有一点水分，所以立不住，稍有外力就会形成流沙，流到灰坑内，就得不到完整的灰坑信息了。解决的办法就一个——浇水。先浇水，浇透了，再清理灰坑。浇水的时候尽量在灰坑边上浇水。在沙漠地带，灰坑内有些遗物保存得很好，不要为了遗迹单位的完整，把遗物弄坏了，这就不划算了。

［1］ 百度百科. 绿城遗址［EB/OL］.（2019-12-15）https://baike.baidu.com/item/%E7%BB%BF%E5%9F%8E%E9%81%97%E5%9D%80/8058553.

四、赤峰地区的考古之旅

2005年5月1日至7月28日，我参加赤峰市松山区水地乡陈家营遗址发掘，负责工地现场管理。此次发掘领队是吉平。

2005年7月28日到11月1日和2006年4月28日至6月20日，我先后两次参加赤峰市初头朗镇三座店洞子山夏家店下层山城遗址发掘，领队是郭志中。通过三座店山城遗址的发掘，我对山城遗址有了更多的了解。三座店山城遗址是内蒙古东部地区夏家店下层文化的典型遗址。因为进行基础设施建设，所以对该古城进行抢救性发掘。下面以该遗址为例，谈谈此次山城遗址发掘的心得。

洞子山遗址[1]于赤峰市西北40千米，松山区初头朗镇三座店行政村三座店自然村阴河左岸洞子山上。遗址分布在洞子山山顶及南坡，最高处海拔730米，西侧是临河断崖，北侧与阴河东岸的山冈相连接，南侧和东侧为沟谷冲积的平川地。

该遗址位于荒山，地表到处都是石头。发掘时首先要解决的难点和重点问题就是地表的石头。

首先要解决布方问题，是用水平布方，还是根据地形直接拉线布方。我们使用了水平拉线布方。找到该山的最高点，往四周拉水平线定点布方，布满整个发掘区。根据山体地形，直接拉线布方和水平拉线布方，探方边长都是10米，但是一个是斜线，一个是水平线，两者差距由山体的坡度决定，坡度越大，差距越大。为了保证发掘质量，不采用直接拉线布方。在田野考古发掘中通常使用西南角点为基点的布方办法，但在洞子山遗址布方使用了倒退布方方法，不是先定基点，而是布完探方后定基点。

其次是清理石头。清理山城遗址，如洞子山遗址这样的遗址，必须搞清楚石头及石头的摆放办法，分清哪些是人工垒砌的，哪些是自然形成的。要弄清楚石

---

[1]　内蒙古文物考古研究所. 赤峰市松山区三座店遗址2005年度发掘简报［J］. 草原文物，2006（1）.

头遗迹，首先要使用手铲清理石缝之间的杂物和铺盖在石头上的第一层土，然后辨认石头。我的心得是要先拍照，标记所有石头的位置，留下资料。再找到石头遗迹的中心部位，从外围开始清理，先清理散乱的石头，然后清理乱堆、无规则的石头。有规则、有序摆放的石头千万不要动。清理石头的时候，最好在石头上面写上编号，这样可以根据编号，恢复石头的原位置。清理出遗迹现象后，根据田野考古工作规程，清理遗迹。

五、通辽地区的考古之旅

我多次应内蒙古文物考古研究所的邀请，参加通辽地区的考古发掘，领队都是吉平。

我参加的通辽地区的考古发掘项目如下：2007年6月20日至10月30日，2008年5月5日至6月20日，先后两次参加通辽市扎鲁特旗南宝力高图新石器时代墓葬群发掘。2008年7月18日至8月12日，参加通辽市扎鲁特旗阿如昆度伦苏木明噶日图村哈日敖包遗址和霍林郭勒市西风口遗址抢救性发掘。2009年4月21日至5月21日，参加通辽市科尔沁左翼后旗查日苏镇布敦花辽代遗址抢救性发掘。2009年5月21日至6月20日，参加发掘通辽市科左中旗小努日木辽墓群抢救性发掘。2009年7—8月，参加库伦旗扣河子镇四家子村红山文化祭祀遗址抢救性发掘。2010年4—5月，参加内蒙古甘旗卡至库伦铁路科尔沁左翼后期段伊和腰鲁、西满斗、瓮子台等工地发掘。2010年5月11日至8月28日，参加科尔沁左翼中旗舍柏吐镇哈民村哈民忙哈遗址抢救性发掘。2016年6月至8月，参加通辽市库伦旗白家湾遗址和嘎海山鲜卑遗址发掘。

通辽地区的考古发掘很有意思。原先通辽地区新石器时代文化因素基本是空白，2007年发掘通辽市扎鲁特旗南宝力高图新石器时代墓葬群和科尔沁左翼中旗舍柏吐镇哈民村哈民忙哈遗址后，感觉通辽地区的新石器时代文化因素还是很不错的。特别是科尔沁左翼中旗舍柏吐镇哈民村哈民忙哈遗址是一个很不错的遗址。

哈民忙哈遗址位于科尔沁左翼中旗舍伯吐镇东南约15千米，遗址总面积达18

万多平方米。这里南望西辽河，北靠新开河，是大兴安岭东南边缘、松辽平原西端、科尔沁沙地的东部。遗址有的地方被1米多厚的沙子掩埋，给发掘工作带来了很大的困难。这次是第一次发掘哈民忙哈遗址，老乡都不理解。当地居民多是蒙古族，大多信仰佛教，忌讳挖掘古人或墓葬，都不愿意做民工。好在得到科尔沁左翼中旗文物管理所吴相宝同志的帮助，从保康找了几个民工。发掘开始后，慢慢地来看发掘工作的人多了，我们也做了很多田野考古发掘方面的宣传，当地老乡逐渐加入考古发掘的行列，使我们解决了民工问题。

发掘出来的探方边很脆弱，脚稍微踩偏，探方边就会垮塌。为了解决这个难题，我们在发掘区内专门打了一口当地用的压井。花的钱不多，既解决工作人员的喝水问题，又解决了工地探方垮塌的问题。首先用喷壶慢慢地在探方边上和格梁上浇透水，之后让太阳晒2~3天。这样即使下再大的雨或用再大的力气去踩，探方边都不会垮塌。发掘出来的遗迹单位也是用这个办法去保存，保住不少遗迹。

六、蒙古国的考古之旅

2006年6月26日至9月23日，我参加了参加国家文物局、内蒙古文物考古研究所组织的赴蒙古国考古队，与蒙古国国家博物馆合作发掘蒙古国北杭爱省浩腾特苏木乌兰朝路巴嘎乌布日哈布其勒三号四方遗址发掘（图六），领队是塔拉。

三号遗址位于北杭爱省浩腾特苏木乌兰朝路巴嘎乌布日哈布其勒，坐标为东经102° 40′ 22.8″、北纬47° 18′ 41.1″，海拔1486米。遗址是一个四方形遗址，平面呈长方形。长方形围墙，围墙外有一圈壕沟，有门道，四方形遗址中心有一个用自然石块垒砌的台基。

该遗址使用蒙古国的发掘办法进行发掘，中方根据文化部《田野考古工作规程》处理相应的信息。

蒙古国发掘方法，首先在台基遗迹中心设立一个基点，做一条穿越基点的正南北向线，作为遗址的方向线，再做一条与之垂直相交的基线，以此两条线为中心向四方布方。这个办法与赤峰三座店洞子山山城遗址的布方办法相同。他们的

图六　蒙古国考古工地上与国外同仁留影（右五：李树国）

布方规格是4.5米×4.5米，发掘4平方米的地方，留0.5米的格梁。清理方法是以10厘米为一个单位，往下逐步清理。以一层为一个单位，遗物、遗迹都跟着该层单独记录。

　　蒙方将遗址的西南角作为基点，横坐标以1～48之间的数字进行划分，数字之间间隔1米；纵坐标以A～AN之间的40个字母和字母组合进行划分，字母之间也间隔1米。由此每个单独的探方实际上又分成了16个小区。以Ⅰ号探方为例，16个小区分别为A-1～A-4、B-1～B-4、C-1～C-4、D-1～D-4。蒙方记录遗物时，将遗物的出土位置对应在这些探方的小区内[1]。这种办法与发掘锡林郭勒盟金斯太山洞遗址时使用的发掘方法基本相同。

---

　　[1]　塔拉，恩和图布信. 蒙古国浩腾特苏木乌布尔哈布其勒三号四方形遗址发掘报告（2006年）[M]. 北京：文物出版社，2008.

七、重庆市的考古之旅

2001年9月至2002年1月，2003年10月至2004年1月，2004年9—12月，2005年11月1日至2006年1月5日，应吉林大学边疆考古中心邀请，我4次到重庆市奉节县三峡库区宝塔坪遗址参加抢救性发掘（图七），领队都是冯恩学、魏东。

2000—2006年，吉林大学边疆考古研究中心、重庆市文化局和奉节县白帝城文物管理所合作，对该遗址进行了5次发掘。除2000年的发掘，本人参加了其他4次发掘。

宝塔坪遗址南临长江，遗址南边有奉节县城至白帝城的老公路通过（海拔135~140米），公路以下属于鱼复浦遗址。宝塔坪的北部建设了新的公路及新城区。

图七　吉林大学2003届实习学生和老师合影（前排左三为笔者）

宝塔坪遗址的遗迹以墓葬为主，还有些建筑遗迹及少量的灰坑、灰沟等。墓葬根据出土遗物可以分为战国墓葬、汉至北朝的墓葬、唐宋墓葬和明清墓葬等[1]。

在重庆宝塔坪参加考古发掘4年间，跟随吉林大学边疆考古中心冯恩学老师学到很多田野考古方面的知识。他主编《奉节宝塔坪》一书时，让我参加整理材料和编写了第六章"不明时代的遗迹"。

八、湖北省的考古之旅

2002年9—12月，应吉林大学边疆考古中心邀请，我参加了湖北省巴东县三峡库区雷家坪等遗址抢救性发掘，领队是冯恩学。

2009年8月10日至10月1日，应吉林大学边疆考古中心的邀请，我参加了南水北调工程湖北段十堰市郧县安阳镇余嘴汉代墓群发掘，领队是魏东。

2010年9月1至2010年12月，应吉林省考古研究所的邀请，我参加了"南水北调"工程了湖北段郧县五峰镇刘家院汉代遗址发掘，领队是赵海龙。

九、安徽省的考古之旅

2004年2—8月，应安徽省考古研究所的邀请，我参加了安徽省六安市霍邱县砚台村商周时期遗址抢救性发掘，领队是王峰。

十、云南省的文物修复之旅

2011年1月，应云南省文物考古研究所邀请，我到澄江县修复金莲山遗址器物，领队蒋志龙。

十一、浙江省的考古之旅

2017年4月20日至6月20，应厦门大学历史系的邀请，我参加了浙江省宁波市

---

[1]　重庆市文物局，重庆市移民局. 奉节宝塔坪 [M]. 北京：科学出版社，2010.

海曙区望京门宋元古城遗址抢救性发掘，领队是王新天。

在望京门宋元古城遗址工地，我温习了田野考古发掘技术、瓷器鉴定等技能。望京门古城遗址出土了不少类型的窑口瓷器，数量不及集宁路古城出土的瓷器多，窑口和瓷器的瓷质与集宁路古城遗址出土的瓷器大不相同。

后 记

我于1998年参加工作，20多年来一直从事蒙元时期历史研究、田野考古和文物的鉴定及保护工作。2008年，我考入内蒙古大学，攻读专门史硕士研究生。三年时间的学习不仅弥补了我在专业知识上的欠缺，还开阔了我的学术眼界，学习了弥足珍贵的考古学的研究方法。2013年9月至2014年7月，我在北京大学考古文博学院文物保护专业学习，深受胡东波先生的做人平易近人、学术上严谨苛刻的精神的影响。学习结束时获北京大学颁发的国内访问学者证书，人社部、内蒙古人力资源保障厅联合颁发的内蒙古自治区少数民族专业技术人才特殊培养证书。这段学习经历填补了我在文物保护方面知识的空白，更为我日后的专业研究工作打下了坚实的理论基础。

此次能将参加工作20余年来的学术成果结集出版，离不开各位老师及同仁的帮助。对本书编辑出版过程中各方予以的诸多支持，在此深表谢意！

本书名为"北部边疆文物考古调查与考论"，是因为收录了与北部边疆（主要是内蒙古地区）有关的文物考古调查和发掘研究成果。考古学是根据古代人类活动遗留下来的实物来研究古代人类活动的一门学科。考古工作中非常重要的一项工作就是调查。考古调查是在不破坏遗迹遗存的情况下，取得该遗存的相关资料，这对下一步开展发掘、研究等诸多工作有着很大的帮助。本书收录了我参与调查的几处遗址的调查报告、参加发掘并执笔撰写的几篇发掘简报和数篇专题研究性文章，展现我在考古发掘、文物鉴定、文物保护、长城保护和古生物化石研究等方面的想法。虽然我付出了诸多努力，但是考古学是一门内容广泛、研究艰深并在迅速发展的学科，知识结构在不断地拓展，许多概念与内容在不断地更新，学术成果层出不穷，我深感自己知识与能力有限，书中难免有错漏之处，敬请专家和读者指正。

李树国

2018年2月8日晚

集宁明盛苑